广东省优秀社会科学家文库（系列一）

# 李锦全自选集

李锦全 ◎ 著

·广州·

版权所有　翻印必究

**图书在版编目（CIP）数据**

李锦全自选集/李锦全著. —广州：中山大学出版社，2015.11
[广东省优秀社会科学家文库（系列一）]
ISBN 978-7-306-05421-0

Ⅰ.①李…　Ⅱ.①李…　Ⅲ.①哲学—中国—文集　Ⅳ.①B2-53

中国版本图书馆 CIP 数据核字（2015）第 205918 号

| | |
|---|---|
| 出版人： | 徐　劲 |
| 策划编辑： | 嵇春霞 |
| 责任编辑： | 刘学谦 |
| 封面设计： | 曾　斌 |
| 版式设计： | 曾　斌 |
| 责任校对： | 林彩云 |
| 责任技编： | 何雅涛 |
| 出版发行： | 中山大学出版社 |
| 电　　话： | 编辑部 020-84111996，84113349，84111997，84110779 |
| | 发行部 020-84111998，84111981，84111160 |
| 地　　址： | 广州市新港西路 135 号 |
| 邮　　编： | 510275　　　　　传　真：020-84036565 |
| 网　　址： | http://www.zsup.com.cn　　E-mail:zdcbs@mail.sysu.edu.cn |
| 印 刷 者： | 广州家联印刷有限公司 |
| 规　　格： | 787mm×1092mm　1/16　13.25 印张　222 千字 |
| 版次印次： | 2015 年 11 月第 1 版　2015 年 11 月第 1 次印刷 |
| 定　　价： | 60.00 元 |

如发现本书因印装质量影响阅读，请与出版社发行部联系调换

## 李锦全

1926年生，广东东莞人。中山大学哲学系教授、博士生导师。曾任中山大学哲学系主任，兼任国际儒学联合会理事、广东儒学研究会会长、岭南理学研究会会长、广东朱熹学术思想研究会会长等职。多年来从事中国哲学思想史教学和研究工作。出版个人专著、合著20余部，发表学术论文200多篇。与萧萐父主编的全国高校统编教材《中国哲学史》获国家教育委员会高等学校优秀教材一等奖，发行10多万册，获广东省哲学社会科学优秀成果奖特别学术成就奖，获中山大学第二届卓越服务奖。与方克立主持国家哲学社会科学研究基金"七五""八五"重点规划课题"现代新儒学思潮研究"，出版"现代新儒学研究丛书"，获第九届中国图书奖，在中国传统思想文化研究领域中做出了重要贡献。

# "广东省优秀社会科学家文库"（系列一）

主　任　慎海雄

副主任　蒋　斌　王　晓　李　萍

委　员　林有能　丁晋清　徐　劲

　　　　魏安雄　姜　波　嵇春霞

## "广东省优秀社会科学家文库"（系列一）

### 出 版 说 明

哲学社会科学是人们认识和改造世界、推动社会进步的强大思想武器，哲学社会科学的研究能力是文化软实力和综合国力的重要组成部分。广东改革开放30多年所取得的巨大成绩离不开广大哲学社会科学工作者的辛勤劳动和聪明才智，广东要实现"三个定位、两个率先"的目标更需要充分调动和发挥广大哲学社会科学工作者的积极性、主动性和创造性。省委、省政府高度重视哲学社会科学，始终把哲学社会科学作为推动经济社会发展的重要力量。省委明确提出，要打造"理论粤军"、建设学术强省，提升广东哲学社会科学的学术形象和影响力。2015年11月，中共中央政治局委员、广东省委书记胡春华在广东省社会科学界联合会、广东省社会科学院调研时强调："要努力占领哲学社会科学研究的学术高地，扎扎实实抓学术、做学问，坚持独立思考、求真务实、开拓创新，提升研究质量，形成高水平的科研成果、优势学科、学术权威、领军人物和研究团队。"这次出版的"广东省优秀社会科学家文库"，就是广东打造"理论粤军"、建设学术强省的一项重要工程，是广东社科界领军人物代表性成果的集中展现。

这次入选"广东省优秀社会科学家文库"的作者，均为广东省首届优秀社会科学家。2011年3月，中共广东省委宣传部和广东省社会科学界联合会启动"广东省首届优秀社会科学家"

评选活动。经过严格的评审,于当年7月评选出广东省首届优秀社会科学家16人。他们分别是(以姓氏笔画为序):李锦全(中山大学)、陈金龙(华南师范大学)、陈鸿宇(中共广东省委党校)、张磊(广东省社会科学院)、罗必良(华南农业大学)、饶芃子(暨南大学)、姜伯勤(中山大学)、桂诗春(广东外语外贸大学)、莫雷(华南师范大学)、夏书章(中山大学)、黄天骥(中山大学)、黄淑娉(中山大学)、梁桂全(广东省社会科学院)、蓝海林(华南理工大学)、詹伯慧(暨南大学)、蔡鸿生(中山大学)。这些优秀社会科学家,在评选当年最年长的已92岁、最年轻的只有48岁,可谓三代同堂、师生同榜。他们是我省哲学社会科学工作者的杰出代表,是体现广东文化软实力的学术标杆。为进一步宣传、推介我省优秀社会科学家,充分发挥他们的示范引领作用,推动我省哲学社会科学繁荣发展,根据省委宣传部打造"理论粤军"系列工程的工作安排,我们决定编选16位优秀社会科学家的自选集,这便是出版"广东省优秀社会科学家文库"的缘起。

  本文库自选集编选的原则是:(1)尽量收集作者最具代表性的学术论文和调研报告,专著中的章节尽量少收。(2)书前有作者的"学术自传"或者"个人小传",叙述学术经历,分享治学经验;书末附"作者主要著述目录"或者"作者主要著述索引"。(3)为尊重历史,所收文章原则上不做修改,尽量保持原貌。(4)每本自选集控制在30万字左右。我们希望,本文库能够让读者比较方便地进入这些岭南大家的思想世界,领略其学术精华,了解其治学方法,感受其思想魅力。

  16位优秀社会科学家中,有的年事已高,有的身体欠佳,有的工作繁忙,但他们对编选工作都非常重视。大部分专家亲自编选，亲自校对；有些即使不能亲自编选的，也对全书做最后的审订。他们认真严谨、精益求精的精神和学风，令人肃然起敬。

在编辑出版过程中，除了 16 位优秀社会科学家外，我们还得到中山大学、华南理工大学、暨南大学、华南师范大学、华南农业大学、广东外语外贸大学、广东省社会科学院、中共广东省委党校等有关单位的大力支持，在此一并致以衷心的感谢。

广东省优秀社会科学家每三年评选一次。"广东省优秀社会科学家文库"将按照"统一封面、统一版式、统一标准"的要求，陆续推出每一届优秀社会科学家的自选集，把这些珍贵的思想精华结集出版，使广东哲学社会科学学术之薪火燃烧得更旺、烛照得更远。我们希望，本文库的出版能为打造"理论粤军"、建设学术强省做出积极的贡献。

"广东省优秀社会科学家文库"编委会
2015 年 11 月

# 目录

**学术自传 / 1**

论儒家人文思想的历史地位 / 1
论孔子思想的包容性与中国儒学的发展 / 9
从孔、孟到程、朱
　　——兼论儒学发展历程中的双重价值效应 / 18
道家思想在传统文化中的历史地位 / 28
老子政治哲学的矛盾两重性与道家思想的历史作用 / 39
关于庄子的哲学性质及其评价 / 54
对慧能改革南宗教义的一点探索 / 65
柳宗元与"统合儒释"思潮 / 72
儒家思想哲理化的历史进程 / 81
朱熹理学的历史命运与陈献章的思想关系 / 90
岭南江门学派在宋明理学及中国传统文化中的历史地位 / 102
论黄宗羲民主启蒙思想的历史地位 / 112
如何理解戴震启蒙思想的近代意义 / 121
从社会向近现代转型中看儒家思想的适应性 / 132
历史的轨迹　时代的展望
　　——从儒学发展进程看儒学的前景 / 142
中国传统道德能合理继承吗
　　——兼论传统道德民族性与时代性的关系 / 155
中国古代"孝"文化的两重性 / 161
孔子的发展理念与现代化的路径选择
　　——从民本思想向民主理念的现代转化 / 168
传统儒学对公平正义治国理念的双重效应 / 175
全球化与老子思想的当今价值 / 182
全球化与中国传统文化的世界走向 / 190

**附录　李锦全主要著述目录 / 197**

# 学术自传

◎ 李锦全

我国著名哲学史家杜国庠同志，他和青年们谈治学经验，主张"博而后约"。"博"意味着视野广阔，才能有比较，有选择。也只有"博"才能从"广"中求"深"，不断扩大自己的涉猎范围，也不断向纵深挺进，从而达到"由博返约"。还有胡适对青年谈治学时指出："为学当如金字塔，要能博大又能高。"这里首先都强调"博"，才能够"约"，即是专精，博大是高深的基础。

至于"杂"是与"博"不同，所谓驳杂不纯，是很难达到专精的。这里所说"杂中求专"，可能是我的杜撰，但也是我的实情。因为说到学问，我确是有点"杂"，谈不上"专"，但是我从事的是带有专业性的教研工作，因此只能从"杂"中求"专"，至于能否进入"博而后约"的领域，那只能心向往之了。

我治学所以"杂"，并不是我的主观选择，应该说大多是客观条件造成的，这可以从少年时说起。我出生于 1926 年，家在广东东莞县城。我入学读书比较早，1937 年我 11 岁时就考入县立中学初中，但上学一年后情况就发生了变化，1938 年 10 月，东莞与广州都成为日军占领的沦陷区。我当时无法上学，只好困居家中。关于我的家庭情况，我父亲和三伯父原是住在一起，后来他到石龙镇行医，但母亲和我却没有跟随，原因是我三伯父没有子女，按乡间惯例我会过继给他。这次莞城沦陷，我跟他避居山区间一段时间，后市场秩序逐渐恢复，为着生活只好带着我们回城做他的小生意了。

我在莞城的家原住在一大户的偏屋，因屋主在沦陷期避居乡间，故正屋二厅四房带后花园由我一人搬入居住，每天除通过横门回家吃饭外，没在这空旷的大房子中只好与书本为伴。由于我没有同龄的兄弟姐妹，从小养成个人读书的习惯。我父亲虽是医生，却喜欢作诗，我小时候他就教我念一部《诗学津梁》，那是对对子的诗句，按照诗韵编排，熟读后学做古体诗很有帮助，再加上读点《唐诗三百首》，就慢慢会作诗了。另外，当时社会教育还有新旧并存和交替现象，如城镇中已有正规小学，而乡村中仍有私塾留存。即使在城镇中，有的家庭还会对小孩教读《三字经》《千字文》等启蒙书，我小时也读过。还有陈济棠统治广东那几年提倡读经，我读小学时五、六年级就有一门课程《经训》，内容是《四书》中一些经典摘句，这是我最早接触到儒家的思想教育。

我在停学困居的四年间，没有继续读那些儒家经典，而兴趣偏重在文史方面，而我父亲这方面的藏书也比较多。我当时读了大量的古典小说，除《水浒传》等四大名著之外，还读历朝演义和晚清社会小说等接触现实生活的作品。学习古文方面，读了《古文评注》中八大家的一些文章；诗词方面，《唐诗三百首》，父亲教我作诗时已部分读过，这几年更加熟读到能全部背诵了，现在虽然经过大半个世纪，当年熟读的唐诗至今大半没有忘记。除唐宋诗词外，还接着读昭明《文选》中的汉魏六朝诗赋，还上溯读过一点《诗经·国风》。除文学书外，家中还有一部经许啸天整理后加分段标点的《史记》，我读过其中纪、传中的大部分；还有一部有标点批注的《纲鉴易知录》，也翻过其中部分，读史书也有点兴趣。

我停学几年后复学，到读高中时（1945—1947）碰到文理分科。按照我的兴趣应该选择文科，但当时的风气已经是重理轻文，即班上成绩差的学生才入文科班，我当时并不服气，就报名入了理科组。由于语文、历史等学科，我自问应付高考不会有多大问题，就重点攻读了两年数、理、化，到高中毕业时总成绩是全班第一，靠的是数、理、化考高分。但是1947年高考，我投考的兴趣仍是文科。当时没有统一招生制度，各高校自主招生，学生是自由报考，由于各考试时间是错开的，你如果有精力、有兴趣，可以同时报考几个学校，如果都考取了，可以任意选择到哪里就读，那是十分自由的。我当时报考有广东文理学院的中文系和中山大学历史系，考试结果是文理学院先放榜（当时各高校录取新生名单，各大报都有登载，所以不用等录取通知书就知道消息）。我就入读中文系一个多月，中大那边迟放榜，我又被录取。因广东文理学院是省立学院，中大是国立大学，于是我离开了广东文理学院的中文系而改为入读中大的历史系。

我在历史系学习四年，1951年毕业分配到中南大行区文化部，搞了几年文物考古工作，1954年大区撤销再回到中山大学历史系。先是教中国古代史，后转攻中国思想史，1960年复办哲学系，再转到哲学系从事中国哲学史的教研工作，从此算是稳定下来。

从以上经历看来，我早年喜欢钻研文学，大学本科学的是历史，后来长期工作入哲学。文、史、哲现代是三门独立学科，我虽经历过但没有深入，我的学问只能是"杂"，但最后我工作要求落实到中国哲学专业，这就使得我不得不在"杂"中求"专"了。

在 20 世纪五六十年代，我们高等教育是全面学习苏联，讲中国哲学史就是按照日丹诺夫的定义画线，说成是唯物主义（无神论）与唯心主义（有神论）两条思想路线的斗争。如当时任继愈主编的《中国哲学史》教材，将孔子思想定性为唯心主义的天命观，是与老子自然无为的天道观针锋相对的，虽然没有正面交锋，但对一个问题作出相反的解释，这就是唯心主义和唯物主义的斗争。至于学界多认为承传老子思想的庄子，则认为他反对上帝有意志、神的"能动"作用，但是却说"生死、存亡、穷达……寒暑"等社会以至自然现象，都是由"命之行"即是由"命"来主宰决定的。所以说庄子赶走了上帝，请来"命"运之神，是从天道自然无为到宿命论。

这里说到庄子从天道自然无为走向宿命论，其实老子也是一样。"夫物芸芸，各复归其根。归根曰静，是谓复命。"各种事物不管如何变化，归根到底还是由"命"运决定。老、庄的天道自然可以否定有人格神的上帝，却又不能摆脱自然命定之神。我写过一篇《从老、庄论"道"的性质到无神论与有神论的思想通向问题》，可以进行讨论。不过关于"命"的问题，也不是思想家才关注的，广大人民群众，都会接触到"命"的问题，不过是信不信由你。因为天命是与人力相对应的，有的人是听天由命，亦有讲要人定胜天。就以孔子对天命的态度来说，他也不是坐待天命的，如为了实现他的政治抱负，周游列国，艰险备尝，可以说发挥了"知其不可而为之"的实践精神，但是最终努力失败，就只好把道之行废归之于"命"了。这种思想还会留存，叫尽人事以待天命。这也是从无神到有神的思想通向。

唯物论对唯心论，无神论对有神论，哲学上是构成矛盾的双方，但在个人思想中却可以通融。上述老、庄只是先秦道家的观点，似难落实到个人。下面举一个大诗人陶渊明，在他写的《形》《影》《神》三首诗中，认为宇宙是自然生成的元气，没有神在主宰世界，这是唯物主义无神论思想；但他对人世的死生祸福也无法推知，只好唱出"乐乎天命复奚疑！"，在顺天安命中度过一生。

无神与有神的思想通融，还体现在入世与出世人生的矛盾融合。如李赞原是个清官，因不满世俗管制而出家，他用孔子的"生知"说和佛教的众生平等思想，宣称"尧舜与途人一，圣人与凡人一"。"上自天子下自庶人通为一身矣。"这就否定了社会人生有高低贵贱的差别，当然为封建统治者所不容，以"敢倡乱道，惑世诬民"的罪名将他迫害致死，但他提出"圣凡一体"，打破封建等级观念影响到后来黄宗羲等人，产生批判专制君权，提倡君臣共治的民主启蒙新思想，会起到进步作用。

与李贽愤世嫉俗、悲天悯人的心境不同，苏轼虽然也一生坎坷，但他在入世与出世的思想通向却显得圆融无碍，在他的人生观中，既讲究儒家的积极入世，又仰慕道家的顺应自然，兼了解佛教的破除执着，他这种"博"而"杂"的思想特点，却能将矛盾通过自我调节、消解而取得平衡，并引导到适时应物、随遇而安的境地上去。"人笑年来三黜惯，天教我辈一樽同"，终于进入天人合一境界的人生归宿。

上面几个人的思想看来是比较"杂"，似不合乎哲学史上两条思想路线的斗争。这使我想起在匡亚明主编的"中国思想家评传丛书"中选作《陶潜评传》和《海瑞评传》时，有人就说我放着哲学史中的"传主"不写，反而去捕捉两个"门外"人物。他说得没有错，所有的《中国哲学史》专著和教材，都没有收入陶潜和海瑞，但是从实际情况看，我国传统思想文化是文史不分的，古代的文化人没有几个是思辩的哲学家，20世纪五六十年代按照日丹诺夫的定义画线是勉强的并引发不少矛盾和争议。"文革"后讨论传统思想文化的学术会议很多，从孔夫子到孙中山以至毛泽东与传统思想文化，这类研讨会我参加不下百次，有时有人问我研究什么问题，我就说参加什么研讨会就写什么文章，没有分是"门内"还是"门外"的人物。同时我还有一种观点，认为中国传统各种思想流派及其代表人物，思想上总带有矛盾的两重性，但往往又可以经过通向而融合，所以我对中国传统思想文化的发展历程，拟用"矛盾融合，承传创新"作为主题。这部文集，就是想按照这种思路选辑文章，至于能否做到，则请同行和读者们多加指正。

# 论儒家人文思想的历史地位

中国传统文化有个特点，就是重视对"人"学问题的研究，特别是儒家更是具有比较浓厚的人文思想。学术界有些人对此作出很高评价，认为是提供了天下为公、道德理性的思想基础；但也有持相反意见，认为中国传统的人文思想，从其主流看，导向的是王权主义和使人不成其为人。对儒家人文思想应如何评价其历史地位，很值得我们认真研究和探索。

## 一

要了解儒家的人文思想，需要从孔子的仁说谈起。"仁"是孔子思想的核心，"仁"在《论语》中出现最多，但内涵总离不开"人"学的探讨，如人性、人道、人生价值、人际关系等问题，即教导人们应该怎样去做人。在《论语》中有两段话："夫仁者，己欲立而立人，己欲达而达人。"（《雍也》）"己所不欲，勿施于人。"（《卫灵公》）有人认为这两个命题，典型地表现出人与人平等的思想。另《论语》中记载有孔子对马厩失火时的态度，他只问"伤人乎？"而"不问马"（《乡党》）。有人认为这是从人道主义角度提出问题，并据此说孔子是我国古代史上主张把劳动者作为人看待的第一个思想家。也有学者说孔子讲"仁"，是对人的反思，是表示人类精神的自觉，因而对孔子以"仁"为核心的人文思想给予高度评价。

另一种意见认为：中国古代的人文思想虽然很发展，但君主专制主义也很发展，而专制主义却恰恰以具有浓厚的人文色彩的儒家思想为统治思想。另外，儒家人文思想的主题是伦理道德，而不是政治上的平等。如孔子讲"克己复礼为仁"（《颜渊》），要求个人一切言行都要以礼为准，并处处克制自己，使人彻底变为道德工具。这种教人安于封建秩序的道德，不管其中人文思想多么丰富，它在本质上只能是人的桎梏，是有利于封建统治，而不能导致个人思想的解放。

上述两种观点我认为都有点片面，要对儒家的人文思想作出正确的历史评价，应该从"两点论"加以分析。

首先我们应该看到，儒家的人文思想是重视人的价值和尊严的，所以讲"天地之性人为贵"。为什么人的地位最为尊贵？荀子对此解释说："水火有气而无生，草木有生而无知，禽兽有知而无义；人有气，有生，有知，亦且有义，故最为天下贵也。"（《荀子·王制》）人是自然界的一分子，但人之所以尊贵而不同于水火、草木和禽兽，因为人是有思想意识和能遵守社会道德规范的高等动物，同时只有人是过着有社会组织的群居生活，所以才显出有高尚的智慧和力量。荀子又说："（人）力不若牛，走不若马，而牛马为用，何也？曰：人能群，彼不能群也。"（同上）人之所以能役使体力超过自己的牛马，靠的是有社会组织的群体力量。荀子指出：人何以能群？曰：分。分何以能行？曰：义。故义以分则和，和则一，一则多力，多力则强，强则胜物。"（同上）荀子认为，人的群体力量是靠"分"（等级秩序）来维持，而社会等级秩序是靠"义"（道德规范）来实现。据此他从反面论证："人生不能无群，群而无分则争，争则乱，乱则离，离则弱，弱者不能胜物，故宫室不可得而居也，不可少顷舍礼义之谓也。"（同上）这是荀子对人为贵所作出的论证和解释。

但是，上面所讲的只是问题的一面，因为儒家所重视人的价值，认为只有组成社会群体时才能显示出人的力量。可是在封建社会中，组成社会群体的人彼此间的地位并不平等，亲疏贵贱，上下尊卑，在伦理和政治方面都形成森严等级，而专制君主却高踞权力的顶峰。在绝对王权支配下，个人的独立和尊严当然很难保障。正如马克思所说："专制制度唯一的原则就是轻视人类，使人不成其为人。"（《马克思恩格斯全集》第1卷，第411页）人文思想是要重视人的价值，但封建专制制度却使人不成其为人，这两者之间必然会出现矛盾。

自是贬低儒家人文思想的一方，就提出这样解释：既然儒家的人文思想重视的是人的群体价值而忽视个体价值，而封建君主既以社会群体的代表自居，所以天下臣民只能作为他的附属物，在封建等级网络中，各守其分，各安其位。即是说人文思想只能为专制王权服务。所以中国古代的专制主义，恰恰以具有浓厚的人文色彩的儒家思想为统治思想，那就并不奇怪了。

上面对儒家人文思想的历史作用，所以会有不同估计，我认为有以下几点情况值得注意。

第一，儒家是讲尊君，但并非无条件服从君主，如孔、孟、荀就有不少君臣对等的言论。孔子提出要"君使臣以礼"，才"臣事君以忠"（《八佾》）。孟子说得更清楚："君之视臣如手足，则臣视君如腹心"，"君之视臣如土芥，则臣视君如寇仇"（《离娄》下）。他不承认桀、纣是君主，说"闻诛一夫纣矣，未闻弑君也"（《梁惠王》下）。荀子也说："桀、纣者，民之怨贼也"，"诛暴国之君若诛独夫。"（《正论》）据此他还发挥说："夺然后义，杀然后仁，上下易位然后贞，……汤武是也。"（《臣道》）孟、荀将暴君比之独夫民贼，称赞汤武革命的上下易位。他们还看到人民的力量，如孟子就有"民贵君轻"的议论（《尽心》下），荀子将君、民比喻为舟与水的关系，水能"载舟"，也能"覆舟"（《王制》），承认人民有推翻统治者的力量。

第二，儒家既有君臣对等的思想，故以臣事君也有所选择。如孔子就讲"以道事君，不可则止"（《先进》）。又说："隐居以求其志，行义以达其道。"（《季氏》）"天下有道则见，无道则隐。"（《泰伯》）即对君主可以采取不合作态度。看来儒家对以臣事君，是主张有相对的自由。所谓良禽择木而栖，良臣择主而事；君不正则臣投外国，父不正则子走他邦，就是反映出这方面的思想。荀子更明确提出"从道不从君"的命题（《臣道》）。后来贾谊就曾批评屈原，说他依恋怀王是咎由自取，"历九州而览其君兮，何必怀此都也！"（《吊屈原赋》）屈原本来可以到列国去选择君主，何必死抱着楚都不放呢！贾谊对屈原的议论，就是从道不从君思想的体现。

第三，儒家既把"道"摆在"君"之上，就有"死守善道"和不怕牺牲的精神。如孔子就说过："三军可夺帅也，匹夫不可夺志也。"（《子罕》）又说："志士仁人，无求生以害仁，有杀身以成仁。"（《卫灵公》）孟子更加以发挥说"居天下之广居，立天下之正位，行天下之大道；得志与民由之，不得志独行其道；富贵不能淫，贫贱不能移，威武不能屈，此之谓大丈夫。"（《滕文公》下）又说："生亦我所欲也，义亦我所欲也，二者不可得兼，舍生而取义者也。"（《告子》上）孔、孟提出不惜牺牲性命以成仁取义，这种高尚情操与正直精神在封建社会中应该是可取的。

第四，儒家讲行天下之大道，也可以说是"王道"，这是与有道之君的仁政相联系，这里当然要维护君主的利益，但同时也包含对人民的关注。"民为邦本,本固邦宁",儒家是比较懂得君民利益相互之间的辩证关系的。如黄宗羲对大臣出仕,是"为天下"还是"为君"作了严格区别。他说:"故我之出而仕也,为天下,非为君也;为万民,非为一姓也。"他认为"天下之治乱,不在一姓之兴亡,而在万民之忧乐"。所以为"臣"者,对人民处在水深火热之中视而不见,即使能"辅君而兴,从君而亡",还是违背"臣道"的。他把君臣共治天下,看成是共同拉木头的人,是合作共事的关系,而不是做君主的"仆妾"。所以他说:"吾无天下之责,则吾在君为路人";"以天下为事,则君之师友也。"(见《明夷待访录·原臣》)这里黄宗羲发挥了先秦儒家君臣对等和从道不从君的思想。

## 二

从上面材料看来,儒家的人文思想并非完全抹杀人的个体价值,应该说在道德的完善和人格的修养方面,是提出了平等的要求。如孟子回答曹交时,就肯定"人皆可以为尧舜"(《告子》下)。荀子也说"涂之人可以为禹"(《性恶》)。王守仁与学生答问时也承认"满街都是圣人"(《传习录》)。李贽更明确提出"天生一人自有一人之用"(《焚书·答耿中丞》)。他还主张"尧舜与途人一,圣人与凡人一"(《道古录》卷上)。这里说明儒家并非不重视个人作用,即使是凡夫俗子,也可以堂堂正正做个人。至于出仕做官,则要为天下万民,而不能只为一君一姓。宋代讲"先天下之忧而忧,后天下之乐而乐"这句名言的范仲淹,他强调的是发挥个体作用,但为的是群体利益。他对人生的价值取向是先人后己,先为群体,后顾个体,自己吃苦在前享乐在后,这种博大襟怀,对如何处理群体与个体价值取向的关系时,即使到今天也会给人以启迪。

不过我们这样分析问题,并非否认儒家有维护封建君权和等级制度的思想。如果没有君主专制和人身依附关系,就不成其为封建社会了,马克思所以说"使人不成其为人",就是从这个意义上说的。但处在封建等级关系网中的每一个人,除要各安其分,作为社会群体中的一员外,每个个体也应该有自己的人生价值取向。儒家思想的特点,是对人们在人格道德修养上提出平等的要求,而在社会政治地位上又主张对等级的维护,因此形成在人文思想上的两重性矛盾。

对儒家的人文思想，本文前一部分列举过两种意见：一种认为可以与平等、自由相联系；另一种则认为它的主题是伦理道德，而不是政治的平等、自由和人权。从总体看应该说后一种意见是对的，因为主张政治上的平等、自由和人权，这种比较完整的思想，只能产生在近代资本主义社会，如果说中国古代儒家能有这种思想高度，那是超出时代的要求，当然是不现实的。但走向另一极端，认为在封建社会中，根本不可能有人的自身意志和理想人格的追求，也未必符合事实。虽然在古代儒家知识分子中间，具有这种思想的人是少数，并且不可避免地带有两重性思想矛盾。但这种人毕竟是有的，他们对社会的发展，包括在政治、经济以至思想文化各方面，都可以作出不同程度的贡献。当然，这些人不可能完全摆脱王权思想的制约，但他们所要求的是能"使天下受其利"的君主，而不是那种"以天下之利尽归于己"的独夫（《原君》）。如果说黄宗羲也有王权思想，那么他对君主是有所选择的，即仍然保留孔、孟那种君臣对等的思想，他要发挥的却是为君"师友"的作用。

据此，我们对封建社会中的王权主义思想也要作具体分析，同时王权与王道也有区别。前者，一般是指维护一家一姓的专制君主的权力；后者则是儒家理想的王道政治，仰望的是尧舜或三代的开国之君。儒家认为当臣子的就要做这方面的促进工作，就像杜甫说的"致君尧舜上，再使风俗淳"。朱熹也提出要"正君心"。当然，儒家想要造就行仁政的君主，实际效果不会很大。但它要求后世儒者：上可以致君为尧舜，下可以配德于孔颜，并以此作为人生价值标准的参照系，这对于促进儒者个人为实现人生价值而努力奋斗，当会有一定作用。我国历史上有不少志士仁人，正是在儒家思想的熏陶下，干出一番为国为民的事业。但是要实现为群体的人生价值，首先要从个人做起，从修身、齐家到治国、平天下，就是实现群体价值的必由之路。今天的社会和过去不同，过去是封建统治者的天下，现在是人民的天下，但儒家先哲对处世的某些格言，还是应当可供借鉴的。刘少奇同志在《论共产党员的修养》一书中，就讲到一个共产党员，如果真正是大公无私，他就可能有很好的共产主义道德。他会"先天下之忧而忧，后天下之乐而乐"。在党内，在人民中，他吃苦在前，享受在后。他能够在患难时挺身而出，在困难时尽自己最大的责任。他有"富贵不能淫，贫贱不能移，威武不能屈"的革命坚定性和革命气节。少奇同志这段话，作为对共产党员的要求，我认为在今天仍有其现实意义。

## 三

为要正确评价孔子、儒家人文思想的历史地位和作用,我认为还有几个问题,需要进一步加以探讨。

第一,关于中西人文思想的比较问题。中国儒家人文思想是封建时代的产物,而欧洲文艺复兴时期的人文主义是一种资产阶级的思想意识,这种区别为大家所公认。既然如此,我们对两种人文思想的评价,就应该按照不同时代的要求作为评判标准。比如批评儒家人文思想的主题不是政治上的平等、自由和人权。这个批评也许是对的,因为儒家的人文思想确是没有包含这些东西。其实没有才是正常的,如果说有近代的民主、民权观念,那反而是超前的思想意识了。

因此,我们不能将儒家的人文思想与近代西方的人文主义作比较,这是非历史主义的评判标准。要比较就得和欧洲中世纪相比。儒家的人文思想很早就有非神权的色彩。如孔子所仰慕的子产,就发出过"天道远,人道迩"的名言,主张不要去追溯渺茫难识的"天道"。孔子是"不语怪、力、乱、神"(《述而》)。子贡也说:"夫子之言性与天道,不可得而闻也。"(《公冶长》)儒家虽主张虔诚地祭祀祖先,但其用意正如曾子所说:"慎终追远,民德归厚矣。"(《学而》)这只不过是提倡孝道的一种形式。儒家后来虽有称之为儒教,在两汉的谶纬神学中亦有过将孔子神化的现象,但没有多大影响。宋明理学虽受过佛、道思想的影响,但总的趋向是将儒学引向哲理化而不是宗教化。在中国历史上始终没有出现像欧洲中世纪那样的神权统治人间的宗教化时期,有人认为这正是中国文化特色之所在。如果这种讲法能够成立,我认为主要是由于儒家人文思想所能起到的历史作用。虽然也有人说儒家思想不是人文主义而是伦文主义,即使这样也应该比欧洲中世纪的神文主义进步。

第二,如何正确运用历史唯物主义原理问题。社会存在决定社会意识,这一条历史唯物主义原理我是同意的,但不能机械地硬套。如有的文章根据马克思说的专制制度使人不成其为人的论断,就说建立在专制制度上的儒学,不能不带有这种轻视人、压抑人的根本特征。并说在儒学的基本框架中,理想人格是残缺不全的,实现"仁"的这种所谓圣人之境,是对人的潜能和创造力的贬斥和压抑。在这种境界下,人被镶嵌在"礼"

的规范中，变成"礼"的结构得以巩固的牺牲品，从而导致人的主体性的丧失。

针对上述类似观点，张岱年先生在《再谈中国传统哲学与自我实现》（《光明日报》1988年7月11日）一文中说：近年以来，国内出现一种思潮，要求全面否定民族的传统，甚至断言"在整体设计上取消主体价值，抹杀独立人格的传统文化，真正的人不可能萌芽成长"（《中国传统文化的再估计》，第351页）。这无异于说几千年的中国文化还没有真正"人"的概念，几千年的中华民族还没有一个真正的"人"！这实际是重复西方殖民主义者诬蔑落后国家的语言：认为有色人种只配接受白种人的奴役。现在西方这种论调已经减少了，而有色人种中间却发出了本民族没有真正的人，本民族的分子都不具备人格的论调，这就未免令人骇怪了！这里张老先生未免有点感情激动，持这类观点的人未必都是重复西方殖民主义者的老调，他们不过是将马克思的论断绝对化，认为在专制制度下的人是不成其为人，并以此作必然性的逻辑推理，才得出"真正的人不可能萌芽成长"的结论。

其实作为社会上的人，所谓主体价值和独立人格只能是相对的，在封建专制时代，理想人格固然是残缺不全，但即使在西方所谓民主社会，也同样要受到资本主义生产关系的制约，也不会实现无限膨胀的主体价值与绝对自由的独立人格。至于在中国传统文化中，也应该承认有一种刚健有力、自强不息的基本精神，有一种以立德、立功、立言为不朽的人生观，这对人的主体价值和道德人格不能说是取消和抹杀，而正是表现出儒家人文思想在历史上的积极作用。

第三，怎样理解儒家的人文思想与现代化的关系。这是近几年学术界讨论的热门话题，对此也形成两种对立的观点。一种是以港台被称为现代新儒家的人为代表。如唐君毅、张君劢、牟宗三、徐复观四人，1958年元旦在《民主评论》和《再生》杂志上联名发表一篇《为中国文化敬告世界人士宣言》（以下简称《宣言》），其中就提出要发扬传统儒学的人文精神，内容包括重人德、立人极、人格平等以至仁民爱物、博施济众等方面。按照唐君毅等人的立论，谓中国人文精神发展至今日，理当求与世界之科学思想、民主政治之思想以及宗教思想有一融通。同时也就说明中国人文精神之发展，系于确认中国人德性生活之发展，科学之发达，民主建国事业之成功以及宗教信仰之树立，乃并行不悖，相依为用。由是《宣言》得出结论:"中国历史文化之重道德主体之树立,即必当发展为政治上之民主制度。"

与此持相反观点的多为内地学者,如有的断言传统文化的价值系统和现代化不相容,认为不打破传统文化价值系统,中国现代化就无法实现。因为科学和民主代表的是近代社会思想和方法原则,它与儒家是两种对立的世界观,所以想把容纳"科学"和"民主"作为儒家向现代转化的"时代课题",实际是行不通。由于儒家把人从日常生活到社会生活的一切活动都伦理化,人的独立人格完全消融在尊卑、长幼、贵贱的名分中。这种伦理本位主义的价值系统与现代化是逆向的精神力量,所以说儒家传统不适应现代化。

以上两种观点,对儒家传统文化,前者称之为重道德主体,后者说是伦理本位主义。这里内涵基本相同,而得出的结论却相反。关键是对儒家人文思想的历史价值作了相反的估计。前者肯定儒家具有道德上之天下为公、人格平等之思想;后者则认为人的独立人格完全消融在伦理纲常之中。不过两方的价值判断虽相反,但道德决定论这一点却又相同,如前者说"道德上之天下为公、人格平等之思想,必然发展至民主制度之肯定"。后者则说:"中国古代人文思想的主题是伦理道德","只能导致专制主义"。这里"必然"与"只能"都是来自道德决定论的逻辑推理,而不是具体分析其历史价值。

因此我认为对儒家人文思想的价值判断,要着眼于矛盾两重性的分析。比如与现代化的关系,它既有正面价值,也有负面影响。如当前讲为政清廉,要消除腐败和各种以权谋私现象,建立各行业的职业道德与精神文明,就要继续发扬儒家以身作则、正己正人的精神和不欺暗室的慎独功夫,即是充分发挥道德人格修养的自律作用。至于它的负面影响,如重人治传统、亲亲尊尊的等级观念、官本位思想等等,这些都妨碍着社会主义现代化的民主、法治建设,就应该随着经济、政治体制的改革,实行变革性的观念转化。因此儒家人文思想与现代化的关系,是连续性与间断性的辩证统一。

本文上面所列举的一些问题,这里只是初步探讨,随着研究的深入,对儒家人文思想的历史地位和作用,终会得到符合实际的评价,这也是我国学术界应负的任务。

# 论孔子思想的包容性与中国儒学的发展

春秋战国是诸子百家争鸣的时代。既然是争鸣，所以一般多看到彼此间思想上的分歧，其实相互间也有不少相通之处。如儒家的创始人孔子，我认为他的思想就有较大的包容性。后来中国儒学的发展，在长期封建社会中虽貌似取得独尊地位，但思想内涵却在不断吸取容纳各家之长。传统儒学影响到今天，能否适应开放的形势和现代化社会的需要，是一个有争议的问题。我认为研究孔子思想的包容性及后来各个时期儒学的发展过程，对当前应如何对待儒学传统，是有重要历史借鉴意义的。

## 一

在先秦诸子中，儒、墨两家被称为显学。一般认为双方的观点是对立的。《淮南子·要略》说："墨子学儒者之业，受孔子之术，以为其礼烦扰而不说，厚葬靡财而贫民，服食伤生而害事，故背周道而用夏政。"这是说，墨子也曾受业于儒家，后来不满周礼那一套改而师法夏禹，变成另立门户而与儒家分庭抗礼了。

墨家的中心思想，是主张兼爱、非攻、节用、节葬，这与儒家讲爱有差等是不同的，因而提出"兼以易别"。不过我觉得孔子的思想虽不全同于墨家，但也有它可以包容的一面。比如墨子最核心的兼爱思想，在孔子的仁学中也似有涉及这方面的内容。如"樊迟问仁，子曰：'爱人'"（《论语·颜渊》），这里所爱的人是全称，看不出有等差的区别。这种思想应用到教育方面就是"有教无类"（《卫灵公》），对所有人都一视同仁。孔子对子贡提出"如有博施于民，而能济众"，能否称为"仁"时，他答复说："何事于仁，必也圣乎，尧舜其犹病诸！"（《雍也》）这里的"民"和"众"也是全称，并无等差区别。而孔子把博施济众的行为，认为已进入超仁入圣的境地，连尧舜都难做到。可见孔子对无差等的爱，是虽不能至而心向往之，却并无反对之意。他主张"仁"，正面要做到"己欲立而立人，己欲达而达人"（《雍也》），负面也要做到"己所不欲，勿施于人"(《颜渊》)。孔子这种推己及人思想可以称之为"推爱";但墨子讲的"兼爱"也只是视人如己,这两者在处理人际关系的程序上虽有不同,但爱人的实质并无等差的区别。

对于非攻,孔子并无明显的主张。但他对季氏将伐颛臾一事,提出"有国有家者,不患寡而患不均,不患贫而患不安。盖均无贫,和无寡,安无倾。"故主张"远人不服,则修文德以来之"。否则"谋动干戈",则恐忧"在萧墙之内"(《季氏》)。从这个事例看,孔子的思想与墨家也似有同调之处。

对节用和节葬问题,孔子也有明确的表态。如提出"节用而爱人,使民以时"(《学而》)。对林放问礼之本,则回答说:"礼,与其奢也,宁俭;丧,与其易也,宁戚"(《八佾》)。他还说:"麻冕,礼也;今也纯,俭,吾从众。"(《子罕》)孔子主张节俭,反对繁文缛礼和奢侈浪费,这样的话虽然不多,与墨家的俭约精神应是不违背的。

对于义利问题,一般认为也是儒墨之间的一大分歧。由于墨家明确提出"义,利也"(《经》上)的界说,用"利"来解释"义",而儒家却提倡"义",反对言"利",所以说两家观点是对立的。其实孔子也并非不言利,他回答子张怎样才可以"从政"时,就提出要"因民之所利而利之"(《尧曰》)。他还主张"足食足兵"(《颜渊》)和"富而后教"(《子路》),认为"君子之道","其养民也惠,其使民也义"(《公冶长》)。可见以"义"使民与惠利于民也是不可分割的。虽然孔子是"罕言利",但并非不言。他反对见利忘义,而是主张"见利思义"(《宪问》)。这对墨家的义利观应该说是有包容性的一面。

关于儒墨行周道与用夏政的分歧。其实孔子对夏禹也是极为敬佩的。他说:"禹,吾无间然矣,菲饮食而致孝乎鬼神,恶衣服而致美乎黻冕,卑宫室而尽力乎沟洫。禹,吾无间然矣。"(《泰伯》)孔子认为禹为人的完美,已经达到无丝毫可供指责的地方了。

墨家之外,道家也是批判儒家的一大学派。老子提出"大道废,有仁义。慧智出,有大伪。六亲不和,有孝慈。国家昏乱,有忠臣。"因而主张"绝圣弃智""绝仁弃义"(《老子》第十八、十九章)。这当然是反对儒家的论调。不过作为道家最高政治纲领的"无为而治",看来孔子也是肯定的。他曾称赞说:"无为而治者,其舜也与?夫何为哉?恭己正南面而已矣。"(《卫灵公》)看来孔子思想的包容性对道家也是有所涉及的。

另外，道家中还有一些隐居避世之士，也有庄周一类的出世思想。与此相比，儒家思想当然主要是入世的，但也并非绝对。如孔子对出处辞受的问题，也有明确的标准。他说："笃信好学，守死善道，危邦不入，乱邦不居。天下有道则见，无道则隐。邦有道，贫且贱焉，耻也；邦无道，富且贵焉，耻也。"（《泰伯》）又说："隐居以求其志，行义以达其道。吾闻其语矣，未见其人也。"（《季氏》）孔子是以邦有道无道，作为是否出仕的标准，并仰慕隐居以求志，行义以达道的人。可见孔子对道家的避世思想，也有其包容性的一面。

法家形成一个学派，比儒、道、墨各家都晚。在韩非之前，李悝、申不害、慎到、商鞅等人虽有称之为前期法家，但这些人多数从事实际政治活动，到韩非才构成有体系的法家理论。法家一般认为和儒家是对立的。"至如商、韩六虱，弃孝废仁。"（《文心雕龙·诸子》）所谓六虱，商鞅指的就是儒家宣扬的"仁义""孝悌""诗书""礼乐"等一套。（《商君书·靳令》）并斥之为"淫佚之征"和"过之母"（《说民》）。韩非则抨击"儒以文乱法"（《韩非子·五蠹》），主张国君"不务德而务法"，要"举实事，去无用，不道仁义者故，不听学者之言"（《显学》），这无疑都是反儒的言论。

不过，法家尽管反儒，但两家亦有其相通之处。司马谈在《论六家要旨》中曾指出；儒者"其序君臣父子之礼，列夫妇长幼之别，不可易也。"法家"然其正君臣上下之分，不可改矣"。说明两家都要维护封建等级制度，但手段方法不同。儒家重教化，而法家重刑罚。不过这个区别也不是绝对的。如韩非认为君主要控制臣下，要掌握"刑、德"二柄，即罚和赏这两种权柄。儒家虽然重视德，亦并非不用刑。孔子早就说过："道之以政，齐之以刑，民免而无耻；道之以德，齐之以礼，有耻且格。"（《为政》）他还赞成子产讲为政要宽猛相济的观点，说"宽以济猛，猛以济宽，政是以和。"（《左传·昭公二十年》）孔子虽然不能预见韩非的观点，但德刑并用、宽猛相济的思想，与后来法家有相通之处。

儒法两家由于都要维护等级制度，所以都主张尊主和忠君。不过君主事业能取得成功，也要靠人臣的拥戴。所以韩非说："人主者，天下一力以共载之，故安；众同心以共立之，故尊；人臣守所长，尽所能，故忠。以尊主御忠臣，则长乐生而功名成。"又说："至治之国，君若桴，臣若鼓"，"故古之能致功名者，众人助之以力，近者结之以成，……此尧之所以南面而守名，舜之所以北面而效功也。"（《功名》）这里韩非认为：君臣关系要做到"上下相得"，就像"形影相随""桴鼓相应"那样，成为一种合作共事的关系。孔子对君臣关系，则提出"君使臣以礼，臣事君以忠。"（《八佾》）这是君臣对等的观念，只有这样，才具备合作共事的思想基础。以上说明，孔子对后来的法家思想，也有其包容性的一面。

儒、墨、道、法是先秦的四大学派，看来孔子思想与其他三家相比，固然有分歧、对立的一面，但亦确有能够包容各家的地方。孔子思想的包容性，对后来儒学的发展是有深远的影响。

## 二

孔子之后，先秦儒家主要起作用的有孟、荀两大派。孟子活动在战国中期，是各家激烈争鸣的时代，而孟子又是个好辩的人，他以孔子的继承人和儒家正统派自居，而肆意攻击各家。如说："杨朱、墨翟之言盈天下。天下之言不归杨，则归墨。杨氏为我，是无君也；墨氏兼爱，是无父也；无父无君，是禽兽也。"（《孟子·滕文公》下）杨朱为我，是发挥道家养生之说。孟子这里是连带痛骂道、墨两家。他又说："争地以战，杀人盈野；争城以战，杀人盈城，此所谓率土地而食人肉，罪不容于死。故善战者服上刑，连诸侯者次之，辟草莱、任土地者次之。"（《离娄》上）这是明显攻击法家的耕战政策。

孟子既然这样激烈抨击各家，是否完全抛弃孔子思想的包容性呢？看来也非如此。他和别家争辩，可以说是攻其一点，不及其余。如他反对法家的耕战，其反战言论，超过墨家的非攻；至于说辟草莱、任土地有罪，他不是也主张"深耕易耨"，"不违农时"（《梁惠王》上），要"易（治）其田畴"，"民可使富"（《尽心》上）吗？可见这里言论也是自相矛盾的。

其实孟子提出"民贵君轻"的观点，宣称"君之视臣如手足，则臣视君如腹心"，"君之视臣如土芥，则臣视君如寇仇"（《离娄》下）。这种君臣对等的论调，比孔子似还要激进。他还肯定"汤放桀，武王伐纣"，说"闻诛一夫纣矣，未闻弑其君也。"（《梁惠王》下）这比较韩非所批判的："桀纣为高台深池以尽民力，为炮烙以伤民性。桀纣得成肆行者，南面之威为之翼也。"……势者，养虎狼之心而成暴乱之事者也。"

（《难势》）孟子的反暴君自不会比韩非逊色。还有孟子主张的"老吾老，以及人之老；幼吾幼，以及人之幼。天下可运于掌。"（《梁惠王》上）虽然讲的是推己及人，但这里并无爱有差等的意味。孟子曾痛骂墨家的兼爱，我觉得除派性作怪之外，实际上的分歧，也并不是那么厉害的。

  荀子生当战国末年，当时政治形势已渐趋统一。荀子为人博学精思，颇有点吐纳百家的气势。他写有《非十二子》篇，对墨翟、宋钘、慎到、田骈、惠施、邓析等人，均称之为"欺惑愚众"。并声讨"子思、孟轲之罪"，斥子夏、子游为"贱儒"。他还在《天论》和《解蔽》篇中，用最简约的字句来评论各家的思想特点，而指出其有所"蔽"，即存在片面性。

  不过，荀子既不满于各家的片面，恰好说明他自身思想的包容。战国末年的思想界随着政治形势的发展，也是日趋统一，问题是统一在谁家？墨家的兼爱非攻，不适合维护等级制度和进行兼并战争的封建统治者的需要，因而日渐式微。有些人变成打抱不平的侠士，可能被认为会扰乱治安，就像韩非说的"侠以武犯禁"（《五蠹》），变成为统治者所不容了。

  至于道家到战国后期，却出现新的变化。即"道"与"法"相联系。稷下学者曾提出"法出乎权，权出乎道"（《管子·心术》上）的观点，韩非也讲到"以道为常，以法为本"。（《饰邪》）1973年长沙马王堆出土的帛书《经法》等四篇，则表达为"道生法。法者，引得失以绳而明曲直者也。故执道者，生法而弗敢犯也，法立而弗敢废也"（《经法·道法》）。法为道所派生，而执道者对法又不敢废。这是以道为体，以法为用。并从老子上溯到黄帝，故称之为黄老道家，或道法家。司马迁说韩非"喜刑名法术之学，而其归本于黄老"（《史记·老庄申韩列传》）。正说明当时道法合流的趋势。

  先秦儒家传到荀子，同样适应政治形势的发展。他不像孟子那样法先王、道仁义，而是改造孔子的礼学以符合法治的需要。如说："礼者，法之大分，类之纲纪也。"（《荀子·劝学》）又说："故圣人化性而起伪，伪起而生礼义，礼义生而制法度。"（《性恶》）这样就把原来礼与法的对立加以调和。他甚至说："是百王之所同也，礼法之大经也。"（《王霸》）"礼法"也就成为连用的同义语了。当然，由于荀子毕竟是儒家，所以虽然说"法者治之端也"，却又认为"得其人则存，失其人则亡"，"君子者法之原也"（《君道》）。即法治还是离不开人治。但他看到由礼到法发展的必然趋势，并对此作出相应的论述，这也可以看到他思想中具有包容性的一面。

讲"礼义生而制法度"与"道生法"，表明到战国末年，儒、道两家与法家思想的交融，而韩非思想也就成为三家的聚合点。

这里要谈一下先秦儒家与名、阴阳两家思想的关系。名家本来不算一个学派，因为各家都讲到"名"。如孔子讲"正名"，老子重"无名"，墨子要求"取实予名"，《管子·九守》篇提出"名生于实"。到战国末年是个"处士横议""辩士云涌"的时代，这些人都着意于名实问题的辩论，被汉人称为名家。如荀子批评惠施，说"惠子蔽于辞而不知实"（《解蔽》）。公孙龙则据说由于"疾名实之散乱"（《公孙龙子·迹府》），提出要"审其名实，慎其所谓"（《名实论》）。后期墨家主张"以名举实"（《小取》）。当时由于新旧事物不断更迭，名实关系变得混淆不清。正如荀子所说："今圣王没，名守慢，奇辞起，名实乱，是非之形不明，则虽守法之吏，诵数之儒，亦皆乱也。"（《正名》）据此他吸取墨家和《管子》的观点，明确提出"制名以指实"（同上），这是对当时名辩思潮作了批判性总结，同时也体现儒家思想具有包容性的一面。

阴阳五行在中国思想史上起源比较早，但司马谈所称的阴阳家大概是以战国末年的邹衍为代表。司马迁说他"深观阴阳消息，而作怪迂之变，……然其要归，必止乎仁义节俭，君臣上下六亲之施"（《史记·孟子荀卿列传》）。可见他的思想与儒家有相通之处。与此同时或稍后，出自儒家后学之手的《易传》，则提出"一阴一阳之谓道"（《系辞上传》）。在宇宙生成图式中，则以"太极"产生天地、阴阳，这又是受老子思想的影响。《易传》后来被公认为儒家经典，但对阴阳和道家思想都有所包容。

战国末年随着秦国势力的扩张，法家政治也取得成效。如荀子入秦，说"治之至也，秦类之矣"（《彊国》）。对此加以赞许。但对秦国"无儒"感到遗憾，认为不符合王道标准。由于秦始皇统一后，发展法家严刑峻法的一面，"焚书坑儒"，大搞文化专制主义，终于二世而亡。西汉初年，各家思想又进入重新组合的时代。

## 三

汉兴以后，为总结秦亡的教训，如何确立新的统治思想，曾经过较长时期的争论和反复试验。最初刘邦并不喜欢儒家，而以马上得天下自居。陆贾即争辩说："居马上得之，宁可以马上治之乎？且汤、武逆取而以顺守之，文武并用，长久之术也。"如果秦并天下后，"行仁义，法先圣，陛下安得而有之？"（《史记·郦生陆贾列传》）这里所谓"文武并用"，也就是王霸并用，即儒法并用。后来汉宣帝透露说："以霸王道杂之"，乃是汉家制度，即是汉王朝的基本国策，从而实践了陆贾的文武并用思想。陆贾还认为，如秦得天下后，"行仁义，法先圣"，就不会速亡，贾谊亦持相同的观点，他分析秦亡原因，归结到"仁义不施，而攻守之势异也"（《过秦论》上）。

陆贾、贾谊并不纯是儒家，但从秦亡的教训中取得共识，认为秦统治者处在攻守异势的地位时，没有作"取与守不同术"的战略转变。秦可以使用"诈力"取天下，但要巩固政权，却不能单靠严刑峻法而不施仁义。这就需要刑德并用，也就是孔子早已主张的宽猛相济的两手策略。所以陆贾、贾谊的共识，还是离不开儒家思想包容性的发挥。

汉代儒学的发展，到董仲舒是个关键人物。这个被称为"群儒首"，又是主张"罢黜百家，独尊儒术"的人，自当算是儒家的正统派了。不过更多的还是对孔子思想包容性的发挥。他以儒家思想为中心，提出了德、刑并用而以德教为主的统治方针，主张既要充分发挥"礼乐教化"的作用，又要建立和统一"法度"，以便维护"三纲五常"等封建等级秩序和宗法道德规范，作为化民成俗的根本。由于董仲舒"尊儒"是公开提倡的，而刑名法术之学却实际上被容纳，所以有谓董学是儒表法里或阳儒阴法的，这种说法也不无根据。对阴阳五行和五德终始学说，董学也作了多方面的发挥。史称"董仲舒治公羊春秋，始推阴阳，为儒者宗"（《汉书·五行志》）。说明董学既容纳刑名法术，又与阴阳家言相结合，在儒学的发展中充分体现包容性的一面。

儒学的包容性不但为多数儒家所遵行，同时也为一些反儒的人所接受。如曹操由于在《举贤勿拘品行令》中，提出可以任用"不仁不孝而有治国用兵之术"的人，"文革"时期曾被封为反儒的法家。其实曹操并非有意反儒，他是懂得"取"与"守"是不同术的。在攻取战争中当然首先考虑要找有治国用兵能力的人，而道德上的仁和孝就不作为必备条件。但从长远培养人才来说，曹操却另有一番见解。他称汉末"丧乱以来"，是"后生者不见仁义礼让之风，吾甚伤之"，据此，他颁发《修学令》，要求做到"先王之道不废，而有以益于天下"。曹操这两处的不同做法并不是自相矛盾，而是取与守不同术的具体措施。他提出"治平尚德行，有事赏功能"(《论吏士行能令》)。又说："夫治定之化，以礼为首；拨乱之政，以刑为先。"(《以高柔为理曹掾令》)德行与功能，礼与刑，是按照不同情况来考虑其优先地位。这种思想与其说是反儒，毋宁说是对儒学包容性的具体运用。

从魏晋南北朝到隋唐，玄学与佛教相继盛行，对儒学曾一度有过冲击，但彼此间的矛盾还是以妥协、融合的方式而告终。这里的原因，也可以从儒学的包容性寻求解释。玄学家们虽从祖述老庄立论，但对注释《论语》《周易》等儒家经典却颇感兴趣。他们把《老子》《庄子》《周易》并称"三玄"。从魏晋玄学发展的主流来看，都在力图调和名教与自然的矛盾。由"贵无"论的"名教本于自然"，到"崇有"论的"自然不离名教"，再到"独化"论的"名教即是自然"，都无非在论证儒家纲常名教的自然合理性。这样就解决了儒道的矛盾，将道家的自然之论容纳到儒学的包容性中去。

魏晋玄学家为论证纲常名教的自然合理性，多是以道释儒，而神仙道教著名人物葛洪，却是以儒证道。他说："欲求仙者，更当以忠孝和顺仁信为本。若德行不修，而但务方术，皆不得长生也。"(《抱朴子·对俗》)又说："览诸道戒，无不云欲求长生者，必欲积善立功，慈心于物，……如此乃为有德，受福于天，所作必成，求仙可冀也。"(《微旨》)要做到忠孝仁信，积善立功，才能入道成仙，这可能是葛洪的发明。道术儒修无二致，神仙忠孝有完人，这样来评量葛洪的思想，看来也不无道理。而儒学的包容性，却扩大到神仙方外去了。

佛教是外来宗教，佛教徒不拜君亲，对儒家所维护的伦理纲常本来是相违背的。从东晋到唐初，发生过"沙门不敬王者""沙门不应拜俗"的争辩，就表明这种矛盾。唐初的宗教政策虽仍然尊重和利用佛、道二教，而更重要的是以儒家的君父之义来加以约束。如唐高宗李治对僧道是否拜君亲问题明确表示："朕禀天经以扬孝；赞地义以宣礼，奖以名教，被兹真俗。"(《大正藏》卷五二)在封建帝王的倡导和干预下，佛教也就向儒学靠拢。如华严宗的宗密，就说"佛且类世五常之教，令持五戒"(《原人论》)。将佛教的"五戒"比附"五常"，表示佛徒拥护儒家的封建道德。他们有的称皇帝为活佛以表忠；也有宣扬《孝子报恩经》《父母恩重经》，鼓吹孝道是"儒释皆宗之"(《盂兰盆经疏序》)。这样一来，佛教与封建世俗的矛盾，在儒学的包容性里获得解决。

唐代柳宗元的思想，近年来颇有争议，其实他是一个沟通儒释的人物。他声称"自幼好佛，求其道，积三十年"。但他所好的不是"言至虚之极"(《送巽上人赴中丞叔父召序》)的佛家出世法，而认为"浮图诚有不可斥者，往往与《易》《论语》合"，"不与孔子异道。"所以他说："吾之所取者与《易》《论语》合，虽圣人复生不可得而斥也。"(《送僧浩初序》)他送文畅上人，谓其"将统合儒释"，对元暠师，则说："吾见其不违且与儒合也。"(《送元暠师序》)可见当时儒释相互包容的情况是相当普遍的。

儒学发展到宋明时期，理学占据统治地位。理学家们表面排斥佛道，而实际上是相互包容。如周敦颐提出"无极而太极"的宇宙生成图式就来自道教，朱熹"理一分殊"的理论却来自佛教华严宗。至于陆王心学固然有渊源于孟子的一面，但亦深受禅宗的影响。有人认为理学是儒、释、道三教合流的产物，而以儒学为主，我看这话也不无道理。这种合流，正是儒学包容性在封建社会后期发展过程中的表现。

中国传统文化源远流长，儒学基本上是居于主干地位。当然，儒家思想也不是一成不变和一枝独秀的。它在整个封建社会的长河中，是与各家思想既互相冲突又会通融合的过程中形成，并且随着时代的变化而发展。其间虽然经历过起伏的险滩和曲折的回流，却终于汇成浩瀚的江海。儒学在中国历史上何以能通贯各家，我认为与儒家创始者孔子思想的包容性有一定关系。传统儒学到今天又是面临新的考验，我们研究孔子与历代儒学对各家思想如何存异求同，对我们怎样根据实际情况，对传统文化进行扬弃和改造，并在此基础上如何容纳外来文化，将会有一定的启迪作用。

# 从孔、孟到程、朱
## ——兼论儒学发展历程中的双重价值效应

在儒学发展史上,从孔子到朱熹,对中国传统文化有过重大的影响,其历史命运如何?应该给以什么样的评价,值得我们反思和讨论。

一

汉司马谈《论六家要旨》对儒家的评论说:"儒者博而寡要,劳而少功,是以其事难尽从;然其序君臣父子之礼,列夫妇长幼之别,不可易也。"这里指明,伦理政治是儒家思想的核心,它明确将君臣父子、夫妇长幼的等级差别给以定位,以此安定国家社会的秩序。本来司马谈评论法家,也说"法者严而少恩,然其正君臣上下之分,不可改矣。"其实,维护"三纲"思想儒法是相同的,只是儒家重教化而法家重刑罚,要求达到的目的是一致的。

但是,先秦儒家有它的特点,可能对当时诸侯异政的现实有所认识,所以虽然忠君,却并非无条件服从,而是有所选择。孔、孟所以周游列国,就是想际遇明君。可是孔子认为做大臣的要"以道事君",反对做唯唯诺诺的"具臣"(《论语·先进》)。要"君使臣以礼",才"臣事君以忠"(《八佾》);否则"天下有道则见,无道则隐"(《泰伯》),对当局可以不予合作。

孟、荀是继承和发扬孔子的思想。如孟子说:"居天下之广居,立天下之正位,行天下之大道;得志,与民由之,不得志,独行其道;富贵不能淫,贫贱不能移,威武不能屈,此之谓大丈夫。"(《孟子·滕文公》下)这里既强调个人的独立人格,从而产生了君臣对等和民重君轻思想。如说:"君之视臣如手足,则臣视君如腹心;君之视臣如犬马,则臣视君如国人;君之视臣如土芥,则臣视君如寇仇。"(《离娄》下)当齐宣王提出"汤放桀,武王伐纣"的故事,问到"臣弑其君可乎?"孟子回答说:"贼仁者谓之贼,贼义者谓之残,残贼之人谓之一夫。闻诛一夫纣矣,未闻弑君也。"(《梁惠王》下)据此,他还发出民贵君轻的议论。(《尽心》下)对君臣关系的看法,对后来黄宗羲等具有早期启蒙思想的人,曾产生过一定影响。

荀子在孔、孟之后,仍然继承这一优良思想传统。他明确提出"从道不从君"(《臣道》)的命题。并指斥称:"桀、纣者,民之怨贼也","诛暴国之君若诛独夫!"(《正论》)据此,他还发挥说:"夺然后义,杀然后仁,上下易位然后贞。功参天地,泽被生民,夫是之谓权险之平,汤、武是也。"(《臣道》)荀子将暴君称之为独夫民贼,称赞汤、武革命的上下易位。他还看到人民的力量,将君、民比喻为舟与水的关系,水能"载舟",也能"覆舟"(《王制》),承认人民有推翻统治者的力量。后世头脑比较清醒的君主,如唐太宗李世民等人,不能不从其中得到一点启示。

## 二

先秦儒家既有君臣对等的思想,主张"从道不从君","以道事君,不可则止",臣子对君主,可以保持选择、出处、进退的自由。孔、孟两人周游列国,可以说是这种思想的实践。其实当时用世之士,"朝秦暮楚"流动性很大,所谓"良禽择木而栖,良臣择主而事",这种观点是得到大众的认同,并不因此就说对君主不忠。当时的名人中只有屈原始终忠于楚国,从而得到后世的称赞,到现在仍称之为爱国诗人。但颇为奇怪的是,西汉初年的贾谊对屈原的遭遇虽表示同情,却又批评他是个不识时务的人。贾谊被贬谪为长沙王太傅,在渡湘水时,曾为赋以吊屈原。他称赞说:"屈原楚贤臣也,被谗放逐。"他对此深表同情,有点同病相怜的感慨。但是他后面笔锋一转却带点批评的语气说:"般纷纷其离(罹)此尤兮,亦夫子之故也,历九州而尚其君兮,何必怀此都也。"这是从另一方面说,屈原所以遭放逐是因为留恋在楚国不走,只能说是自作自受。从当时的情况来说,他可以在九州列国选择合适的君主,何必留恋在楚都不去呢?

贾谊没有说屈原是爱国,反而认为他不识时务而有点可惜。其实这正是承传孔、孟、荀的观点。像楚怀王这样的昏君,何必死抱着他不放。良臣择主而事,可以说是春秋战国时人相当普遍的理念,要说忠臣不事二主,这种观念可能被视为迂腐了。

不过话也得说回来,贾谊既会批评屈原,他也是遭逢贬谪,为什么又不去历九州而相其君呢?这就是历史条件问题了。因为战国时是列国纷争,有才干的人用世才能有所选择;而汉代是统一帝国,当然不可能历九州而相其君了。我们一般说存在决定意识,先秦儒家所以有君臣对等和历九州而相其君的思想,就是因为有这个社会条件。到贾谊可以用这种观点批评屈原,但他自己却无法付之行动。不过后来遇到条件许可时,如诸葛亮兄弟就分事吴、蜀两国,并没有引起人们的非议。因为当时三国分立,任人用事,君臣之间是可以双向选择的。

秦汉以来,中国基本上是个封建专制统一的国家,所谓君为臣纲、父为子纲、夫为妻纲,这称之为"三纲"思想,使君、父、夫处于绝对的统治地位,君臣对等的观念逐渐消失了。汉代董仲舒被称作群儒首,又说他"治公羊春秋,始推阴阳,为儒者宗"(《汉书·五行志》)。董氏思想虽是以儒家为主体,但同时与法、墨、道、阴阳、名各家有所互补。如韩非说的"臣事君,子事父,妻事夫,三者顺则天下治,三者逆则天下乱"(《韩非子·忠孝》)。这可以说是董仲舒"三纲"思想的先导。他同时还把先秦的天道阴阳观念加以歪曲比附。如说"不当阳者,臣子是也。当阳者,君父是也。故人主南面,以阳为位也。阳贵而阴贱,天之制也"(《春秋繁露·天辩在人》)。他既把天意谓"贵阳而贱阴",再加以附会说:"君臣父子夫妇之义,皆取诸阴阳之道。君为阳,臣为阴;父为阳,子为阴;夫为阳,妻为阴。"(《基义》)"丈夫虽贱,皆为阳;妇人虽贵,皆为阴。"(《阳尊阴卑》)这就是以天道阴阳来论证三纲思想,从而归结说:"王道之三纲,可求于天。"(《基义》)这就为封建专制绝对君权提供理论根据。自是先秦儒家君臣对等的观念,给董仲舒天人感应神学目的论冲淡了。

两汉之后,接着是三国两晋南北朝,其中除西晋短暂统一外,基本上是个分裂割据的时代。当时还有种情况,从曹丕、司马炎到刘裕等人,都是打着禅让的招牌,其实是权臣篡夺君位,因此他们不好强调忠君,如晋朝只好宣扬以孝治天下。加上这个时期世家豪族势力强大,皇帝的权威相对削弱,因而封建纲常受到一定冲击,一般认为儒家思想走向低潮。到了唐朝,重新建立起封建统一大帝国,当时由于佛、道流行,作为儒家卫道士的韩愈,他一方面批评佛、老,说是"必弃而君臣,去而父子"(《原道》），就是说违反封建伦理纲常，另方面则提倡绝对君权。他写有《拘幽操》，托称为文王被拘囚羑里时所作，最后结句是"呜呼臣罪当诛兮，天王圣明"。韩愈的论调后来受到程颐的称赞，他在夹注中说："退之作琴操，有曰'臣罪当诛兮，天王圣明'，道文王意中事，前后之人道不到此。"徐仲车亦说："退之《拘幽操》，谓文王囚羑里作。乃云'臣罪当诛兮，天王圣明'，可谓知文王之用心矣。"其实他们有何根据说这是文王意中事和文王之用心，不过是韩愈、程颐等人崇拜绝对君权的奴才心态的流露罢了！

## 三

宋明时期的国势对外不及汉唐，但对内强化中央集权的专制统治却超越前代，同样在思想上也要提高专制君主的绝对权威，宋明理学免不了被充当这个角色，这也可以说是中国知识分子所难以摆脱的悲剧命运。

在宋明时期的各种思想流派中，程朱理学自谓是上接儒家孔孟思想的嫡传。唐代韩愈曾构架一个所谓先王之道的传授系统，称为道统，从尧、舜、禹、汤、文、武到周公、孔子、孟轲。他排除了董仲舒，虽然说轲之死，不得其传，其实俨然以自己为后继。但宋儒建立的道统，却排除了韩愈，以周、程上接孔孟，朱熹为集大成。时至今日，虽然还有学术界的人为陆王心学争正统，但从宋明到清代，程朱理学成为官方统治思想的代表，却是不争的事实。

对程朱理学定位应该给以历史主义的评价，即对其正面和负面作用应给以具体分析。从总体上说，宋明理学在儒学发展史上是进入了一个新阶段，特别在儒学哲理化方面作出了贡献。其中周敦颐、二程、朱熹在儒家道统中是居于正宗地位。

周敦颐一般多认为他是宋明理学的开创者。他的成就，主要由于他在当时儒、佛、道思想矛盾融合的形势下，对于《老子》和道家的"无极"、《易传》的"太极"、《中庸》的"诚"，以及五行阴阳等思想资料进行熔铸改造，提出"无极而太极"的本体论，"物则不通，神妙万物"的动静观，以及"主静立人极"的伦理观等问题，从而对宇宙生成、万物变化，到建立符合封建统治的人伦道德标准等方面，都把问题上升到哲学的高度，从而在儒学哲理化方面奠定了他在理学家中的崇高地位。

二程（程颢、程颐）兄弟曾受业于周敦颐，但在儒学哲理化的过程中起到超出前人的作用。二程是首先明确将"理"或"天理"作为哲学的最高范畴。程颢曾经自负地说："吾学虽有所授受，天理二字却是自家体贴出来"（《外书》十二）说成是前无古人的独家创造。虽然"理"或"天理"这个词早已使用，但作为世界的本体，成为造化之本、万物之源，则确是二程的创举。他们认为从本体论来讲，"天下只有一个理"。（《遗书》十八）"理者，实也，本也。"（《遗书》十一）"所谓万物一体者，皆有此理，只为从那里来。"（《遗书》二上）即只有理才是真实存在的唯一本体。

二程虽强调"天下无实于理者"（《遗书》三），但并非和具体实物混同，因此又说"理，无形也"（《粹言》一）。即是说"理"不是实有其形，而是实有其体，这是永恒绝对不变的。所以说"天理云者，这一个道理，更有甚穷已？不为尧存，不为桀亡"。"这上头更怎生说得存亡加减，是佗元无少欠，百理具备。"（《遗书》二上）二程这个"理"本体，既不同于有聚散生灭的气化物，又可以避免佛、道虚无本体有归于空虚寂灭的危险。二程"唯理唯实"的观点，把本体界定为体有而非无、形化而不空的绝对体，这显示出理学比佛、老有更高的思维水平。

在周、程之后对儒学哲理化作出重要贡献的是南宋时的朱熹，他继承二程以"理"作为哲学的最高范畴，但论证"理"会成为宇宙的本体时，却成功地与周敦颐所讲的"太极"联系起来。他断定《太极图说》的首句应为"无极而太极"并对此作了新解："周子所谓无极而太极，非谓太极之上，别有无极也，但言太极非有物耳。""极，是道理之极致，总天地万物之理，便是太极，太极只是一个实理"，"无极而太极，正所谓无此形状，而有此道理耳。"（《太极图说·集说》）

朱熹把太极解释为总天地万物之理，又只是一个实理，这就将周、程的思想联系起来，将儒学传统中的封建纲常伦理，以"理"这一最高范畴的普遍形式上升为宇宙本体，从而取代董仲舒儒学中"天"的地位。自是儒家的天命论演化为天理观，天人感应的神学发展为天人一本的理学，儒学思想缺乏思辨的弱点，随着朱熹等人的努力而得到改善和加强，特别在哲学世界观方面，朱熹对儒学哲理化的提高是作出了重要贡献。

朱熹既将太极解释为天地万物之理，那么这个总的"理"怎样贯彻到各个领域？他认为这总的理只有一个，就是"理一"，但这个理又是无所不在的，是规定万事万物所以然的道理。这个总的理是有不同的分布点，就是"分殊"。朱熹用形象的比喻说："本只是一太极（理），而万物各有禀受，又自各全具一太极尔。如月在天，只一而已，及散在江湖，则随处可见，不可谓月已分也。"（《语类》卷九四）这种"理一分殊"的理论是来源于佛教华严宗的"一多相摄"。朱熹说："释氏云：'一月普现一切水（月），一切水月一月摄'，这是释氏也窥见得这些道理。"（《语类》卷十八）他这里说的就是"月印万川"的比喻，佛教和朱学都以此形象地说明一多相摄、理一分殊和万殊一本的理论，这是朱熹在促进儒学哲理化的过程中，所完成的一项重要理论建构。

但是，程朱理学所讲的天理以至理一分殊等理论，目的不在于说明自然界的现象，而是用以比附在社会人事方面。如朱熹说："理只是一个，道理则同，其分不同，君臣有君臣之理，父子有父子之理。"（《语类》卷六）这个"分"，就是分殊，亦称之为"名分"，即以此规定人们在社会上不同的等级地位。宋明理学家就是用这套理论来规范人们的思想行动，目的是用以维护封建专制统治的等级制度。下面摘引几条这方面的言论。

邵雍说："事无大小皆道在其间，能安分则谓之道，不能安分则谓之非道。"（《皇极经世绪言·观物外篇》）

程颢说："圣人致公，心尽天地万物之理，各当其分。"（《河南程氏遗书》卷一四）"夫天之生物也，有长有短，有大有小。君子得其大矣，安可使小者亦大乎？天理如此，岂可逆哉！"（同上书卷十一）

程颐说："父子君臣，天下之定理，无所逃于天地之间。"（《河南程氏遗书》卷五）"问或有孤孀，贫穷无托者，可再嫁否？曰：只是后世怕寒饿死，故有是说。然饿死事极小，失节事极大。"（同上书卷二二下）

朱熹说："夫天下之事，莫不有理。为君臣者有君臣之理，为父子者有父子之理。……亘古亘今，不可移易。"（《朱文公文集·甲寅行宫便殿奏札二》）"君臣父子，定位不易，事之常也；君令臣行，父传子继，道之经也。"（同上，《奏札一》）。"有高必有下，有大必有小，皆是理必当如此。"（《语类》卷九五）

以上这些理学大师的语录，无非是把封建的纲常伦理、尊卑贵贱、上下等级说成是人们不能违逆的天理，也是必须遵守的本分。这样一来，凡是遵照三纲五常来行事，所谓忠臣、孝子、节妇、烈女等人，就算是符合"天理良心"而受到社会舆论的称赞，否则就会被骂为"伤天害理"，不守本分。自是纲常名分成为劳动人民沉重的精神枷锁，而统治者则借以维护其封建等级集权的有力工具。

## 四

程朱理学对儒学哲理化虽作出了重大贡献，并发挥了巨大的社会功能，但只是有助于绝对君权的封建统治。如孔孟时代君臣对等的观念淡化了，臣子成为君主的奴才。后来，黄宗羲论述君臣关系，声称"吾无天下之责，则吾在君为路人"，"以天下为事，则君之师友"。并指斥"小儒规规焉以君臣之义无所逃于天地之间"（《原君》）。黄氏自称与君主的关系，可以说是孟子君臣对等观念的翻版。至于指斥的小儒，很明显是程朱等理学大师。明清之际，随着资本主义萌芽的出现，从而也产生了早期启蒙思想，批判封建专制君权似也成为时尚，黄宗羲则是其中比较突出的一人。他主要发挥了先秦孟子等人君臣对等和合作共事关系的思想。他反对宋儒对君主绝对服从的谬论，提出"为君之职分"（《原君》），认为做君主的也有职、权、责问题。他自称出仕是"为天下，非为君也；为万民，非为一姓也"。将君臣共事比喻为"治天下犹曳大木然，前者唱邪，后者唱许，君与臣，共曳木之人也"（《原臣》）。这样形象地来说明君臣对等关系，是比先秦时人更进了一步。

对封建纲常伦理与法制的关系，朱熹在上皇帝奏书中提出的意见说："臣伏愿陛下深诏中外司政典狱之官。凡有狱讼，必先论其尊卑、上下、长幼、亲疏之分，而后听其曲直之辞。凡以下犯上，以卑凌尊者，虽直不右；其不直者，罪加凡人之坐。"（《戊申延和奏札一》）这里，朱熹公然主张在审理狱讼时，先讲尊卑上下名分，然后管是非曲直。甚至卑幼者虽然做得对亦不给予支持，如有点错失更是罪加一等。

朱熹的主张就是宋明理学家所谓的"理"。清时人戴震曾尖锐地指出当时的情况，是"尊者以理责卑，长者以理责幼，贵者以理责贱，虽失谓之顺；卑者幼者贱者以理争之，虽得谓之逆。""上以理责其下，而在下之罪，人人不胜指数。"（《孟子字义疏证·理》）这种是非颠倒的歪理，使不少人受害。所以戴震还痛心地说："酷吏以法杀人，后儒以理杀人。""天下自此多迂儒。及其责民也，民莫能辨，彼方自以为理得，而天下受其害者众也。"（《戴东原集·与某书》）

戴震说的这番话,并不是无的放矢,朱熹这种以尊卑贵贱定是非的主张,在《大清律例》中就有所体现,如其中明文规定:"凡子孙告祖父母、父母,妻妾告夫及夫之祖父母、父母,虽得实亦杖一百,徒三年;但诬告者不必全诬,但一事诬,即绞。"又:"妾告妻者,虽得实,杖一百。"原来朱熹的主张,是以上下尊卑定是非曲直,以卑凌尊的,虽直也不给申理。这里清朝的律例,卑幼者即使有事实有道理,也不能上告尊长,甚至妻妾不能告夫,妾不能告妻,否则就是干犯名分,受到鞭杖甚至死罪的刑罚。追源祸始,可以说是朱熹意见的负面影响。

清人纪昀写有一部《阅微草堂笔记》,内容有些神鬼报应之类的故事,有人说其中有托狐鬼以讥刺宋儒的情节,下面试举一例为证。

故事中说有个申苍岭先生,号称"立身端介"。由于"里有妇为姑虐而缢",他却"劝妇父兄勿涉讼",因而晚上受到冤鬼的寻闹。这位申先生就板起道学家的面孔,先对冤鬼"叱之曰:姑虐妇死,律无抵法,即诉亦不能快汝意",但"鬼仍絮泣不已"。于是申先生再加上一番说教:"君臣无狱,父子无狱","汝以妇而欲讼姑,此一念已干名犯义矣。任汝诉诸神明,亦决不直汝也"。在申先生斥责下,"鬼竟寂然去"(《滦阳消夏录四》)。这位申先生,大概属于"天下自此多迂儒"一类,所演的就是"以理杀人"的角色,所持观点也可以说是宋儒思想的发挥。

宋儒程、朱等人用纲常名分来维护封建等级关系,其负面作用对后期封建社会曾产生深远影响,戴震以后到近现代的谭嗣同、鲁迅等人,对吃人的封建礼教都进行过强烈批判。五四运动提出打倒"孔家店",其内涵实质是宋儒所强调并付之社会运作的封建纲常伦理,要说"以理杀人"在孔、孟时代的各家思想中及实际操作上都没有出现,并且戴震特别指出"后儒"和"迂儒",其所指对象更是十分清楚。

不过,用封建纲常名分来维护专制统治的等级制度,其责任不能专怪宋儒,从某种意义上来说是被利用,后来可以说是成为替罪羊甚至自身也受到伤害。如朱熹也并非赞成专断昏庸的君主,他曾入侍经筵为宋宁宗讲授儒家典籍,要求皇帝正君德、纳忠言、远近习、收放心、行治道。由于儒家是讲仁治和德政,希望有个仁民爱物的尧舜之君。但宁宗赵扩却用"内批"诏旨独断专行和任用韩侂胄等人干预朝政。朱熹认为做君主的独断专行,不符合"为治之体",他面奏四事提出批评。赵扩反而说他干预皇帝言行,他立朝46日就被逐出国门,而后来受到的迫害却不断升级。

由于韩侂胄与赵汝愚的矛盾，朱熹理学被指为"伪学"，人被称为"伪徒""奸党"，甚至有人上书请斩朱熹，终于酿成"庆元党禁"之祸。当时理学家们提倡尊君、忠君，却得到自身受到伤害的下场。

朱熹晚年身受灾祸，但死后10年不但得到昭雪，而且不断得到封赠，从宋理宗、度宗到元、明、清三代，其地位不断升级。康熙皇帝称他为"集大成而绪千百年绝传之学，开愚蒙立亿万世一定之规"。而朱熹在孔庙的牌位却从东廊进入大成殿，升入配祀"十哲"之列，在儒家道统中取得崇高地位。

朱熹的生前死后，遭遇何以如此反复？其实他不过是封建统治者手中玩弄的工具。宋宁宗赵扩初政时召入朱熹侍讲经筵，装出尊师重道的样子，无非借他的名望以收取人心。但当朱熹对皇帝提出批评时，就认为是对君权的限制和挑战。在赵扩心目中，用朱熹讲点经书作为摆设是可以的，但要干预皇帝的言行，那就不能容忍了。至于朱熹身后，他不会再进逆耳忠言，而尊君的理学教条又可以大加利用。于是翻手为云，覆手为雨，扬之可以登天，抑之可以入地，封建统治者这种作为，也就没有什么奇怪了。

从孔子到朱熹，是儒学发展的一大高峰。从孔、孟的天命论到董仲舒的天人感应再到程、朱的天理观，在哲学理论思维发展方面来看，是有很大提高，即是对儒学的哲理化过程作出重大贡献。但是儒学的历史命运，却是坎坷不平，总的来说是随着社会政治的需要、各个时期统治者的需要而变化。孔、孟儒家是先秦的显学，但是其道不行。在列国纷争的时代，当时的形势决定唯有法家的耕战政策，才能富国强兵，为武力统一创造条件，而儒家所述的仁治德政，被视为"迂远而阔于事情"，所以和当政者"不合"。但是秦统一后，推行严刑峻法的暴政统治，因而速亡。汉高祖刘邦虽以马上得天下，后来也认识到不能以马上治天下。到汉武帝时为要维护国家的安定统一，董仲舒提出独尊儒术，在所著书中孔子也被装扮成教主。但汉家制度是"以霸王道杂之"，所以董仲舒的思想实质还是儒表法里，这是儒家思想在官学中的基本定位。

两汉以后，魏晋玄学与隋唐佛、道思想流行，儒学似是受到冲击。但王弼等人论证名教出于自然，在调和儒、道中还是肯定儒家的历史地位。唐代虽说是儒、释、道三教并行，但儒学还是治国的根本。如高宗李治曾说："父子君臣之际，长幼仁义之序，与夫周孔之教，异辙同归，弃礼悖德，朕所不取。"(《唐会要》卷四七)太宗李世民也说："朕所好者惟在尧舜之道，周孔之教，以为如鸟有翼，如鱼依水，失之必死，不可暂无耳。"(《贞观政要》卷六)纲常名教，是中国帝王维护其封建统治秩序的命根子，即使作为摆设，儒学也是不可缺少的。到韩愈提倡道统，就是要把儒学列入正宗地位。后来经过宋儒的努力和适应封建帝王加强专制统治的需要，宋明理学才得以重新定位为官方正宗哲学。由于儒学的作用主要用伦理道德来教化人民，不同重信仰的宗教，所以孔子终于没有成为教主或素王，而被定位为万世师表、大成至圣先师，而朱熹亦享有被称为帝王师的荣誉，他们的思想从而起到为封建帝王护法的作用。但这些儒学大师表面上虽备极尊崇，而其实还是被利用的工具，后来受到社会批判时却成为替罪羊，这可能是中国知识分子从传统所带来的历史命运。

# 道家思想在传统文化中的历史地位

中国是个文明古国,传统文化源远流长。其中道家文化占有什么样的历史地位,是一个值得研究的课题。本文谈点粗浅意见,以供讨论。

## 一

中国传统文化(主要指精神文化)有个特点,就是往往与政治哲学和道德伦理思想紧密相连。我国是个东方大国,在很早以前,我们中华民族的祖先就劳动、生息、繁衍在这块广大的土地之上,并创造出光辉灿烂的古代文化。

我国远古的文化,虽然也是经历过多源发生和多维发展,但随着各部族之间的逐渐融合,原来各区域性的文化在形成各思想流派时,既保持了自己的特色,同时在彼此渗透中也出现了相互包容的现象。如春秋战国时期,既形成诸子并起、百家争鸣的局面,但汉代的司马谈在评论各家思想时,却引用了《易大传》的话:"天下一致而百虑,同归而殊途"。并说:"夫阴阳、儒、墨、名、法、道德,此务为治者也。"(《论六家要旨》)即是从"务为治"的角度,将先秦六大家的思想,作出了"殊途同归"的概括。

司马谈这里说的"道德"就是道家。虽然他也讲到汉初黄老学说的一些内容,但对先秦道家的基本精神还是阐发得比较清楚。

"道家无为,又曰无不为,其实易行,其辞难知。其术以虚无为本,以因循为用。无成势,无常形,故能究万物之情。不为物先,不为物后,故能为万物主。有法无法,因时为业;有度无度,因物与合,故曰圣人不朽,时变是守。虚者,道之常也;因者,君之纲也,群臣并至,使各自明也。……贤不肖自分,白黑乃形,在所欲用耳,何事不成?乃合大道,混混冥冥,光耀天下,复反无名。"(同上)

司马谈这段议论,亦是从"务为治"的角度讲的,却也符合道家老子讲治国的旨意。老子主张"以正治国,以奇用兵,以无事取天下"。又说："我无为而民自化，我好静而民自静，我无事而民自富，我无欲而民自朴。"（《老子》五十七章）这就是所谓"道常无为而无不为，侯王若能守之，万物将自化"（三十七章）的治国之术。

春秋战国是个动乱时期，从社会变革的角度来看似乎是难以避免的，但战争总会影响生产、生活，甚至人们生命的安全，因而老子表示反对。他认为"以道佐人主者，不以兵强天下"，还说"师之所处，荆棘生焉。大军之后，必有凶年"（三十章）。"兵者不祥之器，非君子之器"。"夫乐杀人者，则不可得志于天下矣"（三十一章）。这种论调和后来儒家孟子说的，"争地以战，杀人盈野；争城以战，杀人盈城"，"故善战者服上刑"（《孟子·离娄》上）。其反战态度可谓如出一辙。还有墨子讲的"非攻"，都属同一类型的思想。

但是，老子对如何安定社会的问题上，却并非同意儒、墨两家的主张。如儒家讲礼治，却说："夫礼者，忠信之薄，而乱之首。"（三十八章）墨家讲"尚贤"，他又说："不尚贤，使民不争。"（三章）"争"与"乱"固然会影响社会的安定，但他却把根源归咎于人类智慧文明的进步和物质欲望的提高。如说："民多利器，国家滋昏。人多伎巧，奇物滋起。"（五十七章）并进一步提出"罪莫大于多欲，祸莫大于不知足"（四十六章），从而发出"多藏必厚亡"的警告。如果作为抨击统治者的贪欲来说，这样警告是对的，他指斥那些"服文采，带利剑，厌（饱）饮食，财货有余"的人，"是谓盗夸。非道也哉"（五十三章）。即认为这些人是强盗头子，当然算不上是有道之士，对于那些贪欲的统治者表现出异常激愤。

但是，老子反对统治者的贪欲，却走向另一极端。他以"不见可欲，使民心不乱"为理由，认为"圣人之治"，要"常使民无知无欲"（三章）。这就把社会的纷争变乱，从谴责那些荒淫逸乐的统治层，转而否定普通人民在日常生活中应有的物质欲望，甚至归咎于人类智识文明的进化。他提出"民之难治，以其智多。故以智治国，国之贼；不以智治国，国之福"。并从而主张"古之善为道者，非以明民，将以愚之"（六十五章）。这就有点类似愚民政策，从而使老子批判社会现实的积极意义走向反面。

沿着老子这条思路，他向往一个称之为"小国寡民"的理想社会，且看他的具体描述：

"小国寡民，使民有什佰之器而不用，使民重死而不远徙。虽有舟舆，无所乘之；虽有甲兵，无所陈之。使民复结绳而用之。甘其食，美其服，安其居，乐其俗。邻国相望，鸡犬之声相闻，民至老死不相往来。"（八十章）

老子这种桃花源式的理想社会，可能是对统治者横征暴敛表示不满的一种反映。所谓觅得桃源好避秦，后世不满现实的人也许从中找到一点精神寄托，如陶渊明等就向往为隐居避世的理想国。但从历史发展的角度看，这无非是落后闭塞的农村公社的缩影，是属于复古倒退的思想。

庄子基本上是沿着老子的思路，对现实统治者进行猛烈的抨击。老子是反对仁义的，他说"大道废，有仁义"（十八章）。并主张"绝仁弃义"（十九章）。庄子则进一步指出"仁义"是可以被统治者野心家所利用的。比如说："为之仁义以矫之，则并与仁义而窃之。何以知其然耶？彼窃钩者诛，窃国者为诸侯；诸侯之门而仁义存焉。则是非窃仁义圣知耶？"（《胠箧》）他指出，在现实社会中，"窃钩"的人不过是个小偷，却被判成死罪；而抢夺了整个国家的大盗，反而登上诸侯高位。那些统治者就是拿仁义作标榜，这岂非仁义圣知都被偷盗了吗？庄子这里揭露出仁义的虚伪性是相当深刻的，但他对人类运用智慧所缔造的文明也连带否定，和老子一样也是犯了因噎废食的错误。

庄子既不满于现实社会，那么对人类文明发展的前景，他也是主张复古倒退，并且比老子走得更远。下面是他理想社会的描述。

"夫至德之世，同与禽兽居，族与万物并，恶乎知君子小人哉？同乎无知，其德不离；同乎无欲，是谓素朴。素朴而民性得矣。"（《马蹄》）

老子的理想社会只是"小国寡民"，而庄子向往的"至德之世"，却是个人兽不分并表现为无知、无欲的混沌世界。这就是先秦道家老、庄政治哲学的思想归结。

## 二

先秦道家一般是以老、庄为代表，如上所述，他们是当时现实政治的反对派。但采取的态度，不是积极斗争而是消极避世。从下面两段记载，可见其立身处世之道：

"老子修道德，其学以自隐无名为务。居周久之，见周之衰，迺遂去。至关，关令尹喜曰：'子将隐矣，疆为我著书'。于是老子迺著书上、下篇，言道德之意五千余言而去，莫知其所终。"（《史记·老庄申韩列传》）

"楚威王闻庄周贤，使使厚币迎之，许以为相。庄周笑谓楚使者曰：千金，重利，卿相，尊位也。子独不见郊祭之牺牛乎？养食之数岁，衣以文绣，以入太庙。当是之时，虽欲为孤豚，岂可得乎？子亟去，无污我。我宁游戏污渎之中自快，无为有国者所羁，终身不仕，以快吾志焉。"（同上）

这里对老、庄形象的描述角度稍有不同。对老子着重说明他是个"隐君子"，而出关后又是个"莫知所终"的神秘人物。对庄子则通过拒绝接受楚威王聘他为卿相的事例，表明他不为富贵所动而不与当政者合作的态度。

在春秋战国的动乱时期，作为隐者一类人物，在古籍中时有记载。就以《论语》一书中见到的名字，如长沮、桀溺、石门晨门、荷蒉者、荷蓧丈人、楚狂接舆等，孔子亦曾称之为"隐者也"。他们大概不满意像孔子那样，到处栖栖遑遑去找寻用世的雇主，所以桀溺就对子路说："滔滔者天下皆是也，而谁与易之？而且与其从辟人之士也，岂若从辟世之士哉？"他指出像滔滔洪水那样的纷乱社会，有谁能够改变呢？与其到处奔走想躲开坏人，何不干脆做个避世之士呢？当子路转告这番话时，孔子听后却怅然如有所失。

至于荷蓧丈人并不是个名字，只是子路遇见一位用木杖挑着锄草工具的老人。他认为孔子是不事生产的游说之士，所以说"四体不勤，五谷不分"的人怎么能算做老师呢？但子路却认为"不仕无义"，不出来做官是不义的行为，而这些隐者则是"欲洁其身而乱大伦"，只想图自身的高洁，而实际上是在破坏君臣之间的伦常关系。还有个楚国的狂人叫接舆的在孔子的车旁唱歌，最后一句说："今之从政者殆而。"这些隐者或被称为狂人的观点，都是反对出仕从政而主张避世的，所以都在讽刺孔子，与儒家主张用世的态度是两种不同人生观的体现。（以上均见《论语·微子》）

道家的老、庄及其隐居避世的同道们，在中国传统文化中，是否会构成一条作为现实政治反对派的异端思想路线？这是一个值得研究的问题。从历史现象来看，似乎是有一条若断若续的轨迹，却也总是时隐时现。

作为现实政治反对派的异端思想，大抵多出现在社会矛盾比较尖锐的时期，并表现为敢于对儒家思想进行挑战。如魏晋时期玄学盛行，《老》《庄》成为主要经典。但亦非凡遵奉老、庄的都走向异端，如开创"正始玄风"的何晏、王弼就不是这样，当时真正作为现实政治反对派的异端人物，应以嵇康、鲍敬言为代表。

嵇康生活在魏、晋之际，是司马氏政权的反对派。史称他"学不师受，博览无不该通，长好老庄"（《晋书·本传》）。他也自称是"托好老庄，贱物贵身，志在守朴，养素全真"（《幽愤诗》）。可见老庄是他思想渊源所在。他虽然表示"愿守陋巷，教养子孙"，"浊酒一杯，弹琴一曲，志愿毕矣！"（《与山巨源绝交书》）即并不要求仕进。但由于他对儒家名教的猛烈抨击，"以六经为芜秽，以仁义为臭腐"（《难自然好学论》），还声称要"轻贱唐虞而笑大禹"（《卜疑》），"非汤武而薄周孔"（《与山巨源绝交书》）。他这种露骨的表示异端的态度，当然为封建专制统治者所不容。于是钟会向司马氏告发他"言论放荡，非毁典谟，帝王者所不宜容"《晋书·本传》；"轻时傲世，不为物用，无益于今，有败于俗，……今不诛康，无以清洁王道"（《世说新语》注引《文士传》）。而嵇康的异端性格，终于成为司马氏用以清洁王道的牺牲品。

鲍敬言，两晋之际人，生平事迹已无可考。他的言论被收入在葛洪写的《抱朴子·诘鲍篇》中。葛洪不同意他的观点，他是沿着老、庄的思路，坚持无君论，并对现实的封建统治者进行激烈的批判，对儒家的君权神授说也进行了揭露。

"鲍生敬言，好老庄之书，治剧辩之言，以为古者无君，胜于今世。故其著论云：儒者曰：'天生烝民而树之君。'岂其皇天谆谆言，亦将欲之者为辞哉！夫强者凌弱，则弱者服之矣；智者诈愚，则愚者事之矣。服之，故君臣之道起焉；事之，故力寡之民制焉。然则隶属役御，由乎争强弱而校愚智，彼苍天果无事也。"

葛洪这里说得比较清楚，鲍敬言的思想渊源于老庄，他用道家天道自然的观点批判儒家的君权神授学说。他认为君主的产生，是强凌弱、智欺愚的结果，完全是社会上人为造成的，与苍天毫无关系。

据此，鲍敬言对现实的君主制度加以猛烈的抨击。他以桀、纣"剖人心，破人胫"为例说，如果他们是个"匹夫"平民，即使生性凶残，也无法施行如此暴行，而"使彼肆酷恣欲，屠割天下"，就因为他们是君主，才得任意放纵自己的行为。他还进而指出"无道之君，无世不有，肆其虐乱，天下无邦，忠良见害于内，黎民暴骨于外"，这完全是君主带来的祸害。

但是，鲍敬言并不懂得，君主制度的出现在社会发展史上一般是难以避免的，他却发挥老庄的观点，想将历史倒流，形成他的理想国。

"曩古之世，无君无臣，穿井而饮，耕田而食，日出而作，日入而息，汛然不系，恢尔自得，不竞不营，无荣无辱。……势利不萌，祸乱不作，干戈不用，城池不设。万物玄同，相忘于道。"……含哺而熙，鼓腹而游，……要得聚敛以夺民财，安得严刑以为坑穽？"

这是老子小国寡民社会理想的具体发挥，也是继承老庄作为现实政治反对派的思想体现。

鲍敬言之后，向往道家的无君世界的，宋元之际还有邓牧。他的事迹在《洞霄图志》中有篇《邓文行先生传》，说他少年时"读庄、列"，"及壮，视名利薄之；遍游方外，历览名山"。他自称"三教外人"，思想上是追慕老、庄的避世之士。所著书名《伯牙琴》，意谓难以找到当世的知音者。

邓牧也强烈抨击君主制度，认为这是"以四海之广，足一夫之用"。而为君者却"夺人之所好，聚人之所争"（《君道》篇）。所任用的官吏掠夺人民，就像"率虎狼牧羊豕"，"使天下敢怨而不敢言，敢怒而不敢诛"（《吏道》篇）。在这种情况下，他认为人民起来斗争是必然的，"人之乱也，由夺其食；人之危也，由竭其力"（同上），这种思想无疑是现实政治的反对派了。

不过邓牧虽反对现实君主，但对尧舜还是有所肯定。他所谓"至德之世"，"饭粝梁，啜藜藿"；"土阶三尺，茆茨不剪"（《君道》），指的就是传说中的尧舜时代。可是在邓牧的思想中，这并非最理想的。他说："得才且贤者用之，若犹未也；废有司，去县令，听天下自为治乱安危，不犹愈乎！"（《吏道》篇）他更向往的是无君无臣的世界，甚至他还幻想"六骸耳目，非吾有也"，至于高名厚利，就更加不存在了，这样所想到的就是"欲骑长鲸，跨黄鹤，与赤松、青琴辈相与恣睢遥荡于无何有之乡也"（《代问道书》）。这种幻想与庄子逍遥游和列子御风行就无大区别了。

立足于隐居避世，成为现实政治的反对派，这反映道家文化的一个侧面，在传统文化中处在"异端"地位。

## 三

但是，如果道家文化在中国历史上只是扮演"异端"的角色，那么司马谈何以列入"务为治者"中的一派？其实老子并非完全不讲治道，他只是说"为无为，则无不治"（三章）。这就是一般说的，道家是讲无为而治。

从老子所讲的无为而治来看，固然可以导引出无君论，成为现实政治的反对派，并成为隐居避世之士的理论依据。但是无为而治，亦不是不能为现实政治服务的，同样也可以为统治者出谋献策，所谓"清虚以自守，卑弱以自持，此君人南面之术也"（《汉书·艺文志》）。

关于老子的治国方术，与先秦各家原也有相通之处。如孔子对无为而治也是肯定的。他曾称赞说："无为而治者，其舜也欤！夫何为哉，恭己正南面而已矣。"（《论语·卫灵公》）对道家的避世思想，孔子亦非全都否定，他主张"天下有道则见，无道则隐"（《泰伯》）。又说："隐居以求其志，行义以达其道。吾闻其语矣，未见其人也。"（《季氏》）孔子是以邦有道还是无道，作为应否出仕的标准，并仰慕"隐居以求志，行义以达道"的人，出处之间虽与道家有别，但也并非毫无共同之点。

孔子之后的荀况和他的学生韩非，虽分属儒、法两家，但都受到道家无为治道的影响。如荀况论君道就说："故天子不视而见，不听而聪，不虑而知，不动而功，决然独坐而天下从之如一体，如四肢之从心，夫是之谓大形。"（《荀子·君道》）韩非也说："人主之道，静退以为宝，不自操事而知拙与巧，不自计虑而知福与咎"，"臣有其劳，君有其成功，此之谓贤主之经也"（《韩非子·主道》）。作为韩非思想先驱之一的前期法家申不害，更是明确主张"善为主者"要"藏于无事"，"视（示）天下无为，是以近者亲之，远者怀之"（《申子·大体篇》）。荀、韩等人都主张君道无为而臣道有为，所以韩非举例说，"此尧之所以南面而守名，舜之所以北面而效功也"（《功名》）。

关于均平思想，老子曾提出说："天之道，损有余而补不足。人之道则不然，损不足以奉有余。孰能以有余奉天下？唯有道者。"（七十七章）孔子则说："有国有家者，不患寡而患不均，不患贫而患不安。盖均无贫，和无寡，安无倾。"（《季氏》）这里孔、老都是主张均平。墨子也托言天之意，是"欲人之有力相营，有道相教，有财相分也"（《墨子·天志中》）。他还说鬼神对人的要求，也是"高爵禄则以让贤也，多财则以分贫也"。如果不是这样做就是"不祥"（《鲁问》）。这里所表达的同样是均平思想。

还有提倡节俭的问题，这一点当然墨家最为突出。司马谈说"墨者俭而难遵"，"然其强本节用不可废也。"（《论六家要旨》）孔子也提出要"节用而爱人"（《学而》）。对林放问礼，则说："礼，与其奢也，宁俭。"（《八佾》）他还说："麻冕，礼也；今也纯，俭，吾从众。"（《子罕》）可见孔子是主张节俭而反对奢侈浪费的，虽然他没有像墨子那样，留下"节用""节葬"等专章议论。至于老子，用词虽很简练，但他却明确将"俭"作为"我有三宝"中的一宝（六十七章）；把"去奢"作为圣人的一项重要措施（二十九章）。可见提倡节俭，墨、儒、道三家虽然程度上不尽相同，但总的精神是接近的。

综上所述，先秦老子的思想既有"务为治"的一面，且与各家思想也不无相通之处，这就形成道家思想发展的又一条途径，黄老学派就是这一方面的代表。黄老之学虽盛行于汉初，但在战国后期如齐国稷下学宫中已出现这种思想，近年在马王堆汉墓出土的《黄老帛书》四篇，是反映这个学派理论的代表作。

《黄老帛书》的特点，是发挥以"道"为主而兼采儒、法·墨各家的政治思想。如说，

"道生法。法者，引得失以绳，而明曲直者也。故执道者生法而弗敢犯也。"

法度者，政之至也。而以法度治者，不可乱也。……精公无私而赏罚信，所以治也。……是非有分，以法断之。虚静谨听，以法为符。

见知之道，唯虚无有。……故执道之观于天下也，无执也，无处也，无为也，无私也。……公者明，至明者有功。至正者静，至静者圣。无私者智，至智者为天下稽。……故唯执道者能上明于天之反，

而中达君臣之半,富密察于万物之所终始,而弗为主,……然后可以为天下正。"(《经法》)

这里既肯定"法"是起到衡量得失、明辨曲直是非的重要作用,行赏罚要以法度为准绳。但与"道"比,法由道所生,故执道者建立法制时应做到无为、无私,遵循着"至正者静"的原则,才是圣智者之所为相,这是道法结合的政治理论,在"道"的最高原则指导下,充分发挥法治作用。

在治国治民的一些政策措施上,《黄老帛书》亦注意吸收儒、法、墨等各家思想。

"顺天者昌,逆天者亡。毋逆天道,则不失所守。……天德皇皇,非刑不行,穆穆天刑,非德必倾,刑德相养,逆顺若成。刑晦而德明,刑阴而德阳,刑微而德彰。……夫并时以养民功,先德后刑,顺于天。"(《十六经》)

"人之本在地,地之本在宜,宜之生在时,时之用在民,民之用在力,力之用在节。知地宜,须时而树,节民力以使财生,赋敛有度则民富。"(《经法》)

"节赋敛,毋夺民时,治之安。……号令合于民心,则民听令。兼爱无私,则民亲上。"(同上)

这里对德刑关系,提出刑德相养、先德后刑的两手政策,正是儒法两家思想结合的产物。至于省民力、节赋敛、毋夺民时、兼爱无私等一些措施,则为儒墨两家所主张。其中也讲到顺逆天道阴阳等问题。司马谈在《论六家要旨》中说道家"其为术也,因阴阳之大顺,采儒墨之善,撮名法之要",他所指的应是黄老道家,这是带有调和综合各家之长的意味,而原来老子抨击儒、墨、法各家的思想言论,到此却显得淡化了。

不过,黄老之道尽管吸取了儒、法、墨等各家之长,但思想基调还是属于道家。如同是主张统一天下,韩非是讲"当今争于气力",而《黄老帛书》却依然用"知雄守雌""柔弱胜刚强"作为战略上的指导思想。

秦始皇的统一,中断了战国末年黄老道家思想的发展,但秦王朝的速亡,使汉初统治者不能不接受这方面的教训。如陆贾警告刘邦不能以马上治天下,要"文武并用"才能长治久安,其实在《黄老帛书》中已有"文武并行,则天下从矣"(《经法》)的提法。陆贾还说:"道莫大于无为"。他以"虞舜治天下"为例,"寂若无治国之意,漠若无忧民之心,然天下治"，"故无为者，乃有为者也"（《新语·无为》）。这里陆贾开的治国药方，仍然是道家黄老之术。

汉初将道家无为政治付诸实践的应推曹参。汉惠帝时，"参为齐丞相"，他遵从盖公的建议，"用黄老术"，"相齐九年，齐国安集"。司马迁称赞他"清静极言合道"，认为"百姓离秦之酷后，参与休息无为，故天下俱称其美矣"（《史记·曹相国世家》）。参后为汉相，史称惠帝、高后之时"君臣俱欲休息乎无为"，"政不出房户，天下晏然。刑罚罕用，罪人是希，民务稼穑，衣食滋殖。"（《文记·吕后本纪》）这就说明黄老之道在政治实践上取得很好的社会效果。

汉初以后，历史上公开提黄老之治的不多见了。但道家的无为而治实质上是与民休息，特别是在动乱之后的新建王朝，不能不以此作为恢复生产甚至长治久安的重要国策。这对黄老之学可以说是师其意不师其辞，从而道家的统治方术，在我国传统文化中，形成一条博采众长而自成体系的思想路线。

综合上面的论述，中国原始道家思想的发展路向，似乎出现了二律背反的现象。即一方面，历代不满现实的隐者和避世之士，多从这里找寻理论依据，成为当时现实政治的反对派。他们所从事的文化创造和思想批判，往往与封建正宗相对立而处在异端地位，从而形成我国历史上独树一帜的道家文化传统。但是另一方面，道家在诸子中也是属于"务为治"的一派。它可以为统治者出谋献策，并博取众家之长，通过与儒、墨、法等多元互补，从而成为正宗传统文化的理论框架和思维方式的建构者。这就当然是属于正统而非异端，亦有称道家思想在中国传统文化中是居于主干地位。

上述道家思想发展的两条路向，是否属于康德说的二律背反，即不能解决的矛盾？从表面看来确是南辕北辙，难以调和；但看深一层，出现这种两重性的思想矛盾也是不奇怪的。道家的立论是"道法自然"，老子以自然无为之道来贯通天、地、人，将宇宙人生视为一整体。从天道自然引申到政治上的无为而治，而无为又是无不为。这种丰富的辩证思维避免了思想僵化，处理问题可以灵活多变，就像司马谈所评论那样，可以"与时迁移，应物变化，立俗施事，无所不宜，指约而文操，事少而功多"（《论六家要旨》）。由于对暴君的痛恨，可以发展为无君论思想，并成为隐居避世之士的精神支柱，表现为传统文化中的思想异端。但无为而治也可以发展为虚君制,君道无为而臣道有为,形成比较宽松的政治环境,与民休息和采取不干涉政策,这与无君论思想也不无相通之处。所以"务为治"与"无为而治"和对现实政治的批判,这种矛盾的两重性成为道家思想在传统文化中的独特地位。我们这样分析问题,就是尊重历史的辩证法。

# 老子政治哲学的矛盾两重性与道家思想的历史作用

## 一、老子道家思想的两重性作用

关于老子道家思想的政治实质和历史作用，目前国内学术界是存在比较大的分歧。过去一般多认为《老子》一书主要是代表没落贵族的思想。但近年来，也有主张老子思想是作为人民群众主体的广大农民阶级思想的流露，还有把它说成是逃亡奴隶的旗帜。更有甚者，认为《老子》书是无产阶级前身的革命文献，将之抬到吓人的高度。

为什么会出现上面说的那些分歧，很重要的一点是由于各人取材的角度不同，往往攻其一点，不及其余，终于见仁见智，难以取得一致意见。我认为问题的关键，是由于没有注意到老子的政治哲学是带有矛盾的两重性。这里先不忙判定老子的阶级属性和政治立场，大概有一点可以肯定，《老子》书中所反映出的思想，对当时社会现状和统治者是不满的，认为不符合天道自然之理。如说："天之道，其犹张弓欤，高者抑之，下者举之；有余者损之，不足者补之。天之道，损有余而补不足；人之道则不然，损不足以奉有余。孰能以有余奉天下？唯有道者。"（《老子》七十七章）（以下各章如无书名，均出自《老子》）当时的社会情况，确是"损不足以奉有余"，老子能敏锐地看到这一点，并主张唯有得"道"之人，才能以有余奉天下，这种思想是可取的。

据此，老子还从有道无道作对比，说"天下有道，却走马以粪；天下无道，戎马生于郊。"（四十六章）这里用安定生产和战乱频繁作对比，作为有道与无道的分界线。战国时期从社会发展的角度来看，封建兼并战争也许是难以避免的；但战争毕竟有损害人民生命财产的一面，破坏了和平安定的生产环境，从这个意义上来说是"无道"的表现。老子对当时农业生产受到破坏，而统治者却忙于搜刮财富也表示强烈不满。并把贪得无厌的统治者，斥之为"盗竽"——强盗头子，态度是非常愤激的。

老子基于对现实的不满，因而对儒、墨、法各家都提出了批评。如说："大道废，有仁义。智慧出，有大伪。六亲不和，有孝慈。国家昏乱，有忠臣。"（十八章）"故失道而后德，失德而后仁，失仁而后义，失义而后礼。夫礼者，忠信之薄，而乱之首。"（三十八章）他的主张是："绝圣弃智，民利百倍。绝仁弃义，民复孝慈。绝巧弃利，盗贼无有。"（十九章）老子这些批评主要是针对儒家，他认为仁义礼智，并不能解决社会问题，只有抛弃这些东西，才对民众有利。老子还说："不尚贤，使民不争；不贵难得之货，使民不为盗；不见可欲，使民心不乱。"（三章）这里第一句是针对墨家的。他是从消极方面，想通过消除人民的欲望，来安定民心。对法家严刑峻法的统治，老子也表示反对。如说："法令滋章，盗贼多有。"（五十七章）"民不畏死，奈何以死惧之。"（七十四章）他还同情人民，说："民之饥，以其上食税之多，是以饥。"（七十五章）对兼并战争，老子也是大加抨击。如说："以道佐人主者，不以兵强天下。""师之所处，荆棘生焉。大军之后，必有凶年。"（三十章）据此，他认为："佳兵者不祥之器，物或恶之，故有道者不处。""兵者不祥之器，非君子之器。"（三十一章）

从上面老子对儒、墨、法各家思想的批评，固然有其正确和中肯的一面。但也暴露出一个问题，老子是反对人类智慧文明的进步和物质欲望的提高的。如说："民多利器，国家滋昏。人多伎巧，奇物滋起。"（五十七章）又说："五色令人目盲，五音令人耳聋，五味令人口爽，驰骋田猎令人心发狂，难得之货令人行妨。"（十二章）老子提出"罪莫大于多欲，祸莫大于不知足"（四十六章），并发出"多藏必厚亡"的警告。这是可以理解的，特别是统治阶层无限制的纵欲，那是应该反对。但是不能走向另一极端。老子从主张"见素抱朴，少私寡欲"（十九章），进而要"常使民无知无欲"（三章）。这就使老子批判社会现实的积极意义走向反面。他把社会的纷争变乱从谴责那些荒淫逸乐的统治层，却转而归咎于人类智识文明的进化。他公然提出"民之难治，以其智多。故以智治国，国之贼；不以智治国，国之福"。并从而主张"古之善为道者，非以明民，将以愚之"（六十五章）。这就明显提倡愚民政策了。

据此，老子设计出一个"小国寡民"的理想社会："使民有什伯之器而不用，使民重死而不远徙。虽有舟舆，无所乘之；虽有甲兵，无所陈之。使民复结绳而用之。甘其食，美其服，安其居，乐其俗，邻国相望，鸡犬之声相闻，民至老死不相往来。"（八十章）其实这种理想的伊甸乐园，无非是落后闭塞的原始农村公社的缩影。老子大概可以算得上是一个社会病理学家，确是看到一些社会病态；但他却不是个好医生，所开的药方不是将社会推向前进，相反却引向倒退。由于老子思想上这些矛盾，因之出现了二重性的社会效果。老子提出天道自然，主张无为而治，这是有与民休息的一面，但又要把人民变成愚昧无知。这种思想矛盾，对后世带来了深远影响。

## 二、秦统一前道家思想的变化和发展

战国中后期，老子思想起了分化。庄子对现实不满和进行抨击，态度比老子更加激烈；但他的所谓理想，如付诸社会实践，则更加消极和倒退。

庄子是沿着老子的思路，对现实统治者进行猛烈的抨击，进一步把大盗与"圣人之道"联系起来，说"跖不得圣人之道不行"。"圣人生而大盗起。抨击圣人，纵舍盗贼，而天下始治矣。""圣人不死，大盗不止；虽重圣人而治天下，则是重利盗跖也。"（《胠箧》）他认为儒家圣人所讲的"仁义"，是可以被统治者野心家所利用的。所以说："为之仁义以矫之，则并与仁义而窃之。何以知其然耶？彼窃钩者诛，窃国者为诸侯；诸侯之门，而仁义存焉。则是非窃仁义圣知耶？"（《胠箧》）庄子这段话揭露是相当深刻的。"窃钩"不过是个小偷，却受到严刑诛罚；而强抢了整个国家的大盗，反而登上诸侯的高位。那些诸侯就是拿仁义作标榜，这样一来岂非仁义圣知都被偷盗了吗？庄子和老子一样，为要反对圣知仁义，连人类运用智慧技巧所缔造的文明进化，也都给予否定。

那么人类社会的出路何在呢？庄比老却倒退得更远。他说："夫至德之世，同与禽兽居，族与万物并，恶乎知君子小人哉？同乎无知，其德不离；同乎无欲，是谓素朴。素朴而民性得矣。"（《马蹄》）老子的理想只是"小国寡民"，庄子却要倒退到人兽不分的混沌世界，从历史发展的角度来看是反动的。

老庄的政治哲学，可以说基本上是一脉相承，批判现实之后从消极方面找寻出路，其思想都带有矛盾的二重性。

与庄子一派不同，对老子思想如何适应社会现实的需要来进行改造的，则有道家的黄老学派和法家的韩非。

黄老之学虽是盛行于汉初，但在战国后期如齐国稷下学宫中已出现这种思想。黄老道家的思想特点，司马谈在《论六家要旨》中，说它是"因阴阳之大顺，采儒墨之善，撮名法之要。"这带有调和综合各家之长的意味，显然与老子抨击儒、墨、法各家的思想有别。

战国末年黄老之学的代表作，应推马王堆汉墓出土的《黄老帛书》四篇，该书发挥以"道"为主兼采儒、法、墨各家的政治思想。如说："道生法。法者，引得失以绳，而明曲直者也。故执道者生法而弗敢犯也。""故执道者之观于天下也，无执也，无处也，无为也，无私也。""至正者静，至静者圣。无私者智，至知者为天下稽。"（《经法·道法》）这里既肯定"法"是起到衡量得失、辨明曲直的重要作用。但与"道"相比，法由道所生，故执道者建立法制应做到无为、无私，遵循着"至正者静"的原则，才是圣智之人。这是道法结合的政治理论，在"道"的最高原则指导下，充分发挥法治的作用。对刑德关系，则主张"刑德相养，逆顺若成。刑晦而德明，刑阴而德阳，刑微而德章（彰）。"（《十六经·姓争》）这里所谓"先德后刑""形德相养"的两手政策，正是儒法两家思想结合的产物。

老子、庄子都主张天道天然，应用到政治上强调无为而治，而《黄老帛书》却描述出专制统一的帝王形象。如说："为人主，南面而立。臣肃敬，不敢蔽其主。下比顺，不敢蔽其上。万民和辑而乐为其主上用，地广人众兵强，天下无适（敌）。"（《经法·六分》）这里说的就颇有点像"尊主卑臣"的法家腔调了。

不过，黄老之道尽管吸取了儒、法、墨等各家之长，但思想基调还是属于道家。如同是主张以武力统一天下，韩非是讲"当今争于气力"，而《黄老帛书》却依然固守"知雄守雌""柔弱胜刚强"的道家立场，在《十六经·雌雄节》中就全面体现了战略上的指导思想。

战国末年，黄老道家集采了众家之长；而儒法两家的荀、韩，对道家的精神也有所吸收。如荀子论君道说："故天子不视而见，不听而聪，不虑而知，不动而功，怏然独坐而天下从之如一体，如四肢之从心，夫是之谓大形。"（《君道》）韩非也说："人主之道，静退以为宝，不自操事而知拙与巧，不自计虑而知福与咎。""明君之道，使智者尽其虑，而君因以断事，故君不穷于治；贤者救其材，君因而任之，故君不穷于能。"

"臣有其劳，君有其成功，此之谓贤主之经也。"(《主道》)这里荀、韩的观点基本上一致，认为做君主的要做到"静退"，甚至"岘然独坐"，但只要能守道任人，就可以做到主逸臣劳，取得成功。这种为君之道，显然是受到道家无为而无不为的人君南面术的影响。

先秦法家多是一些政治实干人物，在理论上很少建树。韩非是站在法家立场，对道家的"道"加以利用和改造。如说："道者，万物之所然也，万理之所稽也。""道者，万物之所以成也。""凡道之情，不制不形，柔弱随时，与理相应。万物得之以死，得之以生；万事得之以败，得之以成。"(《解老》)这样"道"就成为万事万物所以然的总根据和总规律。韩非发挥老子"道法自然"的思想，为法治找寻必然性的理论根据。所以他又说："以一人力，则后稷不足；随自然，则藏获有余，故曰：'恃万物之自然而不敢为也'。"(《喻老》)

以上表明百家争鸣到战国末年，彼此之间虽有矛盾，但为适应时势的发展，各家思想也有互相渗透的一面。道家思想则出现分化和重新组合，黄老之道能"与时迁移，应时变化"，故"立俗施事，无所不宜，指约而易操，事少而功多"(《论六家要旨》)。即能适应现实的需要为统治者服务。这对于老、庄思想，是作了相当大的修正和改造。

## 三、黄老"无为而治"与汉家的基本国策

秦始皇的统一中断了战国末年黄老道家思想的发展。秦自商鞅变法以后，虽用人方面有所反复，但用法家思想作指导基本未变。秦始皇对韩非极为钦佩，可是治国之道只是突出尊主卑臣和严刑峻法的一面，而对韩非"刑、德"并用的"二柄"思想并未重视。终于爆发陈胜、吴广大起义，推翻了暴虐的秦王朝。

秦王朝的速亡，使汉初统治者不能不接受和总结这方面的教训。汉高祖刘邦，自称以马上得天下，陆贾即提出警告："居马上得之，宁可以马上治之乎？"他主张"文武并用，长久之术也。"(《史记》本传)在《黄老帛书》中，已有"审于行文武之道，则天下宾矣"(《经法·君正》)，"文武兼行，则天下从矣"等一类提法，其实就是推行德刑并用的两手政策。陆贾发挥了这种思想，并认为是长治久安之术。陆贾又说："道莫大于无为。"他以"虞舜治天下"为例，"寂若无治国之意，漠若无忧民之

心，然天下治"，"故无为者，乃有为者也"（《新语·无为》）。可见陆贾在总结秦亡教训中，所开出的治国药方，仍然是道家黄老之术。

汉初贾谊也在总结秦所以速亡的原因，是由于"仁义不施而攻守之势异也"（《过秦论》）。不过贾谊虽重视仁义，但与道相比还不是本根。他说："道者，德之本也；仁者，德之出也；义者，德之理也。""物所道始谓之道，所得以生谓之德。德之有也，以道为本，故曰道者德之本也。"（《新书·道术》）至于"道"的内涵，他说："道者，所从接物也，其本者谓之虚。"以"虚"接物，就像"镜仪而居，无执不臧，美恶毕至，各得其当；衡虚无私，平静而处，轻重毕悬，各得其所"。贾谊将"道"比作镜鉴、衡秤。所以有道的"明主"就应该要"南面而正，清虚而静，令名自宣，命物自定，如鉴之应，如衡之称"（《道术》）。这与班固对道家的评论："秉要执本，清虚以自守，卑弱以自持，此君人南面之术也。"（《汉书·艺文志》）两者之间的精神基本上是一致的。

陆贾、贾谊虽是汉初有名的政论家，但并未掌握到政治实权。当时将道家无为政治付诸实践的应推曹参。汉惠帝时，"参为齐丞相"，他遵照盖公的建议，"用黄老术"，"相齐九年，齐国安集"。司马迁称赞他"清静极言合道"。认为"百姓离秦之酷后，参与休息无为，故天下俱称其美矣"（《史记·曹相国世家》）。司马迁的评价比较符合实际。司马迁又说到，惠帝、高后之时，"君臣俱欲休息乎无为"，所以"政不出房户，天下晏然。刑罚罕用，罪人是希，民务稼穑，衣食滋殖"（《史记·吕后本纪》）。这说明黄老之学在政治实践中取得了很好的社会效果。

汉初经过近70年的休养生息，但随之土地兼并日益加剧，社会矛盾和阶级斗争也渐趋激化。在这种情况下，以无为而治作标榜的黄老之学已难以适应形势的需要，而以仁义作标榜的儒学却活跃起来。

汉武帝在我国历史上是一个有作为的皇帝，他好大喜功，固然不会赞成无为而治；但也并不是完全服膺儒家。所以汲黯批评他"内多欲而外施仁义，奈何欲效唐虞之治?""仁义"只是作为门面的装饰品。到汉宣帝才坦率承认，"以霸王道杂之"是汉王朝进行统治的基本国策。这里所谓"霸王道杂"，其实也就是"刑德相养""文武兼行"的两手政策。董仲舒虽号称尊儒，但后世论者也有称之为"儒表法里"或"阳儒阴法"的，可见在西汉前中期，以荀、韩为代表的儒、法两家和黄老之道是在交叉发展，彼此之间不断进行分化组合。当然，由于客观形势的需要，各个时期统治思想的侧重点会有所不同，汉初着眼于休息无为，到武帝时则强调德治和教化，但两手政策实质并无改变。

董仲舒提出尊儒以后，到宣帝虽还遵守着"以霸王道杂之"的汉家制度，但到他"好儒"的儿子元帝当政后，尊儒之风逐渐盛行。在武帝时虽有个别大臣，如汲黯"学黄老之言，治官理民，好清静"，"治务在无为而已"（《史记·汲郑列传》）。但从汲黯与张汤的分歧中，已看出清静无为思想，确有点不合时宜。另从理论形态来看，淮南王刘安"招致宾客方术之士"所撰写的《淮南子》，其中《原训道》分与《黄老帛书·道原》篇的思想基本一致，该书可以算得上是黄老之道的殿军。但由于封国利益与中央集权的矛盾，随着刘安以"谋反"被诛，淮南道术也就遭受冷遇了。

从西汉中后期开始，作为政治理论形态的黄老之学已渐趋式微，道家思想再面临着分化组合的转折点。大体到东汉时，黄老道家一方面朝着神仙方术和宗教迷信的方向发展，后来就成为与佛教相抗衡的中国本土宗教——道教；另一方面则是将道家老庄的本原论着重从本体上加以理论深化，形成风行一时的魏晋玄学。道家思想沿着矛盾两重性的途径，在我国封建社会的中后期，继续发挥着相当重要的历史作用。

## 四、道教与玄学思想在封建社会中期的历史地位

关于道教的起源，一般以东汉末的张陵奉老子为教祖作为创教的开始，其实道教的思想渊源并非完全来自道家，如作为一种原始宗教的巫术就出现很早，我国殷周时已有这些传说。到战国时，在燕齐一带更出现有所谓神仙方士，也从事巫祝术数，这些神仙方术，可以说是道教的一个重要思想来源。

至于道教为什么依托道家和以老子作为教主？这是有相当深刻的理论根源和社会根源。由于老子所创立的神通广大的"道"，会给人有神秘感觉的一面；同时在书中还宣扬"长生、久视之道"（五十九章），说过"死而不亡者寿"（三十三章）等一类的话。加上司马迁又说老子本人最后"莫知其所终"，颇有点神龙见首不见尾的意味，这些情况，为神仙方士提供了可以依托附会的资料。至于《庄子》一书，其中更描述了不少所谓"神人""至人""真人"。虽然《庄子》书中说的是"寓言十九"，

但其中确已谈到辟谷行气、吐纳导引等修养长生之术。所以后来道教将老子奉为教主，庄子也被奉为南华真人，老、庄之书称为《道德经》和《南华经》，作为道教的主要经典，那就不是偶然的了。

从西汉中后期到东汉，黄老之学在政治上的作用日趋衰落，但与神仙方术、谶纬迷信相联系的宗教化程度却日益加深。如东汉初明帝的兄弟楚王刘英，他"诵黄老之微言，尚浮屠之仁祠"（《后汉书·楚王英传》），就把黄老与佛教同等看待。黄老道在宗教化的过程中也出现分化：一方面为统治者所遵奉，如"延熹中，桓帝事黄老道，悉毁诸房祀"（《王涣传》）；另方面却在民间广泛流传，并被用来组织农民起义。如同是在桓帝时，"建和二年，长平陈景自号'黄帝子'署置官属；又南顿管伯亦称'真人'，并图举兵"（《后汉书·桓帝纪》）。东汉末年有名的黄巾大起义，其首领张角，就是"自称大贤良师，事奉黄老道，蓄养弟子"，经过十多年的组织发动，聚集到"众徒数十万"（《皇甫嵩传》）。上面例子说明，黄老道的分化，到东汉末年，在政治上双方是起到完全相反的作用。

黄老道家经过东汉时期的分化组合，从神仙方术演变成为原始道教。道教分丹鼎和符箓两派，也有称之为金丹道教和符水道教。前者在东汉末以魏伯阳的《周易参同契》为代表作，该书内容，据说是把神仙家的炼丹术与《周易》、黄老三者互相参合，而使之契合为一。后者即符箓派的主要著作是《太平清领书》，后通称为《太平经》，该书内容很庞杂，恐非一人一时之作。书中大肆宣扬神咒的作用，如张陵创立的五斗米道，虽说奉老子为教主，以《五千言》为主要经典，但其术是假借鬼神符箓以聚徒惑众，用祷祝和符水为人治病，能够吸引大量群众。另张角所创立的太平道，信奉的是《太平经》，也是用"符水咒说以疗病"加上《太平经》中有"尊卑大小皆如一"（《太平经合校》第683页）的乌托邦理想，故符水道教在下层民众间流行很广，成为汉末农民大起义的一种组织形式，而《太平经》也就作为起义的思想武器。后来张鲁在汉中，推行政教合一和采取的某些经济措施，"民夷便乐之"，受到各族人民的欢迎和拥护。

不过《太平经》虽然吸取道家老、庄某些原始公产思想，有均财爱民、反对剥削压迫的一面，所以在特定的历史条件下可以发动农民起义，或在局部地区建立政教合一的短暂性农民"政权"。但这种乌托邦式的理想国是违反历史发展规律的，并且用宗教迷信来组织发动群众也是不能持久。加上统治者往往对这种早期的民间道教采取两手政策：一手是残酷镇压，如对黄巾起义军；另一手是软硬兼施，招降后进行利用和收买，如曹操招降张鲁后就给予封爵。所以张陵创立的五斗米道在魏晋后便出现分化：一方面在封建士大夫中传播，另方面仍在民间秘密活动。

金丹道教没有符水道教那么复杂。魏伯阳以后，作为金丹道教的代表人物是东晋时的葛洪，他所著《抱朴子》一书，集魏晋时代炼丹术的大成，鼓吹长生不死的神仙理论。但他把民间道教称为"妖道""邪道"，特别对"称合逆乱"的教徒切齿痛恨，主张要"峻其法制，犯无轻重，致之大辟"（《内篇·道意》卷第九），就是要斩尽杀绝，这完全是站在官方道教的反动立场。葛洪还提出要把神仙养生和儒家的纲常名教结合起来，所谓道术儒修无二致，神仙忠孝有完人，这种道儒兼综的思想，为的是更好地为封建统治服务。

不过葛洪虽主张道儒结合，但并非双方平起平坐。而是以道为体，以仁义为用，既坚守神仙道教的立场，又能适应封建统治者所谓劝善惩恶的需要，这就成为官方道教的思想特色。

以葛洪为代表的官方道教，既要入道修仙，又讲"佐时治国"。对后者他是反对黄老的无为而治和老庄的退化史观。如说："世人薄申韩之实事，嘉老庄之诞谈，然而为政，莫能错刑。""道家之言，高则高矣，用之则弊"，"可得而论，难得而行也"（《外篇·用刑》卷第十四）。这里表面上是尊崇道家之言，但实际上是行不通。他认为"道衰于畴昔，俗薄乎当今，而欲结绳以整奸欺，不言以化狡猾"，"未见其可也"。（同上）这里以道衰俗薄为理由，否定了道家结绳而治与不言之教，而主张实行申韩之法，提出要"以杀止杀"（同上），俨然像是一副法家嘴脸了。

总之，从东汉到魏晋南北朝，原始道教产生后在其分化组合的过程中，对道家思想既有吸收，同时根据时代和阶级斗争的需要，各自对道家思想进行着改造。大体上以金丹道教为主与符水道教的上层合流，逐步演变成为官方道教，一方面为统治层提供入道升仙之路，同时结合宣扬释教的因果报应；政治上则主张推行德刑并用的两手政策，为世俗的封建统治服务。至于符水道教的下层，则仍然与农民起义的秘密结社联系在一起，从吸取道家不满现实的思想中，走上了封建叛逆的道路。因此道家思想在我国封建社会中期，仍然表现出矛盾两重性的作用。

魏晋时期，道家思想除演变为道教外，另一途径是向思辨化方面发展，主要表现为玄学。从本体论来说，玄学把老庄的"道"发展成为更加精致的唯心主义，这对道家理论思维水平的提高来说是作出了贡献。玄学的主要经典是《老》《庄》和《周易》，称为"三玄"。作为一种社会思潮，玄学对各阶层的知识分子都有影响。但由于各人的政治态度不同，对儒道两家思想的关系，主要是名教与自然的关系，理解上分歧很大，并且表现为激烈的政治斗争。

坚持老、庄原来的社会政治观点，否定儒家的仁义礼治的，可以嵇康为代表。他提出"越名教而任自然"（《释私论》）的命题，嵇康对儒家的批评是用老庄自然无为作为思想武器，但其实际用意是不满司马氏的统治。结果嵇康以"害时乱教""非毁典谟"之罪被杀（《晋书·嵇康传》）。嵇康在魏晋之际虽然成为政治斗争的牺牲品，但他戳穿了司马氏以孝治天下的谎言，揭露了儒家封建名教的虚伪性，在当时起到了反封建的积极作用。

嵇康论述了"名教"违反"自然"，与鲍敬言的"无君论"，是以"道"非"儒"的老庄思想的复归，属于先秦道家的正统派；但是在魏晋时期的玄学思潮中，却被视为"异端"。而在当时的玄学家中，更多是在调和名教与自然的矛盾，并提出名教出于自然。这在表面上是歌颂自然，实质上是为儒家的名教找寻合理根据，是利用道家的自然无为思想为儒学理论辩护，从而自然地起到维护纲常名教的作用。

何晏、王弼是开创"正始玄风"的奠基人物。他们提出"天地万物皆以'无'为本"的中心思想，这无疑是"祖述老庄立论"（《晋书·王衍传》）。这个所谓"以无为本"，就是道家崇尚的"自然"。何晏说："自然者，道也；道本无名。"（《无名论》）王弼也说："道者，无之称也，无不通也，无不由也。"（《论语释疑》）"万物以自然为性，故可因而不可为也，可通而不可执也。"（《老子》二十九章注）万物都是从自然（道）而来，"名教"也是"自然"的产物。何、王论证"名教"出于"自然"，目的是为封建政治制度找寻合理根据。

继何、王之后，郭象更进一步论证了名教与自然的一致性。他说："臣妾之才，而不安臣妾之任，则失矣。故知君臣上下，手足外内，乃天理自然，岂真人之所为哉？"（《齐物论》注）又说："若夫任自然而居当，则贤愚袭情，而贵贱履位，君臣上下，莫匪尔极，而天下无患矣。"（《在宥》注）。郭象把封建纲常名教所规定的君臣上下、贵贱尊卑，说成是符合"天理自然"。人们只要安分自得,"小大虽殊","则物任其性,事称其能,各当其分,逍遥一也。"(《逍遥游》注)。郭象利用了庄子的齐物观点,将名教等同于自然。自是封建等级制度天然合理,人人"各当其分","天下无患矣",这就是玄学家为封建统治服务的最后目的。

玄学与道教,思想渊源都来自道家,但由于哲学与宗教不同,故在理论思维的表现方式上是有差异。加上当事者的社会地位、政治态度、文化教养等方面也各不相同,所以对先秦道家的原型思想,表现出各取所需的倾向;同时在各自的分化演变过程中,在不同方面也会起到各不相同的作用。如作为玄学主流的何、王、郭象等人,对唯心主义本体论的发展,作出了较大贡献;他们以道解儒,在论证名教与自然的统一性时,对两汉繁琐经学与谶纬神学,也有点廓清之功,为儒学的义理化开拓出新路。但另一方面,玄学的唯心主义思辨却在政治上带来更大的欺骗性。又如金丹道教,在政治上充当封建统治者的御用工具,是不可取的,服食求神仙那一套也是荒谬的;但葛洪在化学、医学和药物学等方面,应该承认他是作出了较大的贡献。至于符水道教则情况比较复杂,从深入下层发动农民起义这一点来说,对促进反封建的阶级斗争起过作用;但用画符念咒来治病,在科学性上不比烧丹炼汞高明,应该说是更为落后。至于用宗教形式组织发动群众,只能是愚昧的信仰,并不能给群众的思想启蒙。我国农民起义总是陷于失败,其中一个原因是受到这方面的思想局限。因此我们要实事求是地进行科学分析,才能正确评价道家思想在封建社会中期的历史地位。

## 五、封建社会后期道家与道教的思想影响

道家思想经过玄学与道教的分化和演变,到封建社会后期仍然有着较大的社会影响。魏晋玄学建立唯心主义的本体论,将老子的"道"说成是无形无象的精神性本体,现象界有形的万物是由无形的本体产生。这种贵无哲学就被当时佛教所吸取,如以道安、慧远为代表的大乘空宗的本无派,就宣称"无在元化之先,空为众形之始",主张"崇本"以"息末",认为现象世界是虚幻的,真实的存在是精神性的本体——无。这里明显是用玄学的观点来解释佛教的般若学。后来佛教各宗派虽然变换出不少花样,但否认物质世界的真实存在,而把空无或心识作为精神性的本

体，仍然没有摆脱玄学的思想影响。

隋唐时期，佛道大兴。唐皇室因与老子同姓，想假借神权以巩固皇权，故尊老子为玄元皇帝，而官方道教更取得特殊地位。但在封建社会中，为要维护名教纲常，统治思想多以儒家为主体，而佛道也有用场，故唐代执行的还是儒、释、道三教并用的政策。而释、道二教维护封建统治的立场，既与儒家基本一致，为要缓和矛盾，故在教义上也逐渐向儒家靠拢。道教因是中国本土的宗教，援儒入道则更有其方便之处。

道教早期所定戒律，就注意到要不违反儒家的忠孝信条。如要道士"不得叛逆君王，谋害家国"；"不得违戾父母师长，反逆不孝"（《云笈七签·说十戒》）。由于道家老庄遵道贵德而毁弃仁义，故后来道徒对此也加以辩解。如唐末道士林光庭说：老君"道德二篇，……非谓绝仁义圣智，在乎抑浇诈聪明，将使君君臣臣父父子子，见素抱朴，泯合于太和；体道复元，自臻于忠孝"（《道德真经玄德纂疏序》）。五代道士谭峭则把道德与仁义礼智信联系起来，说"旷然无为之谓道，道能自守之谓德，德生万物之谓仁，仁救安危之谓义，义有去就之谓礼，礼有变通之谓智，智有诚实之谓信，通而用之之谓圣"（《化书》卷四）。老庄把道德与仁义相对立，后世道徒则把两者相统一。

隋唐以来要调和儒道思想不只是道教徒，儒学中人也有这种主张。唐德宗时李观著《通儒道说》，认为道与德"为儒之臂"，仁信礼义为"德之指"，以此来论证儒道同源。柳宗元不同意太史公说的，"世之学孔氏者，则黜老子，学老子者，则黜孔氏，道不同不相为谋"。他认为"老子亦孔氏之异流也"，虽地位不如孔子，"然皆有以佐世"（《送元十八山人南游序》）。当时佛教徒也有主张调和三教的，如神清所著《北山录》，认为"释宗以因果，老氏以虚无，仲尼以礼乐"，"各适当时之器，相资为美"。宗密在《原人论序》中也说："孔、老、释迦皆是至圣，随时应物，设教殊途，内外相资，共利群庶"这些都是从共同维护封建统治的基本前提来立论的。

值得注意的是，以反对佛老著称的韩愈，同时也受到道家思想的影响。韩愈所写《原道》，与《黄老帛书》的《道原》篇《淮南子》的《原道训》，内容主旨虽然不同，但他要建立儒家的道统与佛道相抗衡，认为按照仁义的法则去做就是"道"。把应天道、尚自然的法天思想与尽人道、行仁义的济世思想结合起来。和以前的儒家比较，韩愈的"道"

已从宗教异化的神权观念，开始过渡到以抽象化的封建伦理道德规范为内涵的客体精神。宋代新儒学称为理学或道学，是以"理"或"道"作为最高哲学范畴，而韩愈"道"论实启其端。韩愈虽力辩"斯吾所谓道也，非向所谓老与佛之道也"（《原道》）。但同是把"道"作为哲学的最高范畴，这仍然是受到道家的思想影响。

入宋以后，在儒者中虽然有些人仍坚持反对佛道，但只能像韩愈那样从世俗的政治利益来立论，理论上却拿不出什么新东西。而韩愈的"道"论却给另一些儒者以启发：要维护封建名教纲常只凭就事论事的道德说教是不够的，必须提到哲学世界观的高度，并给以理论概括，才能与佛道相抗衡。所以作为理学创始人的周敦颐，他为要"推明天地万物之原"而撰写《太极图说》时，就参考过道教的《无极先天之图》和《水火匡廓图》，也有说是来源于陈抟的《无极图》或穆修的《太极图》。经明清以来到现在许多学者研究，认为周敦颐利用道教何种图式，尚无一致意见，但此图与道家思想有关，却几乎得到公认。

关于周敦颐《太极图》和《太极图说》的思想渊源问题，后来在理学家内部展开过激烈争辩，成为理学史上一件公案。由于《图说》首句，周的原文是"自无极而为太极"，在"太极"之上加一"无极"故引起陆九渊的怀疑和反对。陆氏认为"无极"二字不见于宋以前的儒家经典，并非儒学概念，渊源是来自道家。他与朱熹辩论时说："无极"二字出于《老子·知其雄章》，"吾圣人之书所未有也。""此老氏宗旨也。"（《辩太极图说书》）陆氏此说并非无据，"无极"一词从老庄以来，确为道教徒所常用。后来黄宗炎、朱彝尊考据周图来源，谓出于陈抟《无极图》，陈图最上一圈称为"炼神返虚，复归无极"。据此，黄宗炎认为："周子得此图，而颠倒其序，更易其名，附于大易，以为儒者之秘传。盖方士之诀，在逆而成丹，故从下而上。周子之意，以顺而生人。故从上而下。"（《太极图辩》）黄氏此说，是否有实据，尚可研究，但周说以"无极"开端，当系事实。据此，周敦颐描绘出宇宙万物生成发展的图式，应是：无极→太极→阴阳→五行→万物。这和《老子》书中说的："天地万物生于有，有生于无。""道生一，一生二，二生三，三生万物。"确使人有点似曾相识的感觉。

当然，我并不是说《太极图说》完全抄袭道家，因为"太极"是《易·系辞》中使用的概念。周敦颐将"无极"和"太极"两个范畴统一起来，对宇宙本原的实体进行新的概括，表明他是"合老庄于儒"（《宋元学案·濂溪学案》下），为的是在本体论方面，将儒学的理论思维水平提高一步。

朱熹是比较理解周敦颐的用意，但他出于门户之见，不愿意承认与道家思想有关。但他看见周敦颐"自无极而为太极"的提法，容易被人认为是两样东西，如陆九渊所说是"叠床上之床"（太极之上有无极）、"架屋下之屋"（无极之下有太极）。据此，朱熹解释说："无极而太极，正所谓无此形状，而有此道理耳。不言无极，则太极同于一物，而不足为万化之根；不言太极，则无极沦于空寂，而不能为万物之根。"朱熹将首句改为"无极而太极"，为的是说明"非谓太极之上，别有无极"；而是太极与无极的辩证统一。即把宇宙本原规定为：实有而非同于一物，本无而不沦于空寂。这样既吸取道家思想的特长，又克服玄学、佛教空无本体的理论局限。朱熹又把"极"解释为"是道理之极至。总天地万物之理，便是太极。太极只是一个实理"。这样一来，"理"便成为宇宙万物的本原，是自然界和人类社会必须遵循的最高原则。而封建社会的名教纲常，也就成为绝对不能违背的"天理"。自是儒家的伦理道德被概括为哲学最高范畴，从而将理学的唯心主义本体论提高到一个新阶段。通过这个事例，可以看出封建后期道儒思想的矛盾交融，而道家思想为宋代新儒家理论体系的建立作出了积极贡献。

在《太极图说》中还特别强调"主静"，周敦颐自注说"无欲故静"，看来也是受到道家的思想影响。《老子》中就说过："归根曰静，静曰复命。"（第十六章）又说："我无为而民自化，我好静而民自正，我无事而民自富，我无欲而民自朴。"（五十七章）"不见可欲，使民心不乱，""是以圣人之治"，"常使民无知无欲，使夫智者不敢为也"（三章）。老子就是主张好静和无为、无事、无欲的。还说"致虚极，守静笃"（十六章）。周敦颐则认为学圣之要是"无欲"，"无欲则静虚动直"（《通书·圣学》）。他要比孟子主张的"寡欲"更进一步，说"予谓养心不止于寡而存耳，盖寡焉以至于无，无则诚立明通"（《养心亭说》）。周敦颐提出要"无欲""主静"，这种思想主要是来自道家，但受到宋明理学家的普遍重视。

老子要统治者无为无欲，这是有与民休息的一面；但要常使民无知无欲，则是一种愚民政策。"存天理，灭人欲"是宋明理学的一个中心命题，过去有的解释为：是要劳动人民消除物质欲望，去服从封建纲常的所谓天理，因此认为这个命题是反动的。但也有另一种意见，认为这是劝告统治者不要穷奢极欲，要按仁政德治行事，因此对这个命题加以肯定。最近国外有的学者，以为现在资本主义社会是人欲横流，需要用理性来加以节制，所以说这个命题是救世良方。总之，从不同人的感受或从不同角度来加以理解，这类命题是可以起到不同的社会作用。

　　回顾整个历史，道家老庄的政治哲学是变革时代的产物。他们不满现实，对当政者展开猛烈的抨击；但也像先秦各家那样，是"务为治者也"（《论六家要旨》）；要为统治者的长远利益出谋献策，从而表现出道家思想矛盾两重性的立场。在先秦老庄是儒家的反对派，但儒学在封建社会中逐渐成为统治思想后，道儒两家的思想关系就呈现复杂状态，既彼此对立，也互相补充。由于封建统治者的需要，两家思想的矛盾融合还是主要的。另一方面，道家思想的演变、分化和重新组合，在下层民间道教中也出现过反封建的异端思想，但不是道家思想发展的主流。在封建社会中的知识分子层，在不同程度上也会受到道家思想的影响，他们一般会读过一点老庄之书，所以在失意时会因此发泄对现实不满，或是采取消极避世的态度。但以退为进、欲取先予是道家策略的两手，失意者未尝不可以从中得到启发而取得进身之阶。在封建社会中，钟鼎与山林本无绝对不可逾越的鸿沟，道家思想还是可以从中扮演着两重性的角色。在大千世界的芸芸众生中，劳苦大众祈求由此得到治病救世的良方；而统治者上层妄图走上入道修仙的捷径。总之各行其道，各取所需，在道家政治哲学的万花筒中，长期散播出星星之火。虽然见仁见智，各人的感受有所不同，但作为道家思想的发展脉络及其历史作用，还是应该可以探究的。由于这个问题涉及时间长、方面广，本文所述，只是初步探索。错漏之处，尚望同行方家，不吝指正。

# 关于庄子的哲学性质及其评价

怎样评价庄子及其哲学思想，新中国成立以后曾经过几次讨论，到目前仍存在着较大的分歧。束景南的《论庄子哲学体系的"骨架"》（载《哲学研究》1979 年第 11 期），严北溟的《应对庄子重新评价》（载《哲学研究》1980 年第 1 期），对庄子的阶级属性和哲学性质提出了新的论断，从而把讨论引向了深入。《哲学研究》1980 年第 8 期，特辟"庄子哲学研究"专栏，发表了 4 篇论文，使讨论得到进一步开展。严北溟又写了《从道家思想演变看庄子哲学》一文（载《社会科学战线》1981 年第 1 期），重申他不同意庄子是没落奴隶主阶级代言人和主观唯心主义者的论断，并认为这关系到如何正确评价古人的一个哲学史方法论问题。

以上文章，除严北溟认为庄子哲学性质基本上是朴素唯物主义外，其余的都认为从总体看，从基本倾向看，还是客观唯心主义。

上述观点，不敢苟同。我认为，庄子的哲学经历过客观唯心主义阶段，但最终却走向了主观唯心主义的归宿。

## 一

怎样理解"道"这一范畴的实质，这对判断庄子哲学体系的性质是一个关键。"道"是什么东西呢？《大宗师》里有一段完整的表述：

"夫道有情有信，无为无形；可传而不可受，可得而不可见；自本自根，未有天地，自古以固存；神鬼神帝，生天生地；在太极之先而不为高，在六极之下而不为深，先天地生而不为久，长于上古而不为老。豨韦氏得之，以挈天地；伏羲氏得之，以袭气母；维斗得之，终古不忒；日月得之，终古不息；堪坏得之，以袭昆仑；冯夷得之，以游大川；肩吾得之，以处大（泰）山；黄帝得之，以登云天；颛顼得之，以处玄宫；禺强得之，立乎北极；西王母得之，坐乎少广，莫知其始，莫知其终；彭祖得之，上及有虞，下及五伯；傅说得之，以相武丁，奄有天下，乘东维，骑箕尾，而比于列星。"

对上面这段话中讲的"道",有的认为是指人们主观意识之外,不受任何力量支配的"宇宙精神",是至高无上的绝对理念,万物的本原,由此可见他的哲学体系属于客观唯心主义。也有的认为,庄子和老子一样,坚持"天道无为而自然"的观点,力图证明人只有顺乎自然,按照"道"的原则办事,才是正确的。美中不足的地方,是对"道"的客观作用作了过分的夸大,存在着某些唯心主义的倾向;但又认为就其整个体系来看并不是这样,庄子所阐明的"道"是无所不在的,特性是不离开物质,是坚持规律的客观性。他绝没有把"道"说成是人心的产物,或看作什么"精神实体"之类的东西,意思是说,庄子的"道"还是属于朴素的唯物主义的范畴。

为什么根据相同的原始资料,对"道"的性质却会得出不同的看法呢?这不能不涉及方法论的问题。有的同志为要把庄子说成是唯物主义者,甚至把"神鬼神帝,生天生地"这样明显的话,也解释为只是夸大形容"道"的不以人的意志为转移的客观作用;不是说"道"派生或创造出天地来,而是说天地也是合乎规律地产生的。并认为这种解释是不拘泥于个别字句,而是全面深入地来理解庄子这些话的真正用意。

根据上面的解释,能不能证明庄子的"道"是物质性的呢?我看是不能。因为即使把道解释为客观存在的规律,而又认为它的威力能够支配上帝和鬼神,天地也要按照这个规律来产生,也仍然不能断定它的物质性。这里理由很清楚,因为规律是不能离开事物而独立存在的,我们只能从事物中来找出它的规律,而不能在事物之先已经存在着规律,然后事物合乎这个规律来产生。大家知道,后来宋明理学中有个著名命题:"未有这事,先有这理,如未有君臣已先有君臣之理;未有父子已先有父子之理。"(《朱子语类》卷九十五)这个"理"也可以解释为规律,但对这个命题很少有人说是唯物主义的,一般都认为是唯心主义的观点。庄子所描述的"道",既可以"生天生地",又是"先天地生"。那么也应该可以说:未有这天地,先有这道,未有天地万物,已先有天地万物之道。这和上述程朱理学的那个命题,又有多少差别呢?

本来庄子就曾经说过:"有先天地生者物耶?物物者非物,物出不得先物也。"(《知北游》)可是有的同志却认为古代哲学家还没有像我们今天所讲的物质概念,凡称"物"都是指有形的具体东西,所以"物物者非物"的意思,是说产生天地万物的,它本身不可能是天地万物。那么

"非物"是什么呢？回答是老子说的，"有物混成，先天地生"即由一种原始混沌状态的气的运动变化而产生天地万物。这个"非物"即气，既不是指某种精神实体或上帝，也不是指"道"。

这样解释我觉得还不能说明问题。老子"有物混成"这段话后面明明说："吾不知其名，字之曰道。"（《第二十五章》）所以即使把"有物混成"解释为原始混沌状态的气，但这个"先天地生"的东西也仍然是道，而不是指气。而且上引《大宗师》的材料中，也明明说"道"是"先天地生"的，那么这里庄子提出"有先天地生者物耶"的问题。这个"非物"不管是什么东西，它是"道"应该是没有疑问的，关键是这个"道"属于精神还是物质？

可见，要把庄子在《大宗师》上讲述的"道"断定为物质性的东西，上述有些同志提出的论据，并不是那么有说服力的。他们还抓住庄子说"道""在蝼蚁""在稊稗""在瓦甓""在屎溺"是"无所不在"的生动举譬，说在古代哲学家中，再没有人把"道"不离开物质这一特性形容得如此淋漓尽致的了。但我认为，即使庄子极其生动地阐明了道不离开物质的特性，并不等于证明了"道"的物质性。朱熹讲："未有天地之先，毕竟也只是理，有此理，便有此天地。若无此理，便亦无天地，无人无物，都无该载了。"又说："然理又非别为一物，即存乎是气之中，无是气，则是理亦无挂搭处。"（《朱子语类》卷一）由此可见，朱熹也认为理是不能离开气，即不能离开物质的，不过，不能由此来反证理是属于物质性的。庄子的"道"，也可以作如是观。

那么能否说，庄子的"哲学"是属于客观唯心主义的呢？我认为是说对了一半。庄子的"道"本来是客观的，但也很强调得道，人们以"心"来求"道"，得道后就可以支配一切，如达到所谓与"道"同体的"真人"和"至人"，他们的主观精神，就可以超乎天地万物之上了。显然，庄子由客观唯心主义走向了主观唯心主义。

但是，有的同志却不这样看。他们说：在修养目的与方法上，庄子要求与"道"同体同德，"乘道德以浮游"，"独与天地精神往来"，好像是主观唯心主义的调儿；然而这些提法用我们的话来说，就是要求把主体的我浑融于客体的"道"，要求自己的主观认识与客观自然规律相一致，这不正是很唯物的么？又说："无己"或"无我"思想是庄子哲学的一个重要方面，这说明他同唯我论是对立的。看他描写得道"真人"或"至人"

总是这么一类形容语:"古之真人,……入水不濡,入火不热。"(《大宗师》)"至人神矣,……乘云气,骑日月,而游乎四海之外,死生无变于己而况利害之端乎?"(《齐物论》)这是修养到高度"无己""无我"时的一种精神状态,他的"心斋""坐忘"也只是要求达到这一境界。看起来很有点像主观唯心主义。然而它是通过不执著有自我、有主观来达到的,和那坚执有我,并断言外界一切都不外我的表象或为我所创造的荒谬论调,是全然相反的。

这里也牵涉到方法论的问题,究竟庄子的所谓得道,是要求自己的主观认识与客观自然规律相一致,还是要把自己的主观精神来吞没客观世界的呢?还有他所谓"无己"或"无我"思想的实质,究竟是同唯我论相对立的,还是把主观精神无限膨胀的唯我论的变种呢?这是不能不辨析清楚的。

要说庄子的"道"是客观自然规律,但庄派的学说认为人得道后就可以"独与天地精神往来","上与造物者游,而下与外死生无终始者为友"(《天下》)。客观自然规律怎么能与"天地精神""造物者"相联系在一起呢?就算是寓言式的形象化的比喻吧!也很难说这里谈的是要求自己的主观认识与客观自然规律相一致。因为庄子虽主张所谓任乎自然,但并不是要按照物质世界的自然规律办事。他"以谬悠之说,荒唐之言,无端崖之辞,时恣纵而不傥"。纵谈恣论,肆无忌惮,无所可否,随意所之,这样唯精神是适。另方面则"以卮言为曼衍,以重言为真,以寓言为广",支曼其词,似是而非,不着边际地用轻蔑讥讽的语调来对待现实世界。他既要唯精神是适而轻蔑现实世界,故"以天下为沈浊,不可以庄语",认为世俗的人,不足与闻于大道;只有像他那样,任意驰骋在主观精神世界中,才可以"独与天地精神往来而不敖倪于万物,不遣是非,以与世俗处"(以上引文均见《天下》篇)。由此可见,庄子所向往的是超脱于物质世界之上的主观精神境界,根本不屑于分辨万物的是非,何来要求自己的主观认识与客观自然规律相一致呢?

因此,我认为庄子的所谓得道并非要求自己的主观认识来符合客观规律,而是无限膨胀自己的主观精神来吞没客观世界。如他假设南伯子葵和女偊这一寓言式的问答,说女偊通过修道功夫,以"外天下""外物""外死生",终而进入"无古今"的"不死不生"的境界(《大宗师》)。这就是说,人只要主观上自以为得道,就可以超脱出天地万物以至古今生死等物质世界和自然规律之上，达到与"道"同体。即是说，"我"就是"道"，"道"就是"我"。所谓"天地与我并生，万物与我为一"（《齐物论》）。这里把客体的天地与主体精神的我说成是原则同格的东西。自是客观世界就为主观精神所吞没。所谓"死生亦大矣，而不得与之变；虽天地覆坠，亦将不与之遗"（《德充符》），即不管外部世界怎样天崩地解，还是己身的死生变化，都不能影响到主观精神的王国。人在"同于大通"之后，就可以"物物而不物于物"，并进而"命物之化"，能够支配物质世界而不受物质世界的支配，并且可以主宰万物的发展变化。庄子的所谓道本来是客观的东西，但人可以用"心"来求"道"，这个"道"就成为人心的产物。人得道后主观精神就可以无限膨胀，能够和"造物者"平起平坐，成为支配天地万物的主宰，这不是归结为主观唯心主义又是什么呢？

至于有的同志说庄子有"无己""无我"思想，所以说他同唯我论是对立的，这种见解也是不妥的。"己"或"我"是客观存在，怎样可以从"有"变成"无"呢？这无非是主观精神起作用的心理状态，主观上认为"我"不存在就是"无己""无我"了。庄子搞的所谓"心斋""坐忘"就是这套玩意。这不是主观唯心主义吗？有的同志说：庄子的"坐忘"是要去掉肢体、耳目、心的感觉、视听、思维功能。他们认为这种思想并不是主观唯心主义，因为他并不主张灵魂出窍、精神通天，而是主张把人变成像枯木、土块一样毫无生机的自然物。这话粗看似有点道理，但是想深一层，一个活生生的人，怎么能够"离形去知，同于大通"（《大宗师》）呢？庄子在主观上自以为己身和万物都不存在，这只不过在表面上是"无己""无我"，实际上却是我的主体精神的极度膨胀，达到了绝对的精神自由。所有外界一切包括己身的四肢百体、聪明心智，都可以由我的主观来决定它们是存在还是不存在，这不是极端的唯我论又是什么呢？有人说庄子在思想实质上是以反对主观唯心主义作为一大特征。我们知道，主观唯心主义者讲心外无物，讲存在就是被感知，庄子连人的聪明心智都否定了，确是好像反对主观；但是把一个活生生的人硬要变成像枯木、土块那样的自然物，难道不是我的主观精神在起作用吗？用绝对的精神自由达到死生、物我浑然一体的神秘境界，这就是庄子最终追求的所谓"道"，这也是庄子主观唯心主义所表现的特征。

## 二

下面讨论"气"的属性,"气"与"道"的关系等问题。

有的同志认为,庄子对"气"的某些理解,是他的唯物主义思想的突出部分,跟宋、尹的"气"颇相类似而又克服了宋、尹把"气"伦理化、神秘化的倾向和"道""气"混淆不清的情况。说庄子只从宋、尹那里吸收"气"的唯物主义部分,并进而建立他的自然主义的生死观。后来,荀子又从庄子这里吸收"通天下一气耳"的命题,建立了比较彻底的唯物主义体系。在先秦唯物主义"气一元论"的发展中,庄子是一个重要环节。

我的看法,要判断庄子哲学的性质,不能孤立地看他使用"气"这一范畴的属性。因为即使证明"气"基本上是物质实体,他的"通天下一气"的命题,明确肯定了世界是物质性,也不能因此就说,庄子哲学性质是属于唯物主义。这里的关键是不能孤立地来看"气"的性质,还要看"道"和"气"的关系,看"道"与"气"哪个是第一性,哪个是第二性的。

关于庄子论"气",比较完整的有下面一段话:

"生也死之徒,死也生之始,孰知其纪?人之生,气之聚也;聚则为生,散则为死。若死生为徒,吾又何患?故万物一也。是其所美者为神奇,其所恶者为臭腐;臭腐复化为神奇,神奇复化为臭腐。故曰:通天下一气耳。圣人故贵一。"(《知北游》)

这里把人的生死说成是气之聚散,并提出"通天下一气"的命题,所以有的同志称之为唯物主义世界观。其实"气"在庄子哲学中并非世界最终的本原(庄子叫作"本根")。他说:

"今彼神明至精,与彼百化,物已死生方圆,莫知其根也,扁然而万物自古以固存。六合为巨,未离其内;秋毫为小,待之成体。天下莫不沉浮,终身不故;阴阳四时运行,各得其序。惛然若亡而存,油然不形而神,万物畜而不知。此之谓本根,可以观于天矣。"(《知北游》)

按成玄英疏解,谓"物或生或死,乍方乍圆,变化自然,莫知根绪"。而"二气氤氲,四时运转,春秋寒暑,次叙天然,岂待为之而后行之！"盖"六合虽大，犹居至道之中，豪毛虽小，资道以成体质"。缘以"亭毒群生，畜养万物，而玄功潜被，日用不知，此之真力，是至道一根本也"。这里认为二气万物，六合之大，毫毛之小，都受"道"这一本根所支配。这种解释是符合庄子原意的。在《知北游》中许多谈及"道"的地方，都带有这种含义。如说："天不得不高，地不得不广，日月不得不行，万物不得不昌，此其道与！"可见天地日月万物都要受"道"所支配。如果说"道"仅仅是自然界的规律，但它又是神秘莫测的。所谓"道不可闻，闻而非也；道不可见，见而非也；道不可言，言而非也。知形形之不形乎！道不当名"。"视之无形，听之无声，于人之论者，谓之冥冥，所以论道，而非道也。"这个"道"，一方面说非人所能有，"汝身非汝有也，汝何得有夫道"；另一方面又说："若正汝形，一汝视，天和将至；摄汝知，一汝度，神将来舍。德将为汝美，道将为汝居。"这里并非庄子思想上的矛盾，因为他是主张"无己""无我"的，从这个角度来说，人是不能有"道"；但反过来，人如能做到形容端雅，视听纯一，收摄私心，专一志度，那么精神就可以回来栖宿，无极大道就可以住到你的心中，所以"道"最终还是人的主观精神境界，这才是二气万物的本根。

  由此可见，庄子的所谓"气"即使是物质性的，但也不是最终的本原，"气"之上还有"道"。"气"是受"道"所支配的。"道"虽然带有"规律"的意思，但它可以先于天地万物而独立存在，并且人通过"心斋""坐忘"，使内心虚寂与道合一。可见这个"道"并不是一般唯物主义者所理解的规律，而是唯心主义者鼓吹的绝对精神。"道"本来是客观的，但"道""我"合为一体时，主观精神就上升为第一性的东西，客观唯心主义也就向主观唯心主义转化。

  关于道与气、物的关系，庄子在《大宗师》中作了阐述，他说："人之生，气之聚也，聚则为生，散则为死。"这段话也可以说成是唯物主义观点。但是，他又塑造出"闻道"之人，并说他可以通过"守道"而做到"外天下""外物""外生""朝彻""见独""无古今"终而"能入于不死不生"之境。可见庄子认为人只要发挥主观精神，"闻道""得道"，就可以超于形气之上。因为气有聚散，人有生死，物有成毁，而得道者"彼方且与造物者为人，而游乎天地之一气"，这难道不是灵魂出窍，精神通天吗？庄子所描述的所谓"古之真人"，是"不知说（悦）生，不知恶死"；"不忘其所始，不求其所终"。在《逍遥游》中，还描述了姑射之山的神人,"不食五谷,吸风饮露。乘云气,御飞龙,而游乎四海之外"。这就完全是超出物质世界的神仙形象了。当然,这些所谓得道的真人和神人,在人世间实际上是不存在的,无非是庄子夸大人的主观精神,通过神秘的得道途径,来寻求绝对的精神自由。他们可以超于形气之上,不受时空的限制,实质上是成为万物的主宰。有的同志只看到庄子对生死问题采取自然主义的态度,好像生也无所谓,死也不在乎,临终时还拒绝厚葬,并说过:"吾以天地为棺椁……万物为齎送",准备给鸟鸢、蝼蚁当点心(《列御寇》)的话,就认为庄子是有了唯物主义者无所畏惧的精神,生死置之度外,也就自有一种胸襟开放、忘怀得失的意境。这种看法,我觉得是有点误解。庄子之所以看破生死关,是由于他把人的形体看成是精神上的一种负担,所以生并非是什么好事,死也不是什么坏事。所谓"以生为附赘县疣,以死为决疣溃痈,夫若然者,又恶知死生先后之所在!"在庄子看来,只有解脱形骸,混同生死,才能"茫然彷徨乎尘垢之外,逍遥乎无为之业"(《大宗师》),获得精神上的绝对自由。所以庄子的达观,是表现出他是个唯物主义者无所畏惧的精神,还是反映出他是个唯心主义者用主观精神来吞没客观现实的心境?我看还要进行仔细分析,否则那些主张四大皆空,自以为做到看破世情、一尘不染的人,不是变成世界上最唯物的么?

## 三

下面谈谈庄子哲学的性质与其哲学评价的关系。

有的同志认为,庄子大胆揭露社会矛盾和批判现实的精神。在先秦哲学家中,是无与伦比的。他们说,这正是一个唯物主义者道德品质的体现。我认为这里涉及方法论的问题。

其实,在历史上大胆揭露社会矛盾和批判现实的精神与唯物主义者道德品质这两者没有必然的联系。

庄子曾揭露过不少社会现实矛盾,对儒、墨等家所宣扬仁义、圣知等一套的欺骗性,也曾作过尖锐的讽刺和大胆的批判。过去我们认为他虽然对当时现实不满,但解决的办法不是把社会推向前进,而是要把社会引向复古倒退,甚至要回到人兽不分的混沌世界,因此说他的思想是反动的。这种看法是片面的,没有看到他的思想对后世的影响也有较为积极的一面。其实，后世不少对社会现实不满，对现存制度提出怀疑和进行批判的思想家和学者的思想受到过庄子的影响。此外，我们过去对庄子的悲观厌世，甚至有点滑头混世的思想，看得过多和过重了一些；而对他不与权贵合作、追求洁身自好的精神生活的积极作用也有点估计不足。因此，近年来对庄子哲学采取了一棍子打死的态度，这当然是不妥的。

但是话说回来，不管给予多高的积极评价，也很难说庄子是一个唯物主义者。不错，庄子所揭露的大量的社会矛盾现象，是社会现实的矛盾在他头脑中的反映。沿着这种认识路线发展下去，本来是可以通向唯物论的反映论的，但是庄子却没有能沿着这条路走下去。当时充分暴露出死生、祸福、得失、荣枯以至是非、善恶等各种矛盾，在庄子的头脑中不是没有反映的。而对待这些矛盾，也理应正视现实，按照事物发展的客观规律办事，去促使其发展和转化。但庄子不仅没有采取这种唯物主义的态度，相反，在矛盾面前却出现悲观害怕的心情。例如，他看到"物之生也，若骤若驰，无动而不变，无时而不移"（《秋水》）时，就伤感了。认为人"一受其成形，不忘以待尽。与物相刃相靡，其行尽如驰，而莫之能止，不亦悲乎！终身役役而不见其成功，苶然疲役而不知其所归，可不哀邪！"（《齐物论》）

那么出路何在呢？既然不敢正视现实的矛盾，就只好逃避矛盾，并进而消除和泯灭客观世界所存在的矛盾。于是庄子搬出"道"这个法宝，用相对主义的方法来加以论证。

"以道观之，物无贵贱；以物观之，自贵而相贱；以俗观之，贵贱不在己。以差观之，因其所大而大之，则万物莫不大；因其所小而小之，则万物莫不小；知天地之为稊米也，知毫末之为丘山也，则差数睹矣。以功观之，因其所有而有之，则万物莫不有；因其所无而无之，则万物莫不无；知东西之相反而不可以相无，则功分定矣。以趣观之，因其所然而然之，则万物莫不然；因其所非而非之，则万物莫不非……"（《秋水》）

"物无非彼，物无非是。……是亦彼也，彼亦是也。彼亦一是非，此亦一是非。果且有彼是乎哉？果且无彼是乎哉？彼是莫得其偶，谓之道枢。枢始得其环中，以应无穷。是亦一无穷，非亦一无穷也。故曰莫若以明。"（《齐物论》）

这里讲的是从本体上的齐万物到认识上的齐是非。有了"道通为一"

"复通为一"（《齐物论》），"得其所一而同焉"（《田子方》）这根魔术杖，世界上任何事物的差别和矛盾都不见了。"庸讵知吾所谓知之非不知耶？庸讵知吾所谓不知之非知耶？"（《齐物论》）甚至连知与不知也无法区别了。

庄子揭露了许多社会上的矛盾现象，但他对此不敢正视，更谈不到解决。他认为对矛盾的双方，谁也无法分辨其是非曲直。

"即使我与若（你）辩矣，若胜我，我不若胜，若果是也？我果非也邪？我胜若，若不我胜，我果是也，而若果非也邪？其或是也，其或非也邪？其俱是也，其俱非也邪？我与若不能相知也，则人固受其黮闇。吾谁使正之？使同乎若者正之？既与若同矣，恶能正之！使同乎我者正之？既同乎我矣，恶能正之！使异乎我与若者正之，既异乎我与若矣，恶能正之？使同乎我与若者正之，既同乎我与若矣，恶能正之？然则我与若与人，俱不能相知也，而待彼也邪？"（《齐物论》）

这里是说，认识真理的标准是没有的；争辩的双方，谁是谁非是不可知的，只有"和之以天倪""和之以是非而休乎天钧"（《齐物论》），用无彼此、无是非去平息争论。这种办法，他又称之为"两行"，即是任由争论的双方各是其是，各非其非，我只待之以无是非，这就是庄子解决矛盾的态度和方法。

"把相对主义作为认识论的基础，就必然使自己不是陷入绝对怀疑论、不可知论和诡辩，就是陷入主观主义。"（《列宁选集》第2卷，第136页）庄子也确实如此，他从齐万物、齐是非的相对主义发展到最后就是齐物我，其实就是把我的主观精神无限膨胀，以此去销熔客观世界所存在的差别和矛盾。这就是说：人只要自以为得道，与道同体，就可以取得精神上的绝对自由，那么社会上存在的、包括自己遇到的，如死生、祸福、荣枯得失以至是非、善恶、毁誉等等，都算不得什么了，更无需加以计较。"与其誉尧而非桀也，不如两忘而化其道。"（《大宗师》）总之，忘记了人世的一切，就可以进入"道"的自由世界。这样人世间所有矛盾和苦恼，也就消弭于无形了。所以庄子解决矛盾的办法，可以称之为主观精神胜利法。

正是因为庄子对社会现实存在的矛盾问题，从相对主义的观点出发，最终采取了唯心主义的解决办法。所以尽管他对统治者的仁、义、礼、法持否定态度，对当时社会的阴暗面进行了大胆的揭露和批判，但对封建统治者不会构成多少威胁，至于庄子出世式的绝对精神自由，统治者还可以加以利用。庄子死后享有"南华真人"的尊号，也并非偶然。有的同志说，庄子思想长期为那些反对封建礼教"缠缚"而"须觅一个出身处"的知识分子提供了解放思想的有力武器，对这个问题也要作具体分析。庄子思想对那些不满封建礼教的知识分子可以产生一些离心作用，触发一些消极的对抗情绪；但也只能到此为止，如果再沿着庄子的思路走下去，就会从逃避和消除矛盾中来寻求精神上的解脱，陶醉于自我的精神慰藉之中，这样从社会作用来说也就走向了反面了。

# 对慧能改革南宗教义的一点探索

慧能，俗姓卢，父行瑫（或作滔），母李氏，传说原籍范阳（今北京市大兴、宛平一带），生于广东新州（今广东新兴县）。关于慧能的生卒年月，据题为法海撰的《六祖大法宝坛经略序》称："诞师于贞观十二年（公元638年）戊戌二月八日子时。"（《全唐文》卷九一五）这是佛经中传说的佛诞日（按照中国旧历换算，推定为四月初八），卒年按《坛经》以来的有关文献，都说"于先天二年（公元713年）八月三日灭度"，"春秋七十有六"。慧能身后，被赐谥为大鉴禅师，为禅宗第六祖，亦有称之为南派禅宗即南禅的实际创始人。

研究慧能思想离不开《坛经》，这是慧能禅宗的"宗经"，是它的基本理论阵地。近些年来由于版本问题，产生许多分歧意见。据印顺研究，认为现存的《坛经》应分别为两部分：一是（原始的）《坛经》——"《坛经》主体"，是大梵寺开法的记录；二是"《坛经》附录"是六祖平时与弟子的问答，临终嘱咐，以及临终及身后的情形。两者性质不同，应该分别处理。顾伟康也认为《坛经》的原始部分——大梵寺说法部分，保留了慧能禅法，同时掺入不少"南方宗旨"，余下的附编部分，较多地掺入"坛经传宗"的成分。据此认为敦煌本《坛经》所反映的，是公元9世纪以前的禅宗史。其主旨主要是慧能禅法，而晚出诸本《坛经》所反映的，是"会昌法难"以后的禅史大势，其主旨主要是继承和发展了慧能禅法的——南禅禅法。

本文引用资料，主要根据郭朋的《〈坛经〉校释》。该书称以日本学者铃木贞太郎、公田连太郎校订的敦煌写本——法海本《坛经》为底本，参照惠昕、契嵩、宗宝三个改编本进行校订。本文引用原文，只注明郭朋释本页数。

一

关于慧能的思想，郭朋在《〈坛经〉校释》的《序言》中说：在世界观上，他是一位"真心"一元论——"真如缘起"论者；解脱论上，他是一位佛性论者；宗教实践上，他则是一位"顿悟"思想的倡导者，并认为这也是禅宗的基本思想。

郭朋写的《印顺佛学思想研究》，引有印顺法师对禅宗的评价，称其"特色为简易平实。得则浑朴忠诚、失则简陋贫乏，如田舍郎。确树此一代之风者，岭南卢慧能也。"又说：禅者说法，"不但是真心论，还是唯我论。"如六祖说："汝等诸人，自心是佛，切莫狐疑！""岩欲求佛，即心是佛。"故得出结论说："禅宗为千真万确之唯心论，……而且是真常唯心论。"（《印顺佛学思想研究》，中国社会科学出版社1981年版，第229—231页）

张春波也有大致相同的说法，他说："佛教的全部理论无非是给所谓成佛做论证。到慧能的时候，佛教已经传播了一千多年。在这漫长的岁月中，佛教的高僧耗费了多少心血，撰写了任何人毕生时间都不可能卒读的佛典。……他们的理论越庞杂难懂，也就越加使人不得要领……慧能、神会对佛教的贡献，就在于他们从浩如烟海的佛典中概括出一个字来，这就是'心'字。在慧能、神会看来，只要在自己心上下功夫，一念相应，便可以立地成佛，达到解脱。这种理论是多么简单、肤浅！然而正是这个简单肤浅的理论，体现了佛教理论的实质。……这就是慧能（包括神会）学说的特点之所在。其实，这只不过是他们把主观唯心主义发展到比别的佛教流派更加彻底而已。"（《中国古代著名哲学家评传》，第651页）

用"简单""肤浅"四字来评价慧能的禅学，顾传康认为是受到"左"倾学风的影响。他认同比较流行的说法是：宗教实践的顿悟思想，是禅宗（南禅）的特质所在，并提出以"顿悟"来总说南禅。

顿悟——对象——"世界"即"我"即"佛"。

顿悟——途径——自识本性，自性自度。

顿悟——时间性——言下即悟，当世成佛。

顿悟——整体性——不立文字，任其自然。

顿悟——解脱——行往坐卧皆道场。（《禅宗文化交融与历史选择》，上海知识出版社1990年版，第195页）

综上所述，虽然所采取的角度和评价高低会有不同，但慧能禅学倡导"明心见性"，即所谓"直指人心""见性成佛"，这里总的精神是为人们所共识，并且在《坛经》中得到印证。

惠能大师唤言:"善知识!菩提般若之知,世人本自有之,即缘心迷,不能自悟,须求大善知识示道见性。善知识!遇悟即成智。"(《〈坛经〉校释》第24页)

善知识!法无顿渐,人有利顿。迷即渐契,悟人顿修,自识本心,自见本性,悟则元无差别,不误即长劫轮迴。(同上书,第30—31页)

善知识!世人性本自净,万法在自性,思量一切恶事,即行于恶;思量一切善事,便修于善行,如是一切法尽在自性。自性常清净,日月常明,祗为云覆盖,上明下暗,不能了见日月星辰,忽遇惠风吹散卷尽云雾,万象森罗,一时皆现。世人性净,犹如青天,惠如月,智如月,知惠常明。于外著境,妄念浮云盖覆,自性不能明。故遇善知识开真法,吹却迷妄,内外明澈,于自性中,万法皆见。(同上书,第39—40页)

善知识!惠能劝善知识归依三宝。佛者,觉也;法者,正也;僧者,净也。自心归依觉,邪迷不生,少欲知足,离财离色,名两足尊,自心归依正,念念无邪故,即无爱著,以无爱著,名离欲尊,自心归依净,一切尘劳妄念,虽在自性,自性不染著,名众中尊。凡夫不解,从日至日,受三归依戒。若言归佛,佛在何处?若不见佛,即无所归,既无所归,言却是妄。

善知识,各自观察,莫错用意。经中祗即言自归依佛,不言归依他佛;自性不归,无所依处。(同上书,第46—47页)

般若之智,亦无大小,为一切众生,自有迷心,外修觅佛,未悟本性,即是小根人。闻其顿教,不假外修,但于自心,令自本性常起正见,顿恼尘劳众生,当时尽悟,犹如大海,纳于众流。小水大水,合为一体,即是见性。内外不住,来去自由,能除执心,通过无凝,能修此行,即与《般若波罗蜜经》本无差别。(同上书,第56—57页)

缘在人中有愚有智,愚为小人,智为大人,迷人问于智者,智人与愚人说法,令彼愚者悟解心解;迷人若悟解心开,与大智人无别。故知不悟,即是佛是众生;一念若悟,即众生是佛。故知一切万法,尽在自身中。何不从于自心顿现真如本性。《菩萨戒经》云:"我本元自性清净。"识心见性,自成佛道。《维摩经》云:"即时豁然,还

得本心。"（同上书，第58页）

　　从以上慧能说法的有关记录，对成佛问题的思想脉络是清楚的。首先他承认世人都有菩提般若之知，即人人都有佛性，但由于心为妄念所迷，不能自悟而见性成佛。这里关键是由"迷"转"悟"问题。但为什么有的人能"悟"而有的人不能？这就关系到人的资质不同，所以说法无顿渐，人有利顿，有说人中有愚有智，愚为小人，智为大人。慧能南禅虽讲顿悟，但也不完全反对渐修。因为下根的人一时难有这种自见，须求大善知识示道见性，即要迷人问于智者，智人与愚人说法，迷人受到悟解心开，即与大智人无别。这样得道高僧就可以充当开启愚人心智的角色，普度众生而成佛。

　　慧能认为万法是在自性，自性是常清净，就如日月常明，但由于妄念像浮云那样覆盖，见不到日月星辰，只有将浮云驱散，吹却迷妄，内外明澈，自性中万法皆见，这就是顿悟成佛。亦即所谓直指人心，见性成佛。这样说来，佛原是在人的心中，识心见性，自成佛道。从哲学来说，当然是最彻底的唯心论。

## 二

　　慧能南宗的禅法，与先秦儒、道两家思想的关系，虽然找不到明显的痕迹，但从思想理路来看，却颇有相近的地方。如孟子讲"人皆可以为尧舜"，与禅宗承认"众生是佛"，即在作圣与成佛的问题上思路是一致的。孟子认为人性善，人心都有善端，只是由于物欲所蔽，所以孟子提出"养心莫善于寡欲"，还用"求放心"的途径恢复人们的善心。虽然儒家着重从道德方面的修养不同于佛教，但通过复性来作圣成佛，对要达到目标所采取的途径和方法，看来还是近似的。

　　慧能宗讲顿悟成佛，强调自识本性，自性自度，要自行佛性。自作自成佛道。这与孔子说的"我欲仁，斯仁至矣"。从最大限度发挥人的主观能动性来说，颇有异曲同工之妙。强调人的主观精神，孔、孟与南禅也是相近似的。

　　由于南禅强调"世界"即"我"即"佛"，当人进入这一悟境时，就没有我、佛之分，也没有主客观之分，佛即在我的心中，也在任何地方，所谓"无佛处"是不存在的。《五灯会元》中记有一段亡名行者与法师的对话：

> 有一行者，随法师入佛殿。行者向佛而唾。师曰："行者少去就，何以唾佛？"行者曰："将无佛处来与某甲唾。"师无对。

因为佛是无所不在的，所以法师找不到无佛处。而"麻三斤""干屎橛"都可以说是佛，也有说道在"砖石瓦砾"，佛法在"屎尿中"。

和这个对比，我想起庄子与东郭子的一段对话：

> 东郭子问于庄子曰"所谓道，恶乎在。"庄子曰："无所不在。"东郭子曰："期而后可。"庄子曰："在蝼蚁。"曰："何其下耶？"曰："在稊稗。"曰："何其愈下邪？"曰："在瓦甓。"曰："何其愈甚邪？"曰："在屎溺。"东郭子不应。（《庄子·知北游》）

庄子讲道"在屎溺"，而南宗亦讲佛法在"屎尿中"，不知是巧合还是由于观点相同。庄子会走向泛道论，即哲学上的泛神论。南禅是否也是这个路问，可以研究，但和先秦儒道两家某些观点作点比较，我认为还是有意义的。

## 三

佛教是一门宗教，慧能的南禅也不例外。宗教总是有教主作为崇拜对象，佛教的教主是西方的佛祖，所有佛教寺庙都是这样供养的。但向外在的"佛"祈求赐福或是向西方求佛，是和慧能及后来南禅的徒子徒孙认为"我"即是"佛"的思想相违背的。如契嵩本《坛经》载有慧能反对向西方求佛的对话。

> 又问：弟子常见僧欲念阿弥陀佛，愿生西方，请和尚说，得生彼否？愿为破疑。师曰：迷人念佛求生于彼，悟人自净其心。东方人造罪，念佛求生西方；西方人造罪，念佛求生何国？凡愚不了自性，不识身中净土。若悟无生顿法，见西方只在刹那，不悟，念佛求生，路遥如何得达。

这里慧能仍坚持顿悟成佛的观点。但他反对向西方求佛祖，等于否定由本教供奉的神灵，因而引起南禅后代烧佛像，甚至呵佛骂祖的事例。如慧能的四代弟子、石头希迁的学生丹霞天然，于慧林寺遇天大寒，取木佛烧火取暖。院主骂他："何得烧我木佛？"他以杖子拨灰曰："吾烧取舍利。"院主曰："木佛何有舍利？"师曰："若无舍利，更取两尊烧。"

(《五灯会元》卷五)

这里讲的虽是木佛，但一般佛教信徒，以至信佛的善男信女，都是当作神灵来顶礼膜拜的。可是南禅的传人，有的却任意呵佛骂祖，如有"德山棒"之称的德山宣鉴说：

> 我先祖见处即不然，这里无祖无佛，达摩是老臊胡，释迦老子是干屎橛，文殊普贤是担屎汉。等觉妙觉是破执凡夫，菩提涅槃是系驴橛，十二分教是鬼神簿，拭疮疣纸。四果三宝、初心十地是守古冢鬼，自求不了。(《五灯会元》卷七)

这里将释迦和各佛教祖师痛加责骂，当然更不会作神灵崇拜了。这样一来，慧能开创的南宗，是否会成为无神论的宗教呢？这也是一个值得研究的问题。

## 四

从上面简单的概述，对慧能及其南宗后代的禅学思想，应该给以什么样的评价，是可以进行讨论的。从哲学的角度看，可以说是唯我论或是彻底的唯心论。但佛教作为宗教，也可以说它是泛神论并走向无神论。佛教本是以慈悲平等的教义来普度众生，但多年来留下大量的经典，既高深又庞杂难懂，加上各种繁琐的宗教仪式，实际对众生是难以普度。同时拜佛求福，一方面造成社会迷信风气流行；另方面求福就要布施，实际上形成有权有钱的人才能得到佛祖的庇佑，并称之为功德。严格说这是违反佛家平等的教义，而慧能亦因此持反对态度。《坛经》中有一段讲使君礼拜慧能时，问到达摩大师化梁武帝，帝问达摩："朕一生以来造寺、布施、供养，有功德否？"达摩答言："并无功德。"使君对此不解，提出疑问。慧能肯定达摩的回答，也说"实无功德。"理由是：

> 造寺、布施、供养，祇是修福，不可将福以为功德。功德在法身，非在于福田。自法性有功德，平直是德。(此处惠昕等三本均作"见性是功，平等是德")内见佛性，外行恭敬，若轻一切人，悟我不断，即自无功德。自性虚妄，法身无功德。念念德行，平等真心，德即不轻。常行于敬，自修身是功，自修心是德，功德自心作，福与功德别。武帝不识正理，非祖大师有过。(第64—65页)

这里慧能将修福与功德作了明确区别，有钱造寺、布施、供养，并不等于有了功德，就可以通向成佛之路。中国历史上的梁武帝萧衍是以崇佛著名，其实他并不懂佛家教义，自以为花钱造寺、布施、供养，就是有了功德。但达摩大师"并无功德"一句话挡回去，连后来见慧能的使君也感到怀疑。但经慧能的解释，认为"见性是功，平等是德"，"自修身是功，自修心是德"，提倡平等真心，这才是符合佛家的教义，以此普度众生才算得为佛教也是为自身立下功德，这也是慧能弘扬佛法，使禅宗得以广泛传播所作出的贡献。

慧能是个佛教徒，但他创立的南派禅宗，却是不拜佛、不读经、不坐禅，后来还发展到呵佛骂祖，是否背叛了本门宗教。其实慧能并非不信佛，他信的是具有平等真心理念的真佛。他要破除对那些泥塑木雕偶像的迷信，提倡解放思想，从自由精神解脱中去寻求觉悟的人生。佛教教义是慈悲平等，导人向善，注重对人生的终极关怀。但宗教信仰也不应该是盲从和迷信，更重要的是启发人们的自觉。慧能说："迷人念佛生彼，悟者自净其心。"所以佛言"随其心净，则佛土净"。他特别对归依三宝作解释，谓："佛者，觉也；法者，正也；僧者，净也。"（第46页）他认为佛的本义是"觉"，没有觉悟不能成佛，不能自"净"其心的也不要称僧。当然亦不是不受任何戒律的约束，如"离财离色"就是基本要求，但是也要靠自觉。慧能禅学注重自我解脱，通过净化人心来成就独立人格，自行把握人生真谛，并获得精神上的自由，这就是他在中国佛学史上作出的主要贡献。

# 柳宗元与"统合儒释"思潮

对柳宗元学术思想的讨论,近年来有一个争议颇多的问题,就是如何看待他与佛教思想的关系。柳宗元曾有"统合儒释"的提法,这不单是他个人的思想,还牵涉到佛教传入中国后与儒家的思想关系问题。本文拟对柳宗元"统合儒释"的观点,兼对唐代儒佛两家思想的矛盾与交融问题,试作剖析和评议。

## 一

柳宗元与佛教的关系,近年来学术界有人断定佛教思想是柳宗元世界观的实质,也有认为"好佛"并不损害他的朴素唯物主义者的形象,这种分歧主要从哲学立论。我认为柳宗元与佛教思想的关系,主要并不影响他世界观的实质,他是从人生价值取向方面来沟通儒释两家思想的。如他在《送文畅上人登五台遂游河朔序》中,提出将"统合儒释"的期望,就说明这个问题。他说:

今燕、魏、赵、代之间,天子分命重臣,典司方岳,辟用文儒之士,以缘饰政令。服勤圣人之教,尊礼浮屠之事者,比比有焉。上人之往也,将统合儒释,宣涤凝滞。然后蔑衣裓之赠,委财施之会不顾矣。

这里提出的"统合儒释",并不牵涉到柳氏本人的哲学世界观。由于文畅和尚与不少士大夫相厚,有些司命一方的重臣,既服膺孔子,又尊礼浮屠,所以期望他游河朔时,对儒释有所调和,从而疏解一些疑难问题。这里是要文畅上人作"经世"之业,其实并不符合佛教的人生价值取向。因为这里是入世而不是出世。

因此,柳宗元讲"统合儒释",并非赞成佛教违背儒家伦理和不事生产的出家生活,而毋宁是批评这种"颠倒真实"的虚幻人生。他认为佛教可取的地方,就是与儒家思想相契合的部分。下面几段话可以作为他"统合儒释"论的思想注脚:

浮图诚有不可斥者,往往与《易》《论语》合。诚乐之,其于性情奭然，不与孔子异道。吾之所取者与《易》《论语》合，虽圣人复生不可得而斥也。退之所罪者其迹也。曰髡而缁，无夫妇父子，不为耕农蚕桑而活乎人。若是，虽吾亦不乐也。退之忿其外而遗其中，是知石而不知韫玉也。吾之所以嗜浮图之言以此。(《送僧浩初序》)

余观世之为释者，或不知其道，则去孝以为达，遗情以贵虚，今元暠……行求仁者以冀终其心，……斯盖释之知道者欤！释之书有大报恩十篇，咸言由孝而报其业。世之荡诞慢訑者，虽为其道而好违其书，于元暠师，吾见其不违且与儒合也。(《送元暠师序》)

上人专于律行，恒久弥固，其仪型后学者欤！诲于生灵，触类蒙福，其积众德者欤！觐于高堂，视远如迩，其本孝敬者欤！(《送濬上人归淮南觐省序》)

上面三段话是送给三位僧人的。第一段送僧浩初。由于韩愈批评柳氏嗜佛，所以先辨析清楚。他并非全盘接受佛教的观点，所取的只是与《易》《论语》合而不与孔子异道的部分。而僧浩初是个"通《易》《论语》"的人，所以与之交往。韩愈只看到佛徒的外表，不要家庭，不事生产，而不了解其内心，就像只看到石头而不知道其中蕴藏着美玉一样。引文第二段，他是明确反对一般佛徒那种违反孝道、看破世情的虚幻人生价值取向，而元暠却是个知"道"且"与儒合"的人，所以对刘禹锡与元暠和尚的交往表示赞赏。引文第三段，则是直接称赞濬上人是个"积众德"而"本孝敬"的僧徒，如果算是佛门功德，也应该是符合儒家的人生理想。所以从这三段引文的分析，我认为柳宗元讲"统合儒释"是以儒统释，或者说取其释与儒合的一面，而并非投身佛教而作出全面肯定。

不过，柳宗元对佛教的出世思想亦非完全否定。他在《送玄举归幽泉寺序》中说："佛之道，大而多容，凡有志乎物外而耻制于世者则思入焉。"他的好友刘禹锡在《送元暠南游序》中也说："予策名二十年，百虑而无一得，然后知世所谓道，无非畏途，唯出世间法可尽心尔。"这里柳、刘的论调有点相似。由于他们在人世间到处碰壁，"无非畏途"，既然"耻制于世"，只好寻求"物外"的"出世间法"了。

但这里需要指出，柳宗元虽不反对"耻制于世而有志乎物外"的人，却始终不赞成佛教那种完全虚幻的人生。他认为"言至虚之极，则荡而失守"(《送巽上人赴中丞叔父召序》)。所以对"今之言禅者"，"妄取空语"，"颠倒真实"，是属于"流荡舛误"，"以陷乎己，而又陷乎人"

(《送琛上南游序》)。实属害己害人之事。当然,柳宗元亦非赞赏那些苟且钻营、依附权贵的势利和尚。他认为出世的佛教徒,"凡为其道者,不爱官,不争能,乐山水而嗜闲安者为多"。他看不惯"世之逐逐然唯印组为务以相轧也",这是他"好与浮屠游"的又一原因。他称赞僧浩初能"闲其性,安其情,读其书,通《易》《论语》,唯山水之乐,……泊焉而无求"(《送僧浩初序》)。这可以算得是"耻制于世"的"物外"高人,亦可能是柳宗元"统合儒释"的又一种理想人物。像僧浩初这种人生价值取向,在儒家也未尝不可以作出解释。柳宗元就说过:"夫君子之出,以行道也;其处,以独善其身也。"(《送娄图南秀才游淮南序》)这是儒家孔、孟的传统思想。佛教的"出世间法",与儒家的"独善其身"相结合,也可以说是"统合儒释"的一种类型。

柳宗元之所以讲"统合儒释",还由于世俗的需要。他认为儒家和各家虽有矛盾,如能"咸伸其所长,而黜其奇衺,要之与孔子同道","然皆有以佐世"(《送元十八山人南游序》)。本来佛教是讲出世的,而柳宗元却主张用以"佐世",这就要存异求同。他是在慧能身上找到了儒释在人性根源上的共同取向。他认为佛教虽然后出,但"推离还源,合所谓生而静者",却与儒家《礼记》中讲"人生而静,天之性也"的观点相合。而慧能"其教人,始以性善,终以性善,不假耘锄,本其静矣"。慧能始终以性善教人,自是符合儒家人生而静的本旨。所以说是"丰佐吾道,其可无辞"(引文见《曹溪第六祖赐谥大鉴禅师碑》)。这可以说是佛教"佐世"的一例。

还有一例是柳宗元任柳州刺史时,由于当地"越人信祥而易杀,傲化而佝仁",这种落后习俗,造成户口虚耗,田地荒芜,牲畜不育。面对这种情况,"董之礼则顽,束之刑则逃"。即礼与刑都无法解决问题。"唯浮图事神而语大",于是求助于佛教,修复大云寺,用佛法感化群众,"而人始复去鬼息杀,而务趣于仁爱"(《柳州复大云寺记》),从而收到"佐教化"的效果。

综上所述,柳宗元提出"统合儒释",基本上还是站在儒家立场;但对佛教思想也有选择、吸收和利用。特别在人生的价值取向上,力图调和入世与出世的矛盾。将佛教原来消极地鼓吹的虚无寂灭的人生,积极引导去"佐教化"的"佐世"工作上去。出家的佛教徒从事"经世"之业,本不符合佛门的教义,但为着自身的生存和发展,佛教的中国化只能靠拢儒家；而儒家施行教化，也要取得佛徒的帮助。虽然在人生价值取向上，两家的矛盾不能根本消除，但也确有可以互相融合的一面，柳宗元提出"统合儒释"和他的"好佛"，就是企图在儒家文化圈中，为外来宗教的生存和发展，找出一条双方都能接受的路子。这对于中国传统文化在后期封建社会的形成，起到重新调和的作用。

## 二

柳宗元提出"统合儒释"的观点，固然是属于他个人的思想，但也可以说是时代的产物。佛教是外来宗教，传入中国后在人生价值取向上与儒学的基本矛盾，主要表现在出世与入世的分歧。如宋明时期陆、王心学一派，一般认为受佛学影响较深。对阳明的弟子王畿，刘宗周说："龙溪真把良知作佛性看，悬空期个悟，终成玩弄光景。"（《明儒学案》卷首引《师说》）即认为他与禅宗讲顿悟无甚区别。从唯心论哲学的角度来看，刘宗周的评论也许是对的，但作为人生价值取向，王畿始终认为儒佛两家不同，并多次指出其区别所在。

龙溪曰：佛虽不入断灭，毕竟以寂灭为宗。只如卢行者，在忍祖会下，一言见性，谓自性本来清净具足，自性能生万法，何故不循中国礼乐衣冠之教？复以宝林祝发弘教度生，……分明是出世之学。故曰要之不可以治天下国家。吾儒却是与物同体，乃天地生生之机。先师（指王阳明）尝曰：自从悟得亲民宗旨，始勘破佛氏终有自私自利意在。此却从骨髓处理会出来，所差只在毫厘，非语言比并、知识较量所得而窥其际也。（《龙溪王先生会语》卷2）

夫仙佛二氏，皆是出世之学。（同上）

佛氏遗弃伦物感应，而虚无寂灭以为常，无有乎经纶之施。故曰：要之不可以治天下国家。孰谓吾儒穷理尽性之学而有是乎？大人之学通天下国家为一身，……身之修也，……家齐国治而天下平也，其施普于天下，……经纶之用也。（同上）

这里，王畿指出：佛"毕竟以寂灭为宗""虚无寂灭以为常"。因而"不可以治天下国家"。至于吾儒"穷理尽性之学"，则是"通天下国家为一身"，从身修而达到"家齐国治而天下平"。所以从人生的价值来看，儒家是以明德亲民为本旨，算得上是为国为民；而佛氏却"遗弃伦物"，只寻求个人解脱，终不免自私自利。作为人生的最高理想，儒家是作圣，佛教是成佛。前者讲上可以致君为尧舜，下可以配德于孔颜，在积极入世中推行内圣外王之道。后者则以山河大地为见病，诬世界乾坤为幻化，祈求在出世中能顿悟成佛。这里走的是两股道，看来是难以交会的。

正是由于这种分歧，所以佛教传入中国后，虽得到某些时君世主的信奉，但也受到一些当政者的非议。如东晋时就曾发生一场僧人要不要"礼敬王者"的风波。高僧慧远专门写有《沙门不敬王者论》，表示佛教徒不受世俗礼法的拘管，而这一点后来就成为批评佛徒的口实。如唐初几代皇帝，虽然也都重视和利用佛教，但对儒佛的分歧仍是扬儒抑佛。高祖李渊就曾说："父子君臣之际，长幼仁义之序，与夫周、孔之教，异辙同归，弃礼悖德，朕所不取。"（《唐会要》卷47）他还质询僧徒："弃父母之须发，去君臣之章服，利在何门之中，益在何情之外？"（《大正藏》卷52，第380页）君臣父子、长幼尊卑，是封建社会所赖以维护的等级秩序。佛徒不拜君亲，显然与儒家忠君孝亲之道相违背，这种弃礼悖德的行为，当然为最高统治者所不取。反佛的傅奕据此就大张挞伐，认为"礼本于事亲，终于奉上，此则忠孝之理著，臣子之行成，而佛蹻城出家，逃背其父，以匹夫而抗天子，以继体而悖所亲"，所以斥之为"无父之教"（《旧唐书·傅奕传》）。

对儒佛入世与出世的矛盾，作为世俗统治者，为要维护封建纲常，当然更重视儒学。如太宗李世民就说："朕今所好者，惟在尧、舜之道，周、孔之教，以为如鸟有翼，如鱼依水，失之必死，不可暂无耳。"（《贞观政要》卷六）但是，当时佛教的作用也不能忽视，解决的办法就是用儒家君父之义来加以约束。由于当时佛徒不但不拜君亲，相反儿女出家后，父母尊长作为敬佛反而向儿女礼拜，这是对封建伦常的颠倒，自然难以容忍。因此，高宗李治于显庆二年下诏作出法律性规定："自今已后，僧尼不得受父母及尊长礼拜，所司明为法制，即宜禁断。"（《唐会要·议释教上》）对佛徒应否拜君亲问题，龙朔年间再次下诏明示："联禀天经以扬孝，资地义以宣礼，奖以名教，被兹真俗。"（《大正藏》卷52，第455页）即认为遵守孝道与礼教，自属天经地义之事，无论出家或世俗之人，都不例外。这是用政治力量对佛徒拜君亲一事加以干预。

由于儒、佛两家入世与出世的矛盾，是牵涉到人生价值取向的深层意识，非政治力量一时所能改变。儒家培养人，从小就讲要学而优则仕，要扬名声，显父母，人生的理想价值是修身、齐家、治国、平天下。提倡立德、立功、立言即所谓"三不朽"。这样产生忠君孝亲思想，自是顺理成章。而佛教认为人世间是苦海，自无所谓功名富贵，出家就要超脱现实世界，当然无需礼拜君亲。所以即使国家加以干预，亦不能改变佛教的基本教义。后来韩愈辟佛，指责佛徒"弃而（汝）君臣，去而（汝）父子，禁而相生相养之道，以求其所谓清净寂灭者"（《原道》）。前面讲到明代的王龙溪，他的思想虽被人指称为近似禅宗的顿悟，在入世出世问题上亦不忘指出儒佛两家的区别，可见这种基本分歧还是存在的。

## 三

上面论述了儒、佛两家在人生价值取向上存在着入世与出世的分歧，这是问题的一面。这种分歧能否加以调和，这是问题的另一方面。佛教因是外来宗教，传入中国后为着自身的生存和发展，有的僧徒也在试图对儒家思想加以调和。如三国末年在江南传播佛教的康僧会，他讲述因果报应时，就说到"明主以孝慈训世""仁德育物"，则会天降祥瑞。他还引用"《易》称'积恶余殃'，《诗》咏'求福不回'"，认为"虽儒典之格言，即佛教之明训也"（《祐录·康僧会传》）。这里所谓"孝慈训世""仁德育物"，分明是儒家的语言，他还专从《易》和《诗》中挑出因果报应的词句，以证明儒佛的一致。康僧会这样做，无非要使佛家思想得到世俗的承认。

至于佛教徒要不要拜君亲，前面讲到唐初皇帝对此曾施加压力，但作为国家政令，僧尼只能奉命行事，并不影响其人生价值取向。可是到武后当政时，确有一些僧徒不惜伪造佛经来逢迎世主。我们且看下面的记载。

武太后初，光明寺沙门进《大云经》，经中有女主之符，因改为大云寺。（宋敏求《长安志》）

怀义与法明等造《大云经》，陈符命，言则天是弥勒下生，作阎浮提主，唐氏合微。（《旧唐书·薛怀义传》）

载初元年（公元689年），有沙门十人伪撰《大云经》，表上之，盛言神皇受命之事，制颁于天下，令诸州各置大云寺。（《旧唐书·则天皇后本纪》）

这里无论是怀义还是别的僧徒，他们伪造《大云经》，利用符谶作为女主受命的根据，迎合的结果，又反过来提高了佛教的地位。天授二年（691年），以"大云阐奥，明王国之祯符"有功，明诏"自今已后，释教宜在道法之上，缁服处黄冠之前"（《唐大诏令集·释教在道法之上制》）。

随着佛教地位的提高，一些所谓名僧也跟着受朝廷的恩宠。如禅宗由弘忍相传的东山法门，他的弟子神秀虽然在顿悟佛性方面不如慧能，可是在大足元年（701年）应召入都后，却最为显荣，"随驾往来，两京教授，躬为帝师"（《楞伽师资记》）。如果从人生价值取向来说，这应是违背了佛门本旨，而走上了儒家作圣之路。

武周时除禅宗外，华严宗也得到重视。此宗开创者法藏除重神异灵验外，还把"圆融""无碍"标为教旨，为的是调和以至消除各种对立和矛盾。而法藏本人却积极为武氏效劳。据说神功元年（697年），"契丹拒命"，他设道场作法，却召来"神兵"（《大正藏》卷50，第283页）。圣历二年（699年）他受诏讲经，却出现讲堂及寺中皆震动的奇迹。被武后视为"如来降祉"，当作国家祥瑞，"命史官编于载籍"（同上，第732页）。中宗复位初，他参与韦、武集团迫害张柬之，被称赞为"内弘法力，外赞皇猷"，"赏以三品，固辞、固授"（同上，第283页）。他居然被授作朝廷命官，又被称为"贤首国师"，其显荣当然不在神秀之下。

像神秀、法藏这样的思想行为，能否说儒佛两家的人生价值取向，在他们身上得到融合呢？我认为佛徒中这类头面人物，对广大僧众会有相当影响。不过从人生价值取向来说，他们实际上违反了佛门教义。因为这不是一般的礼拜君亲，而是亲身投靠时君世主，从而取得在世俗上的尊荣，哪里会去寻求彼岸以涅槃成佛呢？当然并非所有佛徒首领都是这样，如慧能传说在长寿元年（692年）被召入都，但他"托病不去"（《历代法宝记》）。基本上还是保持出家人的生活导向。

不过，为要适应世俗的要求，佛徒还得要在忠君孝亲这个关节眼上向儒学靠拢。如后来华严宗的宗密，就说"佛且类五常之教，令持五戒"（《原人论》）。他将佛教的"五戒"与"五常"相比附，表示佛教徒是拥护儒家"五常"等道德观念。当时佛教徒为表示忠于封建国家，有的把皇帝看成为活佛、活菩萨，还有的为封建王朝的国运祈祷。他们又宣扬《父母恩重经》《孝子报恩经》，鼓吹"孝道"是"儒释皆宗之"（宗密：《盂兰盆经疏序》）。忠君和孝亲是封建宗法制度的根本要求，而佛教徒出家这方面易为世人所诟病，故对此极力加以修补，自是在人生价值取向上出现儒佛融合的趋势。

对于宗密将佛门"五戒"比附儒家"五常"问题，其实早在康僧会的译经中就有这种尝试，即提出所谓"五教"。

王尔时以五教治政，不枉人民；一者慈仁不杀，思及群生；二者清让不盗，损己济众；三者贞洁不淫，不犯诸欲；四者诚信不欺，言无华饰；五者奉孝不醉，行无沾污。当此之时，牢狱不设，鞭杖不加，风雨调适，五谷丰熟，灾害不起，其世太平，四天下民，相率以道，信善得福，恶有重殃。（《六度集经》卷8《明度无极章·梵皇经》）

这里说的"五教"，就是将"五常"和"五戒"的内容加以融合。而所描绘的"太平"之世，统治者像是儒家仁德之君。这里看不到人生虚幻，而所讲的善恶报应，也是儒释皆宗之。儒释这种融合，使得以出家为特征的佛教，在世俗间仍然可以发挥其教化作用。

从这里可以看出儒佛两家的一个融合点，即彼此都重视人生的道德价值。儒家虽有性善与性恶论的不同，但无论通过复性还是化性，都是依靠个人修养和道德力量使同归于善。佛教讲慈悲，无非是导人向善，宣扬因果报应，也为的是劝善惩恶。所谓放下屠刀，立地成佛，佛性因是归于性善。本文上面提到，柳宗元肯定慧能始终以性善教人，并称可以"丰佐吾道"，自是抓住儒佛两家这个融合点。从这里也可以看出，柳宗元"统合儒释"的思想并非突然出现的，从康僧会到宗密等人，都是在探寻这个路子。由于他们是僧徒，所以是站在佛教的立场来靠拢儒家；柳宗元则是站在儒家的立场去统合佛教。这也说明到了唐代，儒佛两家思想的发展，彼此之间都有向对方提出调和的需要。柳宗元统合儒释的思想也可以说是时代的产物。

最后还想重提一下明代的王畿，他曾反复阐述儒、佛入世与出世的思想分歧，但他沿着柳宗元的思想路向，力图调和这方面的矛盾，下面看他一段议论。

夫吾儒与禅不同，其本只在毫厘。昔人以吾儒之学，主于经世；佛氏之学，主于出世，亦大略言之耳，佛氏普度众生，尽未来际，未尝不以经世为念。但其心设法，一切视为幻相，看得全无交涉处，视吾儒亲民一体，肫肫之心，终有不同，此在密体而默识之，非器数言诠之所能辩也。（《龙溪王先生会语》卷2）这里，王畿仍然承认儒佛两家存在有经世与出世的分歧，但他又把佛教的"普度众生"解释为"未尝不以经世为念"。这样，儒佛两家都有经世之学，只是佛教将世界、人生视同虚幻，而儒家则强调要有亲民一体之心。这里虽然虚实不同，佛教是视人生为虚幻，但宣扬慈悲、平等的教义，所谓慈航普度，让大众脱离人世间的苦海，同登彼岸，所以也算是一种"经世"事业。作为人生价值取向，在有些人看来，也可以收到异曲同工的作用。

综合上面的论述，可以看出柳宗元提出"统合儒释"的观点，在思想史上并非一种孤立现象，而是具有承前启后的地位。在中国传统思想文化的形成过程中，先秦儒学后来虽成为主干，但在发展过程中也是不断在吸收各家思想，或是从分歧矛盾中寻求融合和互补的途径。特别像对佛教那样的外来宗教，传入中国后对社会日益发生广泛的影响。因此，如何将之纳入并丰富中国固有的传统文化，是一个值得研究的重要课题，如何理解柳宗元的"统合儒释"论就是这个研究课题中的一个重要环节，学术界应予继续进行讨论。

# 儒家思想哲理化的历史进程

中国儒家思想有个特点,从孔、孟开始,就是以道德伦理作为儒学的核心,虽然也讲到天人关系,但目的在于解决人生问题,对世界本原、发展观、认识论等方面并无系统论述。儒家思想的哲理化,是要有一个提高的过程。本文拟探索其发展轨迹,重点是研究宋儒朱熹在这方面所起到的历史作用。

## 一

孔子是中国古代的文化名人,至今在世界上享有崇高声誉。他所开创的儒家学说,对人类文化产生过深远影响。如果用近代西方哲学的标准来衡量,也许认为他的思想中没有多少哲学。黑格尔在他的《哲学史讲演录》中曾谈到孔子。他一方面说:"关于中国哲学首先要注意的是在基督降生500年前的孔子的教训。孔子的教训在莱布尼兹的时代曾轰动一时。它是一种道德哲学。"另一方面又说;"我们看到孔子和他的弟子们的谈话(按即《论语》——译者),里面所讲的是一种常识道德,这种常识道德我们在哪里都找得到,在哪一个民族里都找得到,可能还要好些,这里毫无出色之点的东西。孔子只是一个实际的世间智者,在他那里思辨的哲学是一点也没有的——只有一些善良的、老练的、道德的教训,从里面我们不能获得什么特殊的东西。"(《哲学史演讲录》,三联书店中译本,第一卷,第119页)对孟子也说:"他的著作的内容也是道德性的。"由此联系到中国哲学,黑格尔认为:"在理论方面乃是感性对象的外在联结;那是没有(逻辑的、必然的)秩序的,也没有根本的直观在内的。再进一步的具体者就是道德。""但这类具体者本身并不是哲学性的。"(同上书,第182页)

上引黑格尔对儒家孔、孟思想的评价,我认为是带有一些偏见,也许他还不大了解东方哲学文化的特点。不过儒家传统哲学思辨性不显著,这也是事实。孔、孟之后的荀子,虽然提出"制天命而用之"的光辉命题,使人们摆脱天命论的羁络，但对儒家思辨哲学的提高并无多少帮助。荀子的天道观比较简单，只是想还自然界以本来面目，他还没有建构出一套符合哲学思维的理论体系。

到了汉代，被称为"群儒首"的董仲舒，将儒学的发展推进到一个新阶段。仲舒思想的特点，史称他是"治公羊春秋，始推阴阳，为儒者宗"（《汉书·五行志》）。他与先秦儒学不同的地方，是建构了一套以天人感应为轴心、以阴阳五行为框架的神学化理论体系。他应用"人副天数""同类相动"等一系列比附方法使天人彼此相通，再经过阴阳消长、五行生胜以至四时、五方的交错搭配，形成一个动态的平衡系统，从而使宇宙生成、万物发生这一自然现象拟人化，看作是"天"有意识、有目的的安排，并把自然灾异用作谴告手段来沟通天人，即用天意来支配人事。自是宗法封建制的各种等级名分和纲常伦理秩序，都被说成是在"名号"中表达了"天意"。这样"人间的力量采取了超人间的力量的形式"（《马克思恩格斯选集》第三卷，第354页）。天上的神权和地下的皇权紧密相通。正如仲舒所说："事应顺于名，名应顺于天，天人之际，合而为一。"（《春秋繁露·深察名号》）

上述董仲舒这种以天人感应为核心的天人合一思想，是通过阴阳五行、四时四政的扭合而构成体系，是以类的相似和数的相同作为类比推理的根据，从而使自然法则与人伦规范都纳入其建构体系的理论框架之中。这里虽然作出了逻辑必然性的论证，使天人合一的哲学功能得以实现，但也不能不带上一些神秘的色彩。仲舒的理论构架很快就为纤纬神学所利用，并形成一股反理性的思想逆流。如东汉章帝时通过白虎观会议所编纂成的《白虎通义》一书，其中既大量引证"纤""纬"，又系统发挥董仲舒思想，形成一套法典化的神学体系，并由皇帝钦定而颁行全国，这就为儒家思想哲理化的提高，反而带来了消极影响。

董仲舒建构的儒学理论，因与纤纬迷信合流，既受到王充"疾虚妄"的批判，到魏晋之际，又掀起一股"辨名析理"的清谈之风，终于出现代替两汉经学而形成所谓魏晋玄学思潮，在我国学术史上刻下了新的时代标志。

魏晋玄学在形式上是复活了老、庄思想，用以取代两汉以来的繁琐经学和纤纬神学。所以表面上看来，儒学是处在低潮。但作为开创"正始玄风"的何晏、王弼及稍后郭象等人，这些玄学的主流派并非完全否定儒学，他们只是以老、庄思想来注释《论语》《周易》等儒家经典，即是综合儒道两家的思想资料，用以建构自己的理论体系。主要是把汉代"天人感应"的神学宇宙观，改变为"有无本末之辨"的玄学本体论。玄学的中心议题是通过"有无""本末""体用""动静""一多"等关系的思辨推理，用以论证自然和名教的统一。这是调和儒道两家的思想，"儒道兼综"才是玄学的基本特征。

由于玄学对天人关系问题赋予新的含义，展开了关于本体和现象、运动和静止、认识和对象、天道和人事等方面的新论证，使哲学的思辨性大为提高。但玄学毕竟不同于儒学，只是以道家思想为儒学名教纲常的合理性作论证，所以并不等于儒学本身走向哲理化。

伴随着玄学兴起的前后，佛教思想的传播也为思辨哲学增加了光彩。佛是外来宗教，汉魏时期传入的，主要是早期佛教关于因果轮回、天堂地狱一类的宗教思想。西晋以后，由于大乘般若空宗的经论被翻译过来，对本体论的思辨是有其相似与相通之处。为使中土人士易于理解，往往使用玄学的概念来译解般若空宗的理论，称为"格义"，自是出现玄佛合流。由于大乘空宗的般若学，其思辨的程度比玄学为高，如僧肇的《肇论》其中思辨的味道更浓，他对本无、心无、即色等宗的批评，就摆脱了玄学格义的训释。佛教到隋、唐时更发展成众多宗派，与儒、道形成三教鼎立的局面。

不过，佛教的般若理论，虽是有较强的思辨性，但作为佛徒出家这一根本教义，与儒家入世所要遵循的名教纲常，本来是对立的。后来有的佛徒作了调和、修补，如承认并鼓吹忠君孝亲之道。但从儒家正统派看来，佛、道始终是思想异端，不能给予认同，对其哲学理论中的思辨性，则有意无意地加以吸收和融汇，从而帮助儒学走向哲理化的途径。

在佛、道思想流行的情况下，坚持儒家正统派立场的人就要进行反击，如中唐时的韩愈就表现得比较典型。韩愈是坚决反对佛、老的，主要理由是他们破坏了封建等级秩序，抛弃君臣父子之间的伦理纲常关系。他写的《原道》篇，曾仿照佛教传法世系的祖统说，建立起从尧舜开始到孔孟世代相传的儒家道统，以此来论证儒家的正统地位。值得注意的是，他还提出"道"作为哲学的最高范畴，其内涵就是抽象化了的封建伦理道德仁与义，这是不同于佛、老的清净寂灭之道。他引用《大学》从正心诚意到治国平天下的学说，来与佛、老的出世原则相抗衡。韩愈的学生李翱则提出灭情复性说，自称是为了"开诚明之源"引导人们"复归性命之道"（《复性书》上）。据此，清人全祖望评论说："退之作《原道》，实阐正心、诚意之旨，以推本之于《大学》，而习之论'复性'则专以羽翼《中庸》。"（《结琦亭集·外论》）韩、李对学、庸思想的发挥，初步摆脱宗教异化的天命神权观念，发挥以道德性命为核心的心性之学，在儒学哲理化方面，成为宋明理学的先导。

## 二

宋明理学在儒学发展史上是进入了一个新阶段，特别在儒学哲理化方面作出了贡献。宋代的理学正宗，一般列举有濂、洛、关、闽四大学派，宗主是周敦颐、二程（程颢、程颐）、张载和朱熹，他们被称为理学的开山、奠基人、集大成者。

关于儒学的哲理化问题，由于其自身思想的特点和国情的需要，儒家的政治伦理哲学不大着意于思辨性的提高。但经过魏晋南北朝到隋唐时期玄学和佛教的冲击，一些正统派的儒家，感到对佛、道的驳难时，虽然政治上可以压倒对方，而理论上却显得贫乏，如上面讲到的韩愈就是个例子。不过韩愈虽然反佛，但他的道统论还是受佛教思想的影响。特别是李翱的灭情复性说，虽说是羽翼《中庸》，其实所要恢复的却是清净寂灭的佛、老本性，但他这样经过一番论证，思辨性却大有提高。所以从反对声中来融合佛老思想，从而为儒学的哲理化又开出一条可供应用的途径。

周敦颐（公元 1017—1073）一般多认为他是宋明理学的开创者。但他留下的哲学著作不多，主要有一篇 200 多字的《太极图说》和不满 3000 字的《通书》，却奠下了他在理学家中的崇高地位。他所以取得这种成就，由于他在当时儒、佛、道思想矛盾融合的形势下，对于《老子》和道教的"无极"、《易传》的"太极"、《中庸》的"诚"，以及五行阴阳等思想资料进行熔铸改造，提出"无极而太极"的本体论，"物则不通，神妙万物"的动静观，以及"主静立人极"的伦理观等命题，从而对宇宙生成、万物变化，到建立符合封建统治的人伦道德标准等方面，都把问题上升到哲学的高度，作出了词约义丰的概括。

但是由于周敦颐的著作，其中多是概括性的哲理语言，而提出的又多是论点和论纲，并未作系统的、具体的阐发和论证。这一方面固然给人以启迪，留有参详余地；但另方面却又容易使人产生歧解，从而出现"惟周子著书最少，而诸儒辩论，则惟周子之书最多"（《宋四子抄释·提要》）的情况。周敦颐的学说，后来经过朱熹的辩论和解释，对儒学的哲理化起到重要作用，下一部分再为详说。

张载（公元1020—1077）生活年代与周敦颐同时。他虽然也被称为理学创始人之一，但思想理路与周子不大相同，在哲学世界观上他是坚持气化论，而有别于程、朱的理本论。张载提出了"天地之性"与"气质之性"的两重人性起源论。他认为天地之性是善的，就是仁义礼智，是人的形体未形成之前已经存在；气质之性则有善有恶，是人的形体形成之后才有的。两者关系是："形而后有气质之性，善反之则天地之性存焉。"（《正蒙·诚明》）在张载之前，对人性善恶往往只从道德上立论，他却把仁义礼智说成是天赋的善性来源，从而将儒家的道德伦理上升到本体论的高度，这就为后来理学家普遍推出"存天理、去人欲"的命题，提供人性上的理论根据。

在认识论上，张载又提出"闻见之知"与"德性之知"两个认识来源，本来这是从感性到理性认识的循序渐进，但张载却把两者对立起来，认为"耳目内外之合"的感性认识是浅薄的，是"闻见小知"，而"德性所知，不萌于见闻"（《正蒙·大心》）。他要达到"穷神知化，与天为一"的境界（《神化》）。主张"大其心"去"合天心"，直接去把握无限的宇宙总体，所谓"天地之道，可一言而尽"（《天道》），这就为理学家们的天人合一宇宙论提供了认识上的根据。

张载虽然在世界观上坚持气化论，但由于他在人性论和认识论上的两重性观点，承认"上智下愚"有"不可变者也"（《诚明》）。应用到社会人事方面就形成"理一分殊"理论，他写的《西铭》因此受到程颐的重视，后来又为朱熹所充实和发挥，对儒学的哲理化，继续起着先导的作用。

程颢（公元1032—1085）、程颐（公元1033—1107）兄弟，是宋代理学的奠基人，他俩虽曾受业于周敦颐，辈分也比张载为晚，但在正统理学中的地位却超过周、张，在儒学哲理化的过程中起到划时代的重要作用。

二程是首先明白无误地将"理"或"天理"作为哲学的最高范畴。程颢曾经自负地说："吾学虽有所授受，天理二字却是自家体贴出来。"

（《外书》十二）可见这是前无古人的独家创造。当然，"理"或"天理"这个词早已使用，但作为世界的本体，成为造化之本，万物之源，则确是二程的创举。他们承认张载的气化论，但反对作为本体。理由是"凡物之散，其气遂尽，无复归本原之理"。所以"天地之化，自然生生不穷"，而"往来屈伸，只是理也"（《遗书·十五》）。他们认为气是有聚散、生灭的，并不是永恒的绝对体，所以从本体论来讲，"天下只有一个理"。（《遗书》十八）"理者，实也，本也。"（《遗书》十一）"所谓万物一体者，皆有此理，只为从那里来。"（《遗书》二上）即只有理才是真实存在的唯一本体。

　　二程既强调"天下无实于理者"（《遗书》三），但又不能和具体实物混同，因此又说"理，无形也"（《粹言》一）。即是说"理"不是实有其形，而是实有其体，这是永恒绝对不变的。所以说"天理云者，这一个道理，更有甚穷已？不为尧存，不为桀亡"。"这上头更怎生说得存亡加减。是佗元无少欠，百理具备。"（《遗书》二上）二程这个"理"本体，既不同于有聚散生灭的气化物，又可以避免佛、道的虚无本体有归于空虚寂灭的危险。二程"唯理唯实"的观点，把本体界定为体有而非无、形化而不空的绝对体，这显示出理学比佛、老有更高的思维水平。

## 三

　　在周、程之后对儒学哲理化作出重要贡献的是南宋时的朱熹（公元1180—1200），他是宋代正宗理学的集大成者。

　　朱熹继承二程以"理"作为哲学的最高范畴，但"理"怎样会成为宇宙的本体，他是与周敦颐所讲的"太极"联系起来，并且用很大气力为之辩解，并作出详细的阐释和论证。

　　本文上面讲过，周敦颐写的《太极图说》，由于是词约义丰的概括，容易使人产生歧解。同时他制作的太极图虽说是对《易传》的阐发，但正如朱彝尊在《太极图授受考》中所说："自汉以来，诸儒言易，莫有及太极图者。惟道家者流，有上方大洞真元妙经，著太极三五之说"，其后"衍有无极、太极诸图"。黄宗炎在《太极图说辨》中，则指出周敦颐的太极图是来自陈抟的《无极图》，这些说法似都有所根据。在我国早期的道教著作，如东汉魏伯阳的《周易参同契》就是把周易、黄老学说和炼丹术结合在一起，以阴阳交合和八卦相配的学说来阐明炼丹成仙的理论。后来的道教徒并推衍出许多图式，既是讲炼丹术，又是讲宇宙论。周敦颐的《太极图说》扬弃了其中炼丹术的内容，使之成为宇宙发生论的图式。但是，他虽将道教的无极图改头换面，却由于保留下"无极"这一术语，故为陆九渊兄弟所诟病，并断言周说以无极加于太极之上是不合儒家宗旨。

对周敦颐这些来自道教的思想，二程是采取回避态度。他们既不提及太极图，也没有讲过无极。到了朱熹时由于陆氏兄弟的驳难，他不能不出来为周说辩解。他一方面不得不承认周图与陈抟有关；但另一方面又尽力为之洗擦，认为周敦颐发明太极图，是"不由师传，默契道体"，是"得之于心，而天地万物之理，巨细幽明，高下精粗，无所不贯，于是始为此图以发其秘"(《再定太极通书后序》)。

不过，朱子只是用"默契道体""得之于心"一类的话，为周说辩解是不够的，他必须把无极与太极的关系问题作出新的解释。办法是对《太极图说》的首句作原则性的修订，这是问题的关键所在。他看到宋史实录中原来所载的图说，首句是"自无极而为太极"，九江本则作"无极而生太极"。这是明白说出无极是在太极之先，痕迹过于明显。他提出这些本子是增字失误，却断定首句应为"无极而太极"，并对此作了新解："周子所谓无极而太极，非谓太极之上，别有无极也，但言太极非有物耳。""极，是道理之极致，总天地万物之理，便是太极，太极只是一个实理。""无极而太极，正所谓无此形状，而有此道理耳。"(《周子全书·太极图说·集说》)

朱熹不像二程那样对太极加以回避，他把太极解释为总天地万物之理，又只是一个实理，这就将周、程的思想联系起来，并加以概括提高。对无极与太极的关系，他是巧妙地排除无极在太极之先或是产生太极的印象，使《太极图说》中的道教思想得以消弭于无形；而儒学传统中的封建纲常伦理，却以"理"这一最高范畴的普遍形式上升为宇宙本体，从而取代董仲舒儒学中"天"的地位。自是儒家的天命论演化为天理观，天人感应的神学发展为天人一本的理学。儒家思想缺乏思辨性的弱点，随着朱熹等人的努力而得到改善和加强，特别在哲学世界观方面，朱熹对儒学哲理化的提高是作出了重要贡献。

朱熹既将太极解释为总天地万物之理，这总的理只有一个，就是

"理一"。但这个"理"又是无所不在的,是规定着万事万物所以然的道理。这个总的理是有不同的分布点,就是"分殊"。朱熹对此加以阐释说:"本只是一太极(理),而万物各有禀受,又自各全具一太极尔。如月在天,只一而已,及散在江湖,则随处可见,不可谓月已分也。"(《语类》卷九四)"理只是一个,道理则同,其分不同,君臣有君臣之理,父子有父子之理。"(《语类》卷六)这里所讲的就是"理一分殊",是朱熹在促使儒学哲理化的过程中,所完成的一项重要理论建构。

上面朱熹讲的"理一分殊",这种理论是来源于佛教华严宗的"一多相摄"。朱熹对此并不明言,只是认为佛教也有这种思想。他说:"释氏云:'一月普现一切水(月),一切水月一月摄'。这是释氏也窥见得这些道理。"(《语类》卷十八)他这里说的就是"月印万川"的比喻,佛教和朱学都以此形象地说明一多相摄、理一分殊和万殊一本的理论,自是君臣父子、上下尊卑的封建等级秩序,三纲五常、忠孝节义等封建政治伦理道德,都被说成是至高无上的天理,就像天空皓月一样普照大地。在天理的笼罩下,人们只能按照自己的本分,依从天理行事。这即是说,只要人们接受"理一分殊"的理论说教,就会自觉自愿地去遵守封建道德伦理纲常。自是儒家世界观经过哲理化的改造,从取得的社会功效来说也是大有提高。

朱熹既然界定"理"或"天理"作为宇宙的本体,是哲学的最高范畴,那么人们又怎样去认识这个理呢?他一方面利用《礼记·大学》篇中讲"格物致知"的古老命题,作出更为详尽的发挥:"所谓致知在格物者,言欲致吾之知,在即物而穷其理也。盖人心之灵,莫不有知;而天下之物莫不有理,惟于理有未穷,故其知有不尽也。是以大学始教,必使学者即凡天下之物,莫不因其已知之理而益穷之,以求至乎其极,至于用力之久,而一旦豁然贯通焉,则众物之表里精粗无不到,而吾心之全体大用无不明矣。此谓物格,此谓知之至也。"(《大学章句·补格物章》)

朱熹这段发挥是符合认识论原理的。因为认识就有一个由此及彼、由表及里、由粗到精、由"零细"上升到"全体"、由"现象"深入到"本质"的过程。朱熹所理解的格物致知就表明有循序渐进的意思。至于他讲的"一旦豁然贯通"这并不等于佛家的"顿悟",因为它是在"用力之久"的格物基础上达到的,是由"积累"到"贯通"的认识过程,因而这是含有认识飞跃的合理因素。不过,另一方面,朱熹确也碰到一个难点。因为他的"理一分殊"理论，认为万事万物之理只是太极这一总体之理的分殊。而这个"无人身的理性"，它流行于物中就成为"在物之理"；流行于心中则成为"在己之理"。因此，他所谓"格物致知"，表面上是人的主体作用于客体，但"物之理"与"己之理"都无非是太极之理的"流行"，所以两者之间的"对置"是虚假的，最后还得承认是"心包万理，万理具于一心"（《语类》卷九），那么所谓"一旦豁然贯通"，与陆九渊讲的"心学"就难有所区别了。

本文上面讲到，张载曾提出"闻见之知"与"德性之知"两个认识来源，并将两者割裂开来。朱熹是想弥补这个缺陷，所以提出"欲致吾之知，在即物以穷其理也"。但他又要讲"万理具于一心"，这就使得"即物穷理"与"内心求理"两者之间难以协调，终于无法达到从感性到理性这一科学认识论的发展途径，这是朱熹思想中所难以解脱的矛盾和局限。

本文上面还谈到，张载曾提出天地之性与气质之性的两重人性论，二程和朱熹对这种区分都甚为赞赏。朱熹认为：孟子讲性善，说人性中潜藏着仁义礼智"四端"，这只是说到天命之性，但对恶从何来，由于"不曾说得气质之性，所以亦费分疏（《语类》卷四）。至于荀子主张性恶，"只见得不好底性"（《语类》卷五九），却未能回答善从何来。即是说孟、荀的人性论都各有偏颇，唯有张载、二程阐发的两重人性论，使原来在道德上的善恶归属，上升到从本体论上来解决人性来源问题。因此，朱熹称赞张载对两种人性来源的阐发是"历有功于圣门，有朴于后学"。"故张、程之说立，则诸子之说泯矣。"（《语类》卷四）而天地之性既是天理的流行，因此又被称为义理之性。性即理也，道德论与宇宙论合而为一，儒学哲理化的程度又得到了提高。

总的来说，以政治道德伦理为核心的儒家思想，从先秦孔、孟的人学，汉代董仲舒的神学，到宋明时期占据统治地位的程、朱理学，在思辨性和哲理化的提高方面，确是经历过一个相当长期的历史进程。朱熹是理学的集大成者，朱子学后来传播到日本、朝鲜一带，至今仍有相当影响，在儒家思想哲理化的进程中，他是付出了不懈的努力，使儒学的理论思维水平得到提高。对此，我们要给予应有的历史评价。这也是我写作本文的一点旨意。

# 朱熹理学的历史命运
# 与陈献章的思想关系

朱熹是继孔、孟之后的一代儒学大师，是宋代理学的集大成者，但朱熹的理学亦并非没有受到挑战。对于朱熹思想如何定位，它的历史命运何以彼扬此抑，阴晴不定，是一个值得研究的课题。

人生往往会受到毁誉参半的遭遇，同时思想上也会有各种矛盾。如与朱熹思想有点牵连的陈献章，他一方面不满明初由朱学垄断的拘守学风，但又承认朱熹是吾道的"宗主"。他提倡"贵疑""自得"之学，既为后来黄宗羲所肯定，却又受到张伯行的攻击。可是他身后却得以从祀孔庙，朝廷诏建白沙家祠，并赐联曰"学绍程朱第一支"，认为他仍是朱学嫡传。如何看他与朱熹思想的关系，亦颇堪玩味。

中国儒学传播到宋明时期，总体上是向前发展，但如何评价其历史作用，却颇多歧见。朱熹理学的历史命运及其与陈白沙的思想关系，可能是儒学发展过程中的一段插曲，但我认为对还原朱熹思想的本来面目，及对白沙江门学派如何定位，总体上对评价宋明理学应是有所帮助，这是我写作本文的意旨所在。

## 一

朱熹理学的历史命运，对他生前的个人荣辱，主要由当时帝王的好恶所决定，朱熹在宋孝宗、光宗两朝，虽已成名为儒学大师，任地方官也取得一些政绩，但未直接受皇帝的重用。公元1194年，宋光宗赵惇内禅，新君赵扩继位，有定策之功的赵汝愚为相，首荐朱熹入朝，彭龟年、黄裳等又力加荐举。如黄裳对皇帝说："若欲进德修业，则需寻天下第一人乃可。"（洪本《年谱》）这里把朱熹作为天下第一大儒。彭龟年也说："陛下若招来一世之杰如朱熹辈，方厌人望。"（《玫瑰集》卷九十六，《彭龟年神道碑》卷四十六、卷二十六）正是在这些儒臣推荐之下，朱熹成为众望所归。赵扩此时也为之心动，八月五日，他除朱熹为焕章阁侍制，在告词中对朱熹大加称赞，并申述倚重和渴望之意。

> 朕初承大统，未暇他图，首辟经筵，详延学士。眷儒宗之在外，颁召节以趣归，径登从班，以重吾道。具位朱熹，发六经之蕴，穷百氏之源。其在两朝，未为不用，至今四海，犹谓多奇。擢之次对之班，处以迩英之列，若程颐之在元祐，若尹焞之于绍兴，副吾尊德乐义之诚，究尔正心诚意之说。岂惟慰满于士论，且将增益于朕躬。非不知政化方行，师垣有赖。试望之于冯翊，不如置之本朝；召贾傅于长沙，自当接以前席。慰兹渴想，望尔遄驱。

这篇告词大概对朱熹有点鼓励作用。他观望了几天，决计应召入都。行前门人刘黻曾问他："先生此行，上虚心以待，敢问其道何先？"他颇有信心地回答说：

> 今日之事，非大更改，不足以悦天意，服人心。必有恶衣服、菲饮食、卑宫室之志，而不敢以天子之位为乐，然后庶几积诚尽孝，默通潜格，天人和同，方可有为。（洪本《年谱》）

朱熹入都，既被任命为焕章阁侍制兼侍讲的职务，为皇帝经筵讲书，因此他以"帝王师"的资质，入朝以正君心与"大更改"为己任。朱熹有机会亲自为皇帝讲授经书，似乎是件喜事，可是隐含他晚年最大的悲剧，未知是否他所见及。

朱熹入朝，带着匡正君心的抱负。如上所述，他行道的宗旨，是要造就一个诚厚俭约的君主，以符合天意人心。但其实封建帝王多是骄奢逸乐，任用一些近习小人，赵扩也不例外，他就以韩侂胄为亲信。而朱熹却企图用正心诚意之学以正君心，如在进讲时，对儒家讲"修身为本"这一重要教条，就要求赵扩做到"常存于心，不使忘失"。并强调"存养省察之功，无少间断，则日月常明，而不复为利欲之昏"。他还对赵扩耳提面命，要求事事反思，如："每出一言，则必反而思之曰：此于修身得无有所害乎？每行一事，则必反而思之曰：此于修身得无有所害乎？""必无害也，然后从之；有害则不敢也"。"以至于出入起居、造次食息，无时不反而思之"。（《朱文公文集》卷十五，《经筵讲义》卷三十八，《答李季章》书四）

朱熹进讲后，初时赵扩还表示虚心接受，并褒扬说他"讲明大学之道，庶几于治，深慰于怀"（《玫瑰集》卷九十六，《彭龟年神道碑》卷四十六、卷二十六）。朱熹误认为赵扩是言出必行，对话时就说："愿推之以见于实行,不患不为尧舜之思也。"(《两朝纲目备要》)事后他还以喜悦的心情对门弟子说:"上可与为善,愿常得贤者辅导,天下有望矣!"(洪本《年谱》)

但是,朱熹此时未免高兴得太早,赵扩召他入朝,新君初政,为的是"取天下之人望以收人心"(《玫瑰集》卷九十六,《彭龟年神道碑》卷四十六、卷二十六)。无非作可供利用的装饰品。开初他说一些空洞的说教,还可以故作姿态,褒扬几句,但触及实质问题,赵扩就不能容忍了。如他后来面奏四事,其中第三事论"朝廷纲纪"就不客气地提出批评。

> 今者陛下即位,未能旬月,而进退宰执,移易台谏,甚者方骤进而忽退之,皆出于陛下之独断,而大臣不与谋,给舍不及议。正使实出于陛下之独断,而其事悉当于理,亦非为治之体,以启将来之弊;况中外传闻,无不疑惑,皆谓左右或窃其柄,而其所行,又未尽允于公议乎!

中国封建社会中,虽然实行的是专制君权。但帝王的诏旨正式颁行还有一定程序,如臣下认为不妥的,可以经过审复请君主再作考虑,这是封建政体中对君权的一点约束,虽然作用不大,但专断的君主总觉得不能为所欲为,于是用"内批"的方式,直接下诏给当事人,有点类似后来的手令,就避开审复这个程序。朱熹认为,赵扩进退大臣这样独断专行,并不符合"为治之体"。而且这种"内批"虽出自君主个人,但容易受左右近臣所摆弄。所以朱熹进一步提出,朝廷大政要由大臣公议,而左右则勿预朝政。这里说得更加具体了:

> 而几号令之弛张,人才之进退,则一委之二三大臣,使之反复较量,勿徇己见,酌取公论,奏而行之,批旨宣行,不须奏覆。但未令尚书省施行,先送后省审复,有不当者,限以当日便行缴驳。如更有疑,则诏大臣与缴驳之官当晚入朝,面议于前,互相论难,择其善者,称制临决。则不惟近习不得干预朝政,大臣不得专任己私,而陛下亦得以益明习天下之事,而无所疑于得失之算矣。

朱熹这番奏对,明确要赵扩遵守封建治体,要做到近习不得干预朝政,大臣不得专任己私,君主也要"酌取公论"。特别对审复有不同意见,可以入朝面议,"互相论难",做到"择其善者"才决定实施。但这样一来,君主就不能独断专行,近臣也就不能干预朝政,当然为赵扩和韩侂胄所不能容忍,朱熹最反对"内批",而赵扩偏要使用这件武器,借口说:"朕悯卿耆艾,方此隆冬,恐难立讲,已除卿宫观,可知悉。"这样轻带一笔,就客气地把朱熹逐出国门,他入朝46日,欲致君为尧舜的"帝王师"理想也就熄灭了。

## 二

朱熹被逐出国门,就回到武夷讲学,而他的同道亦同样处境不妙,如刚直敢言的陈傅良、彭龟年、刘光祖、吴猎等人相继被逐出朝,接着,道学党首领赵汝愚罢相,在流放中含愤而死,支持朱熹的势力全部失败。

韩侂胄既扳倒赵汝愚,接着就想迫害朱熹,把他提倡的道学说成是伪学。先由刘德秀借春试大比机会,上了一道奏疏,说"二十年来,士子狃于伪学","专习语录诡诞之说","以滋其盗名欺世之伪"。(《宋会要辑稿·选举·贡举杂录》)接着朱熹和其他理学家被称为"伪徒",著作亦遭到禁毁。还有胡纮奏劾朱熹六大罪状,甚至诬称赵汝愚"谋为不轨",招致朱熹为"奸党",倚为"腹心羽翼";在汝愚身后,"犹为死党"。其实胡纮之流才是韩侂胄的死党,他诬陷赵汝愚连带朱熹,无非要转成政治上的迫害。更有个趋炎附势之徒叫余哲的上书请斩朱熹,一时带有狂风暴雨之势。由于要说朱熹谋反,当然找不到什么根据,但反道学的势头仍不断升级,如刘三杰向皇帝面奏,指称:"伪学之党,变为逆党,防之不可不至!"于是效法元祐党籍故伎,由朝廷开列出一份59人的伪逆党籍。除宰执4人:赵汝愚、留正、王蔺、周必大外,侍制以上就以朱熹为首,凡列名党籍的,给予终身禁锢,永不叙用。这就是历史上有名的庆元党禁。

在这种恶劣的政治气氛下,朱熹还是处变不惊。虽然他一方面看到"亲旧凋零","气象极觉萧索",不免有点伤感;但同时对"吾人往往藏头缩颈,不敢吐气"的情况,认为"甚可笑也"(《朱文公文集》卷十五,《经筵讲义》卷三十八,《答李季章》书四)。这个"吾人"大概指他的同道中人,有的名列党籍而感到害怕,而朱熹却安然不动。当有弟子劝他避祸时,他回答说:"如某辈皆不能保,只是做将去,事到则尽付之。人欲避祸,终不能避。"又说:"今为避祸之说者,固出于相爱,然得某壁立万仞,岂不益为吾道之光。"(《朱子语类》卷一〇七,《内任》丙辰后杂记言行)对政敌的迫害,既然避无可避,与其藏头缩颈,不如横眉冷待,才表现出"吾道之光"。这正是朱熹为人光明磊落之处。

朱熹当时所以不怕祸害,因他自信道学是正确的。他说:"某又不曾上书自辨,又不曾作诗谤讪,只是与朋以讲习古书,说这道理。更不教做,却做何事!"(同上书)他认为并无谤讪朝廷,只是讲习古书中圣贤的道理,这有什么错处!据此他说:"古人刀锯在前,鼎镬在后,视之如无物者,盖缘只见得这道理,都不见那刀锯鼎镬!"又说:"某今头常如黏在颈上",但"自古圣人未尝为人所杀。"(同上书)

上面朱熹的对话,都是他的门徒记录下来的,在《语类》中标明在《丙辰后》。丙辰是宋宁宗赵扩庆元二年(公元1196年),当时是"伪学"之禁最严酷的年代,"诸权臣之用事者,睥睨不已",大概把朱熹作为重点监管对象。所以使他感到"某(自称)今头常黏在颈上",似乎有随时被杀的危险。但他又认为真理在自己一方,即使"刀锯在前,鼎镬在后",也可以视同无物,并且自信不会为人所杀。在他生命的最后6年虽受党禁在家,但从他所写的《水调歌头》,仍可看到他的心境和抱负。

富贵有余乐,贫贱不堪忧。谁知天道幽险,倚伏互相酬。请看东门黄犬,更听华亭清唳,千古恨难收。何似鸱夷子,散发弄扁舟。

鸱夷子,成霸业,有余谋。收身千乘卿相,归把钓鱼钩。春昼五湖烟浪,秋夜一天云月,此外尽悠悠。永弃人间事,吾道付沧州。

这里沧州是指沧州精舍,是朱熹晚年授徒讲学之地。当时虽有人"或劝先生散了学徒,闭户省事以避祸者"。即是劝他保持静默,不要再讲学。他就说"其默足以容"的理解,"只是不去击鼓鸣冤,便是默,不成屋下合说底话亦不敢说也!"他认为所谓语默,可以不去外面大喊大叫,并非在家中应讲的话亦不敢讲。也有人劝他"当此之时,宜略从时"。即要他讲一些顺应时势的话,以求避祸。他回答说:"但恐如草药,锻炼得无性了,救不得病耳!"(《朱子语类》卷一〇七,《内任》丙辰后杂记言行)

朱熹晚年虽遭逢党禁,但坚持讲学不辍。他讲学是直道而行,不能为避祸而曲学阿世。他在去世前4天,和学生讲过一段话:"为学之要,惟在事事审求其是,决去其非,积累日久,心与理一,自然所发皆无私曲,圣人应万事,天地生万物,直而已矣。"他另处又说:"学者功夫只求一个是。天下之理,不过是与非两端而已,从其是则为善,徇其非则为恶。""所谓道,不须别处去寻,只是这个道理","事事理会得个是处,便是道也。"(《朱子语类》卷十三,《力行》)朱熹讲学传道,就是明辨是非,坚持正理,也就是要讲真话。富贵不能淫,贫贱不能移,威武不能屈,他在实践中表现出能坚持气节的高尚品德。

朱熹因为对皇帝直言讲真话,被排挤、受迫害,戴着伪逆党人的帽子以终其身,应该说成为盖棺论定而难以翻案。但颇为奇怪的是,在他身后10年,即在嘉定二年(公元1209年),当时仍是赵扩做皇帝,而朱熹却得赐谥曰"文",被尊为朱文公。到宋理宗宝庆三年(公元1227年)被赠太师,追封信国公。绍定三年(公元1230年)改封徽国公。淳祐元年(公元1241年)从祀孔庙。咸淳五年(公元1269年)度宗诏赐婺源朱氏故居称为"文公阙里"。到元代至元元年(公元1335年)诏建朱熹文庙。明代景泰六年(公元1455年),朱熹后裔还得到世袭翰林院五经博士,同时推行祭朱制度。清代康熙五十一年(公元1712年),朱熹升入配祀孔庙"十哲"之列,得到皇帝的很高赞誉,特别是由朱廷梅写的《重修文公庙暨使丰斋词记》中,对朱熹的歌颂到了顶点。

百世之下,使百世以上之大道昭如日月,沛若江河,微朱子,孰与归?故曰:朱子者,孔孟后一人也。朱子之道,既上接孔孟,下轶周程,则朱子者,天下之朱子也,万世之朱子也。

依上所述,朱熹及朱学的历史命运何以前后大不相同?其实说穿了也没有什么奇怪。因为宋明理学以至朱熹的思想都是尊君的,所以这些封建帝王推崇朱熹无非借此以维护他们的统治。至于朱熹晚年所以遭受党禁之祸,由于他当面批评赵扩独断专行和偏信近习之臣,这却是专制帝王和近习权臣所不能容忍的。正如赵扩所说:"初除朱熹经筵尔,今乃事事欲与闻。"又说:"朱熹所言,多不可用。"在赵扩心目中,用朱熹讲点经书作摆设是可以的,但要干预皇帝的言行那就不可用了。至于到朱熹身后情况又是不同,因为他不会再进逆耳忠言,而尊君的理学教条又可以大加利用。同时,赵扩任用韩侂胄的失败,此时为朱熹平反也想借以收拾人心。后来朱熹的地位不断升温,无非他尊君思想的一面适应封建统治者的需要。但这样一来,朱熹直道而行,惹来了生前的祸患;而他维护封建纲常的忠君思想,在他身后又为统治者所利用,成为被批评的替罪羊,这可以说是中国知识分子从历史上就形成悲剧的命运。

## 三

朱熹理学在明清时代成为官方的统治思想,所起到的历史作用主要为当时的封建专制主义服务。明成祖永乐十三年(公元1415年)修成《五经大全》《四书大全》《性理大全》三部史书,这标志着明初朱学统治地位的确立。明成祖朱棣为什么急于修成这三部大全,他在御制序说得很清楚。他要"以道治天下",而"所谓道者,人伦日用之理,初非有待于外也"。这里所谓"道"就是维护封建统治的纲常伦理,并非只倚靠外在规范,还需要内心的认同,就是要从思想上服从纲常伦理,避免出现"人之心术不正,而邪说暴行侵寻蠹害"的现象,做到"使家不异政,国不殊俗",大家的思想得到统一。编写这三部大全的作用,胡广、杨荣等的进书表里也说,这些书颁布天下之后,就会使"人皆由于正路,而学不惑于他歧。家孔孟而户程朱","佩道德而服仁义",从而达到"以斯道维持世教"的目的,说到底是有利于封建社会秩序的稳定。

我们知道,儒家的内圣外王之道,从正心、诚意、修身、齐家,到治国、平天下,在这一系列程序中特别是修身一条,自天子以至庶人都应该遵守,并且还要正己正人,以身作则,处在领导地位的人,对这方面的要求更为重要。当朱熹以"帝王师"的姿态入讲经筵时,如本文前面所述,入朝以"正君心"与"大更改"为己任,要造就一个以尧舜为目标的仁德之君。他反对赵扩独断专行和任用近习,认为不符合封建治体而要重整朝廷纲伦。朱熹这种言行才是他思想中的积极面。但后来的统治者只利用他尊君的一面,只要求下面臣民遵守封建纲常道德,将程朱理学作为"一道德而同风俗"的标准。明代科举用八股取士,代圣贤立言,必须以朱学传注为依据,否则就被斥为"杂览"而非"正学",这种垄断不但在社会上带来负面影响,同时亦扼杀学术生机。对此,顾炎武曾批评说:"自八股行而古学弃,《大全》出而经说亡。"(《日知录》卷十八"书传会选"条)

明初朱学统治地位的确立,当时皇帝为维护理学的权威,还不许人家反对宋儒。据《明史·成祖本纪》载:永乐二年"秋七月壬戌,鄱阳民进书毁先贤,杖之,毁其书。"另据陆陇其《问学录》引明朝郑晓《吾学编》,及陈建《学蔀通辨》终篇下引《皇明政要》亦有记载:讲有朱季友其人，由于他进献所著书中有诋斥宋儒的地方，于是皇帝下令将他逮捕，杖责后并烧毁他家中所著书，用行政手段压制学术上的不同意见。

正是在这种政治气氛底下，明初的学者尽皆崇奉朱学。如被推为开国文臣之首的宋濂，他所写的《理学纂言》序，其中说到自孟子死后"大道晦暝"，经过1000多年，"天生濂、洛、关、闽四夫子，始揭白日于中天，万象森列，无不毕见，其功固伟矣。而集其大成者，唯考亭朱子而已"。考亭就是朱熹，宋濂将宋儒直接承传孟子，而以朱熹集其大成，从而肯定朱学的崇高地位。

由于明初程朱理学已成为官学，反而束缚了人们的思想，阻碍学术的发展。如薛瑄就曾经说："自考亭以还，斯道已大明，无烦著作，直须躬行耳。"（《明史》本传）他认为到了朱熹，学问之道已经非常明白，后人更无需著书立说，作进一步研究，只要照着行事就是了。又如，吴与弼也是朱学信徒，他在《日录》中自称常常梦见孔圣人和朱熹。（《康斋先生集》卷一）他对朱熹所编《伊洛渊源录》，自谓读后"睹道统一脉之传，不觉心醉"，"于是思自奋励，窃慕向焉，而尽焚当时举子文字，誓必至乎圣贤而后已。"（《康斋文集》卷十二，《跋伊洛渊源录》）他曾应诏赴京，归途中还绕道赴闽拜朱熹墓，"以申愿学之志"（《明儒学案·崇仁学案一》）。对朱学可谓极端崇奉。由于他平日读书，除《四书》《五经》和洛、闽语录外，其余甚少注意，故虽然"治学勤奋"，做到"身体力验"，"出入作息，刻刻不忘"，但除修身自己学做圣贤外，所学并无安民治国之方，所以在他辞官返乡前，向英宗上"崇圣志""广圣学"等10事，内多以往"圣贤格言"，没有审时度势提出有效的良策。后来，朱派学者罗钦顺对他的学问曾加以评说："吴康斋之志于道，可谓专且勤矣，然所得之浅深，无可考见，观其辞官后疏陈十事，皆组织圣贤成说，殊无统纪。"这是说，吴与弼虽然专心勤奋来求道，但他的学问有多深，却难以考定。因为看不出他自己的见解，疏陈十事只能拼凑一些圣贤讲过的话，所以对如何治国提不出系统和有效的办法。实际上将他看成是个空疏的迂儒。他们只会背诵圣贤成说和一些空洞的语录教条，却没有处理实际问题的能力，而程朱以来提倡"即物穷理""博学审问"的功夫，在这些迂儒身上也难以找到了。

在历史上凡是一个学派的思想观点，到占据垄断地位的时候，往往变得拘守和僵化，禁锢人们的思想，同时亦妨碍着自身学派思想的发展。明初程朱理学正是处在这种地位。在这种情况下，必须有人出来打破停滞局面，学术发展才能出现生机。从明代儒学的流变看来，正是符合这样的发展规律。如《明史·儒林传序》中说道：

> 原夫明初诸儒，皆朱子门人之支流余裔，师承有自，矩矱秩然。曹端、胡居仁笃践履，谨绳墨，守先儒之正传，无敢改错，学术之分，则自陈献章、王守仁始。宗献章者曰江门之学，孤行独诣，其传不远。宗守仁者曰姚江之学，别立宗旨，显与朱子背驰，门徒遍天下，流传逾百年，其教大行，其弊滋甚。嘉（靖）隆（庆）而后，笃信程、朱，不迁异说者，无复几人矣。

《明儒学案·莫晋序》也说：

> 明初，天台滆池椎轮伊始，河东、崇仁风教渐广，大抵恪守紫阳（朱熹）家法，言规行矩，不愧游、夏之徒，专尚修不尚悟，专谈下学不及上达也。至白沙（陈献章）静养端倪，始自开门户，远希曾点，近类尧夫，犹是孔门别派。自阳明倡良知之说，即心是理，即知是行，即功夫是本体，直探圣学本源。前此诸儒，学朱而才不逮朱，终不出其范围，阳明似陆而才高于陆，故可与紫阳并立。当时若东廓主戒惧，双江主归寂，念庵主无欲，最称新建（王守仁）功臣。即甘泉体认，见罗止修亦足互相表里，迨蕺山提清诚意，约归慎独，而良知之学，益臻实地，不落虚空矣。

从上面两段叙述看来，打破明初谨守朱学正传局面的是陈献章，也可以说他是阳明学的先导。黄宗羲在所写《明儒学案》的《白沙学案》，在小序的开头就说："有明之学，至白沙始入精微"，"至阳明而后文"。在介绍到白沙的学术思想时，在学案中还作了比较全面的评价。

> 先生之学，以虚为基本，以静为门户，以四方上下往古来今，穿纽凑合为匡郭，以日用常行分殊为功用，以勿忘勿助之间为体认之则，以未尝致力而应用不遗为实得。远之则为曾点，近之则为尧夫，此可无疑者也。故有明儒者，不失其矩矱者，亦多有之。而作圣之功，至先生而始明，至文成而始大。向使先生与文成不作，则濂洛之精蕴，同之者固推见其至隐，异之者亦疏通其流派，未能如今日也。

这里黄宗羲两处将白沙与阳明联系起来，并认为是阳明思想的先导。宗羲出身于王门后学，既认为陈、王"两先生之学，最为相近"，故对白沙思想有所认同，并给予正面肯定的评价。至于清人对白沙学术论断却大有分歧。如前面所引《明史·儒林传序》和《明儒学案·莫晋序》，只是说白沙从朱学正传走向"学术之分"，或是说他"始自开门户"，但承认他仍是"孔门别派"。这是比较客观公允的说法。至于贬斥白沙的则以严守朱学立场的清初理学家张伯行为代表，他认为"自程、朱后，正学大明。中经二百年无异说，阳明、白沙起而道始乱"（《正谊堂文集》卷九）。这里肯定程、朱才是"正学"，阳明、白沙是倡"异说"的乱道之人，是颇有点斥为名教罪人的味道了。

从上面对白沙学术的评价看，无论是正面还是负面，都认为他不是朱学的正传，甚至是背离了朱学。但值得研究的是，在白沙生前并没有人说他有违名教，相反却得到"真儒复出"的称誉，这是由于他39岁时曾赴京游学，祭酒邢让试以和杨龟山《此日不再得》诗，因而被人看重。白沙在其和诗之中，全面表述了程朱理学的正宗思想。他称朱熹为"吾道"之"宗主"，而且其思想实质如义利观、理欲观以及坚决维护封建道德纲常的立场，诗中都有明确表述。虽然他也强调方寸之心的作用，但认为善端要经过日渐的培养，道德也要有个培育过程。这与朱熹在《大学补义》中讲的，只要"用力之久，而一旦豁然贯通"，则"吾心之用体大用无不明"，可以说与这种精神是符合的。邢让看了和诗，大为惊异，说是"龟山不如也"，明日言于朝"以为真儒复出"。于是"一时名士如罗伦、章懋、庄泉、贺钦辈，皆乐从之游"。（《年谱》，《陈献章集》第810、832、863页）自是名重京师。

白沙55岁时，被广东左布政彭韶推荐，说"献章醇儒，乃未见收用，诚恐国家坐失为贤之宝"。翌年，白沙应召入京。"到京时，公卿大夫日造其门数百，咸谓圣人复出。"司寇林俊且"日与讲学有得"。但主管人事的吏部尚书尹旻却故意为难，"令试吏部"。于是"献章称疾不试，乞归奉母"，"自是屡荐不起"（同上书）。白沙不向权贵折腰，而坚持他"山林朝市一也"的素志，这才是真儒本色。他晚年也以授徒讲学终老，不过他没有像朱熹那样受迫害。

白沙身后也像朱熹那样，受到朝廷的封赠虽然距离时间比较长，他去世于弘治十三年（公元1500年），到万历二年（公元1574年），才诏建白沙家祠，特赐额联并祭文肖像。祠中赐额曰：崇正堂。联曰："道传孔孟三千载，学绍程朱第一支。"同时还命翰林院撰文致祭。

恭维先生五岭秀灵，潜心理学。宗濂洛之主静，弄月吟风；接洙泗之心传，鸢飞鱼跃。孝友出处，昭在当时；懿范嘉言，垂于后世。洵一代醇修，足为儒林矜式者也。朝廷重道，致祭于祠，灵明不昧，庶其来歆。（同上书）

从上面朝廷诏建家祠及所赐额联祭文等内容来看，正式承认了白沙是孔孟、程朱的传人，是为道学正宗、儒林法式。到万历十三年，朝廷还下诏白沙入祀孔庙，得到官方认可的圣徒地位。

本文所以从朱熹理学的历史命运谈到陈白沙的思想，主要想说明宋明儒学及其某些代表人物的思想如何定位的问题，在历史评价上为何会出现各种矛盾，有什么作用和影响，有无规律可循，这些问题都值得探索。

朱熹和陈献章在儒学中的地位当然并不相同，朱熹集宋代理学的大成，陈献章是明代王学的先导，从这个角度看都有一定的代表性。两人的思想实质，在维护封建纲常方面，都是站在坚定的立场，这是他两人身后能入祀孔庙和得到朝廷褒奖的原因。但两人在官学中的地位和社会影响毕竟不同，特别是朱熹通过科举更是处在官学中的垄断地位。这一方面使儒学的发展出现停滞，同时维护封建纲常在社会上带来负面影响。后来，从颜元、戴震批判"以理杀人"，到"五四"运动反对"吃人"礼教，朱熹就成为受批评的对象。白沙虽是创建了江门学派，但他受朝廷征召未成，既未因为要"正君心"而召来祸患，而维护纲常名教的作用亦不像程朱理学有那么大的社会影响，所以近代以来反对封建儒学对他也没有触及。同时，由于他主张为学"贵疑"和寻求"自得"，反对把圣贤经传当作教条，打破明初守朱学正传而无敢改错的局面。虽然他被张伯行指为乱道之人，但这种独立思考、自成家派的风格，反而受到后人的重视。

据此，我认为宋明儒学的发展是复杂而曲折的，各学派的历史命运和遭遇亦不尽相同，是受到主客观条件所制约，在评价上亦受到不同时期政治气氛的影响。所以，要做到知人论世，在学术评价上就要作出各种分疏。如朱熹在哲学上对孔孟儒学的哲理化进程作出很大贡献，他主张为学要"事事审求其是，决去其非"，在"正君心"时直道而行，博学、审问、慎思、笃行，这些思想作风，表现在政治教育方面，应该都是可取的，至于他维护纲常名教，造成"以理杀人"的客观效果，虽然有被封建统治者利用而成为替罪羊的一面，但他主张"主有狱讼，必先论其尊卑"，"而后听其曲直"（《朱文公文集·戊申延和奏札一》）的观点，也当然应该受到非议。因为理学家们先有这些思想观点，统治者才能加以利用，如果把程、朱等人也说成是受害者，就不够公允了。至于对陈献章，他治学不喜欢抄袭古人，不依傍哪一家的门户，主张直抒胸臆，契合自然。他这种"学贵乎自得"，倡导比较自由开放的学风，在宋明儒学史上的地位，近年来是得到较高的评价。但他的"作圣"，即完成儒家的伦理道德修养，维护封建纲常名教，与程朱理学并无大差别。不过，白沙学说开始了明代学术局面由初期朱学向中后期心学风靡的转变，在儒学发展史上还是作出了应有的贡献。

# 岭南江门学派在宋明理学及中国传统文化中的历史地位

由陈白沙、湛甘泉创立和承传的江门学派，在宋明理学中自成一家，在岭南文化史上占据重要地位。但对其学术思想的评价及在历史上所起的作用，前人的看法多有分歧，现拟通过对这个问题的研究，从一个侧面看岭南文化在我国传统文化中的地位。

## 一

对明代各学派思想的评价，黄宗羲编写的《明儒学案》是一部比较权威的著作。书中立有《白沙学案》，开头一段"按语"，可以算是对白沙创立的岭南江门学派的总评：

有明之学，至白沙始入精微。甚喫紧功夫，全在涵养，喜怒未发而非空，万感交集而不动，至阳明而后大。两先生之学，最为相近，不知阳明后来从不说起，其故何也？薛中离，阳明之高第弟子也，于正德十四年上疏请白沙从祀孔庙，是必有以知师门之学同矣。罗一峰曰：白沙观天人之微，究圣贤之蕴，充道以富，崇德以贵，天下之物，可爱可求，漠然无动于其中，信斯言也。故出其门者，多清苦自立，不以富贵为意，其高风之所激，远矣。

黄宗羲这段总评，指出明代的学术思想，到白沙开始进入"精微"阶段，再到王阳明才加以发扬光大，所以肯定两人之学"最为相近"。虽然阳明没有提过白沙，但他的弟子薛中离却上奏皇帝请以白沙"从祀孔庙"，即承认与阳明之学是同道中人。宗羲还称赞白沙的道德品格，不强求富贵而造就一代"高风"，为世人所景仰。对白沙的学术成就和地位，宗羲概括说：

先生之学，以虚为基本，以静为门户，以四方上下往古来今，穿纽凑合为匡郭，以日用常行分殊为功用，以勿忘勿助之间为体认之则，以未尝致力而应用不遗为实得，远之则为曾点，近之则为尧夫，此可无疑者也。故有明儒者，不失其矩矱者亦多有之，而作圣之功，至先生而始明，至文成而始大。向使先生与文成不作，则濂洛之精蕴，同之者固推见其至隐，异之者亦疏通其流别，未能如今日也。

这里，宗羲概括白沙的学术成就，归结到"作圣之功"，上承濂（周敦颐）、洛（程颢、程颐）之"精蕴"，下启阳明以大成，即承认白沙在正统儒学中的地位。

关于白沙在儒学中的正统地位，在宗羲之前官方似已认可，如在万历二年（1574），朝廷就诏建白沙家祠，赐额曰："崇正堂"，对联曰："道传孔孟三千载，学绍程朱第一支。"并特命翰林院撰写祭文：

恭惟先生五岭秀灵，潜心理学，宗濂洛之主静，弄月吟风；接洙泗之心源，鸢飞鱼跃。孝友出处，昭在当时；懿范嘉言，垂于后世。洵一代醇修，足为儒林矜式者也。朝廷重道，致祭于祠，灵明不昧，庶其来歆！（《陈献章集》933页）

这里写的当然是官样文章，不过意思是明确的，白沙所行"道"是为朝廷所重视，因为它所维护的是封建道德纲常。对此，白沙在《和杨龟山此日不再得韵》诗中也说得很清楚：

吾道有宗主，千秋朱紫阳。说敬不离口，示我入德方。义利分两途，析之极毫芒。圣学信匪难，要在用心臧。善端日培养，庶免物欲戕。道德乃膏腴，文辞固秕糠。……顾兹一身小，所系乃纲常。枢纽在方寸，操舍决存亡。胡为谩役役，斫丧良可伤，愿言各努力，大海终回狂！

白沙在诗中承认朱熹是吾"道"的宗主，并肯定道义高于利欲，实质上要维护的是封建纲常。但人们能否做到，却决定于自身方寸之心。这是白沙在京师复游太学时应祭酒邢让之命试和此诗，邢让见后大惊说："龟山不如也。"于是上言朝廷，"以为真儒复出"。自是白沙名震京师，一时名士如罗伦、章懋、庄昶等皆乐从之游，贺钦还执弟子礼。时为成化二年（1466），白沙年39岁。（《陈献章集》第809—810页）到成化十八年（1482），白沙年55岁。广东左布政彭韶上疏荐于朝，称之为"醇儒"。彭韶并赠诗曰："白沙陈夫子，抱道真绝奇。林间三十载，于学无不窥。术周才亦足，知崇礼亦卑，珠玉虽固阂，山水自含辉。声名满四海，荐牍遂交驰。"（《陈献章集》第823、825页）

以上所述，白沙在生前到身后，作为孔孟程朱的传人，在儒学中居于正统地位，似已得到认可，特别在万历初年，得到"从祀孔庙"的殊荣

(《明史·陈献章传》），而为人所传颂。

但是，对白沙思想的评价及其历史作用，并非官方一纸诏书所能论定；同时，评价的标准和角度不同也会产生差异。如黄宗羲在《明儒学案·师说》对白沙案语中就说：

> 先生学宗自然，而要归于自得。自得故资深逢源，与鸢鱼同一活泼，而还以握造化之枢机，可谓独开门户，超然不凡。至问所谓得，则曰静中养出端倪。向求之典册，累年无所得，而一朝以静坐得之，似与古人之言自得异。孟子曰："君子深造之以道，欲其自得之也"。不闻其以自然得也，静坐一机，无乃浅尝而捷取之乎？
>
> 今考先生汀学诸语，大都说一段自然功夫，高妙处不容凑泊，终是精魂作弄处。盖先生识趣近濂溪，而穷理不逮；学术类康节，而受用太早。质之圣门，难免欲速见小之病也。似禅非禅，不必论矣。

黄宗羲对白沙以自然为宗的"自得"之学，称其"独开门户，超然不凡"，可谓评价甚高；但操作上"一朝以静坐得之"，却不以为然，讥之为"浅尝而捷取"，"难免欲速见小之病"。当时有指白沙之学为"禅"，宗羲曾为之辩解，谓"先生之学，自博而约，由粗入细，其于禅学不同如此"。罗文庄说："近世道学之昌，白沙不为无力；而学术之误，亦恐自白沙始。"宗羲亦为之申辩说："缘文庄终身认心性为二，遂谓先生明心而不见性，此文庄之失，不关先生也。"(《明儒学案·白沙学案》）看来宗羲的评价还是比较公允，但朝廷祭文，称白沙之学宗主静而接心源，虽符合白沙思想实际，却实非程朱理学本色。由是其后对白沙学术思想评价产生较大分歧，实肇基于此。

黄宗羲评价白沙学术，基本上是站在王（守仁）门后学的立场，故以肯定为主。到清初由于王学末流的空疏为人所诟病，朱学在朝廷中仍居统治地位。清人所写的《明史》，是站在朱学立场说话的，所以也看出从白沙到阳明背离朱学的学风。

> 原夫明初诸儒，皆朱子门人之支流余裔，师承有自，矩矱秩然。曹端、胡居仁笃践履，谨绳墨，守先儒之正传，无敢改错。学术之分，则自陈献章、王守仁始，宗献章曰江门之学，孤行独诣，其传不远。宗守仁者曰姚江之学，别立宗旨，显与朱子背驰，门徒遍天下，流传逾百年，其教大行，其弊滋甚。嘉（靖）、隆（庆）而后，笃信程朱，不迁异说者，无复几人矣。(《儒林传序》）

《明史》这段话，将白沙与阳明放在同一思想流派，与宗羲说法相近。但明确提出明初诸儒皆崇奉朱学，所谓"学术之分"，就是对朱学的背离，是从陈白沙开始。其后经由王阳明的传播，"其教大行，其弊滋甚"，这仍就朱学的立场说话，但这里主要是针对阳明，而认为江门之学是"其传不远"，不过白沙与阳明并列，已承认他在明代开始背离朱学的历史地位。

《明史》对白沙、阳明的学术评价，虽指出白沙首开明中叶背离朱学风气之先这一事实，但对他自身尚无贬义。可是清初笃信朱学的张伯行却极力指斥阳明、白沙。他声称"自程朱后，正学大明，中经二百年无异说，阳明、白沙起，而道始乱"（《论学》《正谊堂文集》卷九）。这里将白沙说成是违背"正学"的乱"道"之人，这就将白沙学术思想看作异端邪说了。

清人编《四库全书》，对《白沙集》所写提要，似乎摆出较客观的评述："史称献章之学，以静为主。其教学者，但令端作澄心，于静中养出端倪，颇近于禅，至今毁誉参半。其诗文偶然有合，或高妙不可思议，偶然率意，或粗野不可响尔，至今毁誉亦参半。"最后借鉴王世贞的议论，得出结句说："虽未可谓之正宗，要末可谓非豪杰之士也。"这里虽未许白沙为儒学正宗，但不能不承认他是个豪杰之士，这样评价亦颇值得我们玩味。

在白沙各弟子中，后来成就最大的是湛甘泉，故合称为陈、湛理学。甘泉与阳明同时，他比阳明年长6岁，但比阳明后死30年，享年95岁（1466—1560）。

甘泉与阳明生前是好友，在学术上既互相问难，又是分庭抗礼，各不相下。黄宗羲在《明儒学案·甘泉学案》中说：

> 先生（指甘泉）与阳明分主教事。阳明宗旨致良知，先生宗旨随处体认天理。学者遂以王、湛之学，各立门户，其间谓之调停者，谓天理即良知也，体认即致也，何异何同？然先生论格物，条阳明之说四不可，阳明亦言随处体认天理为求之于外，是终不可强使合也。

这里，宗羲看出王、湛两家学术思想分歧的关键所在。同时在这个分歧的问题上，指出双方各执己见，互相辩难，使居间调和者也难以成功。但黄宗羲承认王、湛两家是各立门户，各行其道，表明湛甘泉在当时学术上仍保持独立地位，成为白沙江门学派的强劲后继。

## 二

以上所引前人对陈、湛理学的评价，无论是毁是誉，都得承认他们在学术上是自立宗旨，自成一家。白沙创立的江门学派，是岭南文化中的一条重要支柱，他主张为学"贵疑"，形成"学贵乎自得"和"以自然为宗"的思想体系，不但对岭南思想界的开放作出贡献，同时对国内思想界也带来了影响。

白沙为学并非不要读书，但反对那种食而不化的读死书。首先他意识到古往今来留下的书籍太多，谓："自炎汉迄今，文字记录著述之繁，积数百千年于天下，至于汗牛充栋，犹未已也。"那么，面对这样多的书本，应该如何学习？他认为孔子之学是做人，而"后之学者，记诵而已耳，词章而已耳"，只会背书和写文章，至于如何做人，"固懵然莫知也"。何以会产生这种情况？"载籍多而功不专，耳目乱而知不明，宜君子之忧之也。"为此，他提出："《六经》，夫子之书也；学者徒诵其言而忘味，《六经》一糟粕耳，犹未免于玩物丧志。"（《道学传序》）

从白沙这番议论，使人想起后来李贽对《六经》《（论）语》《孟（子）》的评论。李贽认为，这些被称为圣人经传，只是"其迂阔门徒，懵懂弟子，记忆师说，有头无尾，得后遗前，随其所见，笔之于书"，因此他怀疑"其大半非圣人之言"。退一步说，即使"出自圣人，要亦有为而发，不过因病发药"，以救助其弟子门徒，岂能"以为万世之至论"？因此，李贽认为《六经》《语》《孟》，后来变成为"道学之口实，假人之渊薮"（《焚书·童心说》）。白沙虽然没有那样偏激，但他确是反对将《六经》当作教条，如果只是死记硬背而不会消化吸收，那么圣人的经书也就成为一堆糟粕。当然，白沙亦非无缘无故发此议论，这是他自身为学的体会。下面是自述为学的经过：

> 仆才不逮人，年二十七始发愤从吴聘君（与弼）学。其于古圣贤垂训之书，盖无所不讲，然未知入处。比归白沙，杜门不出，专求所以用力之方。既无师友指引，惟日靠书册寻之，忘寝忘食，如是者亦累年，而卒未得焉。所谓未得，谓吾此心与此理未有凑泊吻合处也。于是舍彼之繁，求吾之约，惟在静坐，久之，然后见吾心之体隐然呈露，常若有物。日用间种种应酬，随吾所欲，如马之御衔勒也。

体认物理，稽诸圣训，各有头绪来历，如水之有源委也。于是涣然自信曰："作圣之功，其在兹乎！"（《复赵提学佥宪》《陈献章集》第145页）

白沙这段话说得很清楚，但也有点神秘。他闭户读书多年，对圣贤垂训无所不讲，但内心没有收获；反而经过静坐之后，内心才与外物相通，这种体会有点近于顿悟，故有人称之为"禅"。按照我的理解，白沙思想可能受到禅宗思想影响，但静坐所得是不同于顿悟。因为禅宗是主张不立文字，并否认外界事物的存在，本来无一物，内心无需与外物相通，凭顿悟就可以成佛。白沙并非不读书，而是过多太繁，变得泛览无归，找不到头绪。他说的"静坐"，是要冷静下来作独立思考，作的是"自博而约"功夫。前面提到，黄宗羲也认为与禅学不同。白沙的静坐，是要使得内心与外物相通，"体认物理""随吾所欲"，在发挥人的主观能动性中寻求事物的原委，使认识能进一步深化。所以白沙的静坐，是以读书博学为前提。加上他主张"学贵知疑"。在读书行事时遇到问题，敢于提出疑问，这样才能有进步，开动脑筋去思考。所谓"小疑则小进，大疑则大进。疑者，觉悟之机也"。其实白沙是沿着博学、审问、慎思的路子去认识事物，静坐并非不思考问题或是流于空想。

由于白沙对学问的"自得"，不受圣贤经传教条和程、朱那套烦琐经注的束缚，提倡个人独立思考，因而他反对当时那种"标榜门墙"的学风。他认为"人与天地同体，四时以行，百物以生"，自然界是独立运转永不停滞的。因此他主张"学者以自然为宗，不可不着意理会"。而今之学者却"各标榜门墙，不求自得，诵说虽多，影响而已"（《与湛民泽》，《陈献章集》第192—193页）。

白沙提倡"以自然为宗"的"自得"之学，主张要生动活泼地学习，反对因袭教条和思想僵化。他在给学生湛甘泉的诗中，曾作过相当形象化的描述。

于维圣训，先难后获。天命流行，真机活泼。水到渠成，鸢飞鱼跃。……万化自然，太虚何说？绣罗一方，金针谁掇？（《示湛雨》，《陈献章集》第278页）

白沙这首诗，内容并非单纯对自然界的描绘。"水到渠成，鸢飞鱼跃"，指的是万化自然的景象。水阔凭鱼跃，天高任鸟飞，这种自然生态，确使人有天机活泼、生意盎然的感受。白沙以此来形容治学的思想境界，会给人带来一种纵横云海、自由奔放的清新气息。白沙作为治学的启示，要把能绣出鸳鸯的金针授给学生，但不规定具体形象，而是教人按照"真机活泼"的"万化自然"行事，在绣罗一方任各人绣出自己的鸳鸯，这种比喻就是对学生进行启发式的诱导。

白沙教导学生，并不是老师说了算，相反他鼓励学生要有自己的见解，为此他写了一首很有风趣的小诗，标题是《赠陈生秉常》。

我否子亦否，我然子亦然，然否苟由我，于子何有焉？

这首小诗文字是显浅明白，但寓意却相当深刻，且富有幽默感。老师说对时学生就说对，说不对时也跟着说不对，对与不对老师说了算，做学生的能有什么收获呢？白沙教导人，确是保持这种作风，即尊重各人的"自得"。如他与李世卿曾朝夕相处，"凡天地间耳目所闻见，古今上下载籍所存，无所不语"。至于"所未语者，此心通塞往来之机，生生化化之妙，非见闻所及，将以待世卿深思而自得"。白沙对李世卿，将所有耳闻目见，以及古今书籍中记载的东西都说了，然后由对方思考后自行作出判断。他所以这样做的理由，因为"世卿之或出或处，显晦用舍，则系于所遇，非予所知也"（《送李世卿还嘉鱼序》）。他认为一个人怎样处理问题，要根据各人情况自行作出决定，别人是无法知道的。白沙尊重世卿个人"自得"，不把自己意见强加于人，在学术研究上师生可以处在相对平等的地位。由于白沙所讲的自得，并非自以为是，目无他人；而是尊重各人的见解，包括学生在内，这是带有学术民主因素的思想，可以说在当时封建专制的历史条件下，白沙提倡的"自得"之学，对受传统经传束缚的思想界，是一次相当大胆的挑战，而对促进个性思想解放和开拓岭南文化新风，当会起到重要作用。

陈白沙寻求自得的开放学风，在他的门人弟子中也有所继承。如林光（1439—1519）提出"学莫贵于能疑，能疑必生于能思"（《与王绾秀才书》）。又说："古之善为学者，深造自得。"（《福建乡试录序》）"人之所以贵于学者，为闻道也，所谓闻道，在自得耳。读尽天下书，说尽天下理，无自得入头处，总是闲也。"（《奉庄定山》）

作为白沙学术传人的湛甘泉，他对白沙治学精神和学风的继承，是通过贵疑、重思来寻求自得，这是白沙治学以自然为宗的思想。

或问学何贵？甘泉子曰：学贵疑，疑斯辨，辨斯得矣。故学也者，觉此者也。

夫学而知所疑也，学之进也。如行路然。行而后多歧，见多歧而后择所从，知择所从者，进乎行者也。（《雍语》）

甘泉承传白沙的思想，强调学贵知疑，认为只有通过学习才了解疑难在什么地方，就像要通过行路才能发现歧途，然后经过"辨"在歧途中选择所应该走的路，这样最终"得"以前进。

甘泉主张贵疑，但要解决疑难，就要通过思考。下面是他与门人对话作出的解释。

门人问思。甘泉子曰：虚灵知觉，思也。曰：何也？曰：本体也。本体全，则虚而明，有以照物，如鉴空而妍媸莫逃。是谓思则得之，无思无不通也。（《雍语》）

知觉者，心之体也；思虑者，心之用也。灵而应，明而照，通乎万变而不汩，夫然后能尽心之神，明照而无遗，灵应而无方。（《樵语》）

甘泉将"思"解释为"虚灵知觉"，就像虚而明的镜子一样，以此普照万物，其美丑好坏都显得无所遁形。甘泉认为心是灵觉的器官，心的作用是能思考问题。孟子说过："心之官则思，思则得之，不思则不得也。"（《告子》上）我们现在将心思连用，也是沿袭古代"心之官则思"的意思。只有经过内心的思考，才谓之"自得"，这里甘泉承传的正是白沙的治学精神。

但是，甘泉对白沙虽然非常尊重，对老师的观点却并不盲从。如白沙所强调的静坐，甘泉就明确表示反对。

古之论学，未有以静坐为言者，而程氏言之，非其定论，乃欲补小学之缺，急时弊也。后之儒者，遂以静坐求之，过矣。古之论者，未有以静为言者，以静为言者皆禅也。故孔门之教，皆欲事上求仁，动时着力。何者？静不可以致力，才致力即已非静矣。故《论语》曰："执事敬。"《易》曰："敬以直内，义以方外。"《中庸》戒慎恐惧慎独，皆动以致其力之方也。何者？静不可见，苟求之静焉，駸駸乎入于荒忽寂灭之中，而不可以入尧舜之道矣。……故善学者必令动静一于敬，敬立而动静混矣，此合内外之道也。（《答余督学》）

甘泉这里没有点名白沙，但以静坐求之，确是白沙师教，而甘泉却明指其错误。他认为单纯讲静是不能致力的，容易走入虚无寂灭之中，是禅学而非孔门之教。只有动与静相结合而统一于敬，才是合内外之道。甘泉这样表态并非背叛师门，因为认可和尊重各人的"自得"正是白沙治学的精神所在。

甘泉与阳明既是好友，在学术观点上又是互相尊重的论敌。阳明虽认为甘泉所讲"随处体认天理为求之于外"，是背离了"内求于心"的心学本旨。但他对甘泉自得之学却极为赞赏。阳明在正德七年（公元1512年）写了一篇《别湛甘泉序》。他先肯定"夫求以自得，然后可以言学圣人之道"。然后说到和甘泉交友后思想上产生的共鸣作用。

> 晚得友于甘泉子，而后吾之志益坚，毅然若不用遏，则予之资于甘泉多矣。甘泉之学，务自得者也，未知之能知，其知者且疑其为禅。诚禅也，吾犹未得而见，而况其所志卓尔若此。则如甘泉者，非圣人之徒与？多言又乌足病也。

这里，阳明既肯定甘泉"自得"之学，使他深受教益；同时对有些人误认甘泉之学为禅，而加以辨正，并给予高度评价。

阳明与甘泉都是服膺"自得"之学，因此都要坚持自己的学术观点，并展开不调和的论争。但双方并非没有往来，连弟子一辈都成为通家之好。黄宗羲在《甘泉学案》按语中说：

> 王、湛两家，各立宗旨。湛氏门人，虽不及王氏之盛，然当时学于湛者，或卒业于王；学于王者，或卒业于湛，亦犹朱陆之门下递相出入也。其后源远流长，王氏之外，名湛氏学者，至今不绝。即未必仍其宗旨，而渊源不可没也。

王、湛两家的弟子，既可以通好往来，说明彼此思想是开放的，没有门户之见。但两家又是各立宗旨，表明是不同学派。甘泉的思想影响虽不及阳明，但其后源远流长，始终保持学派的独立性，并未为王学所同化。这说明陈、湛理学在传统儒学中是自树一帜。

陈、湛理学，在维护封建纲常和道德伦理方面，并未离经叛道；但他们强调为学贵疑和主张人人可以寻求自得，这种不盲从、不依傍而强调独立思考的开放学风，对封建专制统治却带来潜在的危险。张伯行所以将白沙斥为"异说"，而视之为乱"道"之人，大概亦看到开放学风所带来的社会效应。但对岭南文化的影响来说，提倡开放学风是好事而非坏事。岭南地区在古代思想文化是相对落后，故在较长时期是接受中原文化的熏陶。但到了近代却成了接受西方文化的前沿阵地。虽然这里是有地理方面的原因，而陈、湛等人倡导的开放学风，对岭南近代文化的形成，是有它的先导作用。

　　我国是个历史悠久且民族众多的国家，传统文化是经过长期积淀而成。由于幅员广阔，各地区文化发展不平衡，而且各有不同的特点。但在"车同轨，书同文"，全国基本上趋向统一的情况下，各地区之间的经济来往、文化交流也在逐渐开展。岭南在唐、宋时还被视为蛮荒之地，并作为贬谪罪臣的场所。这说明岭南比中原地区，在经济、文化上有它落后的一面。但从地理环境条件看，与海外交通、贸易开发比较早，在中原发生战乱时还接受大量南下移民。而正因为落后，反而有迫切学习先进的一面，思想上的开放会更容易些。岭南文化正是由于带有两重性，从而形成自身的特点。

　　陈、湛理学可以说是在上述的历史、地理条件和文化熏陶中产生，而他们的思想又反作用于促进具有岭南特色的文化的发展，在传统文化中的理学史上，成为程、朱与陆、王之间的一大流派。岭南文化对比中原文化相对落后的情况下，到近代转而走入开放的先河。这里虽然会有各种原因，而陈、湛主张从贵疑到寻求自得，即提倡学术自由探讨的学风，对打破传统文化中儒家经书的僵化教条，使向近代方面转型，是起到了一定的启迪作用。

# 论黄宗羲民主启蒙思想的历史地位

中国社会发展到明清之际，有没有出现启蒙思想家，这个问题国内学术界仍有争论。但黄宗羲的《明夷待访录》，其中有反对君主专制和带有民主启蒙性质的思想，却为多数人所肯定。为什么黄宗羲会产生这种思想，这里有"源"与"流"的问题，并关系到如何评价这种思想的历史地位。下面谈点个人看法，以供讨论。

## 一

黄宗羲所以能产生民主启蒙思想，我认为首先是由当时的社会存在所决定的。中国封建社会发展虽然缓慢，但与欧洲中世纪领主制的庄园经济不同，从秦汉以来基本上是一个中央集权的封建统一国家，特别是唐宋以后，工商业和对外贸易都相当发达。虽然到封建社会后期，由于君主专制政治的加强，宗法血缘关系的纠结，使小农经济难以解体，但生产力发展水平的提高，终会突破封建生产关系的某些环节，这就使明朝中叶后，在某些手工业行业中，开始出现资本主义生产关系的萌芽；相应在意识形态方面，也开始出现一些带有反封建启蒙性质的思想观点。

明中叶后到嘉靖、隆庆、万历三朝，农业和手工业生产水平都超越前代。如发明不少新农具；利用机械灌溉，上过水槽，下入潜流，山坳河滩都开辟成耕地；还注意改土施肥，使农田"变恶为美，种少收多"。据说稻田有亩产到八石；种棉、桑、甘蔗和养蚕都得到普遍发展，为纺织和制糖业提供了丰富原料。在农业发展的基础上，棉纺业已遍及全国，寸土皆有棉布，十室必有织机。丝织业的生产工具则比以前大有改进，缆车生产效率提高三四倍，织机品种繁多，能织出各种复杂花纹，内部专业分工也很细。铁矿业冶炼技术大有提高，采矿已发明烧爆法，其他行业如造船、制糖、榨油、制茶、造纸、印刷等都有发展，这些都为产生资本主义萌芽提供了条件。

明中叶后社会生产力的提高，引起社会分工进一步扩大，出现手工业和农业初步分离的现象，如嘉兴府濮院镇居民"以机为田，以梭为耒"。王江泾镇居民则"多织绸收丝缟之利，农民可七千余家，不务耕织多"。盛产棉花的太仓地区，"男女多轧花生业"。这种从农业分离出来的手工业者，家庭成员有的可能还从事农业，或本人仍参加农忙劳动。但却如列宁所指出："资本主义社会特有的工业和农业的分离在这个阶段上表现出来的还是萌芽状态，但是它毕竟已经表现出来了。"（《俄国资本主义的发展》第336页）这样一来，过去一些村集就逐渐成为专业市镇。如上面说到的濮院镇，原来居民不多；隆、万年间改进织绸技术，"濮绸之名遂著远近"，万历初就成为"日产锦帛数以千计"，并发展为"万家灯火"的市镇了。又如苏州吴江市的盛泽镇，《盛泽县志》谓其"明初以村名，居民止五六十家"。但据《醒世恒言》的描述，到嘉靖年间，镇上"络纬机杼之声，通宵彻夜"，"两岸绸丝牙行，约有千百余家，远近村坊织成绸匹，俱到此上市。四方商贾来收买的，蜂攒蚁集。"到隆、万间据说已发展到5万人口，速度是惊人的。

　　手工业从农业中初步分离和专业城镇的出现，促进了商品经济与都市的繁荣，同时也改变了重农抑商的封建习俗。顾炎武在《天下郡国利病书》中引《歙县风土论》明显地说明这种变化：该县在弘治时是"妇人纺织，男子桑蓬，臧获服劳"，"佃则有田"，这是男耕女织，佃仆依附主人的典型封建世态。到正德末嘉靖初，则"商贾既多，土田不重"。迨至嘉靖末，变成"末富居多，本富益少"。再到万历三十年左右，却成了个"金令司天，钱神卓地"的世界。当时商人资本，"大者巨万，少者千百"。据说江浙的丝商，有的"积金如山丘"。但较为奇怪的是，如徽州地区，"商贾虽有余资，多不置田业"。吕坤也说："条鞭法行，富商大贾不置土田。"在封建社会中，土地是命根子，明末某些商人的反常现象值得注意。

　　在"末富居多"的情况下，有些人既不购置土田，那就会把资金投入工商业扩大再生产。当时也有独立小手工业者致富成为手工业工场主的。如《醒世恒言》讲的施复，原来家中只有一张绸机，"妇络夫织"，"不上十年就有数千金家事"，"开起三四十张绸机"。张瀚在《松窗梦语》中谈他祖上发家情况，成化末年才"购机一张"，后来"增至二十余"。到四祖继业时，"各富至数万金"。这些拥有数十张织机的工场主，当然要请一些雇佣工人。据徐一夔在《织工对》中说，杭州有"饶于财者"，买"杼机四五具"，请工"十数人"，每日工钱"二百缗"，工人以"日之所入"，养其"父母妻子"。另说到其中有一位技艺过人的，不满意拿同等工资，'求倍值者而为之佣！'，果然有一家用双倍工资把他请走，这个事例也许能说明当时已有自由雇佣劳动者出现。

到晚明时期，在江南某些市镇，似已出现自由劳动者市场，如蒋以化在《西台漫记》中记载："我吴市民罔籍田业，大户张机为生，小户趁织为活。每晨起，小户数百人，嗷嗷相聚玄庙口，听大户呼唤，日取分金为饔飧计。大户之机一日不织则束手，小户一日不就人织则腹枵，两者相资为生久矣。"当时苏州也有类似情况，没有雇主的织工，按照不同工种聚集在一定地方，"什百为群，延颈而望"，"若机房工作减，此辈衣食无所矣"。此等毫无生产资料，只靠出卖劳力为生的人，看来是不少的。如《长洲县志》记载：万历时染工织工各数千人，"此皆自食其力之良民也"。

万历年间，随着工商矿业的发展，引起封建统治者的疯狂掠夺。当时朝廷派出宦官充当所谓矿监税使，四出抢劫财产，随便捕人杀人，弄到贫富尽倾，工商皆困，终于爆发了多次"民变"。如荆襄、武昌市民反陈奉，临清人民反马堂，特别是苏州纺织工人反税监孙隆，这都是城镇市民反抗封建特权的斗争，其中手工业雇佣劳动者起到相当大的作用，是过去所没有的。另值得注意的是：明末东林党人由于主张反暴政、反宦官，特别反对矿、税监的公开掠夺，因此"罢官废吏，富商大贾之类"，"走集供奉者""不知其数"（《明神宗实录》卷513）。天启年间，魏忠贤派缇骑逮捕东林党首领周顺昌、李应升等人时，也就激起了苏州、江阴的"民变"。经济斗争与政治斗争紧密结合，形成市民阶层反封建的群众运动，这在中国历史上是空前的。应该说这是资本主义萌芽出现后所带来阶级斗争的新特点。

黄宗羲正是生活在这样的时代和地区。他目睹时艰，天下疮痍，民间疾苦，对封建专制的弊端，不能不有所感受。加上他父亲东林名士黄尊素，在被阉党逮捕时，统治者的爪牙也同样受到市民的反抗，一人袒呼，"而击者云集，遂沉其舟，焚其衣冠，所得辎重，悉投之河"（《明季北略》）。这种反封建的群众运动，也会给他很大的激励。后来遭逢世变，国破家亡，他对君主专制统治，不能不引起历史的反思。这就是形成黄宗羲民主启蒙思想的历史条件和社会根源。

## 二

黄宗羲民主启蒙思想的形成，固然是晚明时期社会存在的产物；但从文化传统的角度来看，历代的思想流变，对其也有相当大的影响。中国儒家有个思想传统，把唐、虞、三代描述为理想的治世。所以顾炎武将《明夷待访录》"读之再三"后，称赞为"百王之敝可以复起，而三代之盛可以徐还"。黄氏在该书小序中也说："则三代之盛犹未绝望也。"这是寄托于儒家传统理想的提法。

夏、商、周三代一般认为是属于东方型的奴隶社会，也有人认为西周是封建领主制。但不管怎样，由于宗法血缘关系织成一道温情脉脉的纱幕，会给人带来一些原始时代村社民主的气氛，因而受后世特别是儒家的称颂。其实，这种原始民主遗风是很有限的；但亦不能否认，在秦汉统一封建大帝国建立以前，社会上是有一点相对的民主气氛。不过这主要不是来自三代遗风，而应该说，这是春秋战国时期社会变革的产物。西周的灭亡，使有识之士逐渐认识到民心向背的重要，所以在春秋的前中期，就出现季梁、史嚣的重民思想。春秋末年，史墨回答赵简子问及鲁侯失国的原因，认为是"民忘君矣"所带来的结果。并由此总结出"社稷无常奉，君臣无常位"是"自古以来"的规律《左传》昭公三十二年）。从而把重民思想提到理论高度。

史墨的总结是符合历史实践的，如当时齐国的陈氏由于关心"民人痛疾"，结果是"公弃其民，而归于陈氏"（《左传》昭公三年），取得代齐的胜利。由于民心向背关系到统治者的存亡继绝问题，所以后来孟子才说"得其民，斯得天下矣"；"得其心，斯得民矣"。（《离娄》上）并进一步提出"民贵君轻"的议论（《尽心》下）。战国末年的荀子则引用舟水作比喻："君者，舟也；庶人者，水也。水则载舟，水则覆舟。"（《王制》）人民的力量可以推翻统治者，后世一些比较明智的君主，如李世民、朱元璋等，对此是多少有所体会的。

以上所说，即儒家"民为邦本，本固邦宁"的民本主义思想。当然这并不等于民主。不过在封建社会中，敢于公然批评君主的并不多。孟子在齐宣王面前，既讲"诛一夫纣"。不承认是"弑君"（《梁惠王》下）。又说"君有大过则谏，反复之而不听，则易位"（《万章》下）。孟子对君主敢于大胆批评，这种带有一点民主作风的传统，看来在黄氏的《原君》篇中会有所影响。春秋战国时的君臣关系，看来也不像后世那么严格。比如孔子虽讲忠君，但不是无条件盲从。

现在学术界有一种说法，认为法家韩非是提倡绝对君权的，其实韩非也有主张君臣合作共事的一面。如说："君操其书，臣效其形，形书参同，上下和调也。"（《杨权》）又说："至治之国，君若桴，臣若鼓，技若车，事若马。"（《功名》）先秦儒法两家虽是对立的学派，但都主张君臣的对等合作关系，要君主奉公法而反对行私，这些合理的思想主张，在《原臣》《原法》等篇中，看来有为黄氏所接受。

秦汉以来形成了集权统一的封建大帝国，君主专制已成为不可逆转的趋势，封建王法就是一家之法，当然不可能限制君权。汉初贾谊虽劝告"明主"，要求做到"如鉴之应，如衡之称"。还说"人主公而境内服矣"，"人主法而境内轨矣"（《新书·道术》）。他还弹调"民无不为本"，并对君主提出警告，"与民为敌者，民必胜之"（《新书·大政》）。

秦汉以后，君权不断上升。如原来丞相三公，还可以坐而论道，宋朝宰辅就只能侍立朝班，到明清更非跪拜不可。君臣成了主奴关系，"臣罪当诛号天王圣明"，恰是君臣关系的写照。在这种情况下反对封建专制的除农民起义进行武器的批判外，也有用道家思想批判封建君权的，最著名的是鲍敬言的无君论，但农民起义不可能推翻封建制度，而起义农民本身，最终还会走上皇权主义的道路，或是取而代之，或是充当改朝换代的工具，并不能彻底反掉君权。至于鲍生那种"古者无君"的乌托邦式理想国，是违反社会历史发展规律，因而也是行不通的。

在我国的漫长封建社会中，统治阶级内部也有想对君权作出某些限制的。如董仲舒既论证王权神授；但又提出"谴告"论，所谓"屈君以伸天"，想利用上天的威严给君权以一定限制，却未收到实际效果。在封建政权内部，虽也设有职司谏议、监察等一类部门，初意可能想对封建君权起一些调节作用，但看来亦收效甚微。另外，作为封建官僚后备军的太学生也有评议朝政的，形成清议即舆论上的压力。宋明时代的书院，通过讲学，也起有这方面的作用。明末的东林党和复社，就成为评议朝政的舆论阵地，这当为黄宗羲所亲自感受。他提出限制君权的《置相》《学校》等篇，就流露出历史反思的痕迹。

## 三

上面对产生黄宗羲民主启蒙思想的"源"与"流"的分析,我认为对他这方面的思想作出比较正确评价是有帮助的。黄氏在《明夷待访录》中表现出政治思想的核心,是反对封建专制君权,并对君主立宪制有点朦胧的猜测。后来梁启超曾反复谈到此书在戊戌维新运动中对青年产生的巨大影响,说明黄氏这方面的思想,对康梁主张君主立宪的维新变法,确是起到先驱的启蒙作用。但要说此书类似"人权宣言",会导致彻底反封建的民主革命,这样估价则未免有所夸大。我们应该正确衡量黄宗羲民主启蒙思想所具有的历史地位。

《明夷待访录》写作的特点,往往以"古者"与"今也"作对比。所谓"今",大体指三代以后,即秦汉直到明代,书中列举君主专制所带来的各种弊害,看来是比较符合实际,但书中所说的"古",内容则比较复杂,虽然标明说的是"三代"情况,其实较多是受到儒家大同社会的理想影响。但是透过这种复古的外衣,确也折射出一些黄氏所憧憬的新时代的曙光,从而交织成一幅具有中国特色的社会变革的理想图景。这里有一点需要指出,在近代中国资产阶级革命的历史进程中,主张君主立宪的康、梁,和从事民主革命实践的孙中山,都把大同世界和天下为公作为最高理想,所以从宏观的角度来看,黄宗羲向往的三代之治,对近代中国资产阶级革命,是起到先驱的启迪作用的。

黄宗羲反对君主专制,提出"为天下之大害者,君而已矣"(《原君》),这颇为时人所称颂。其实,对君主罪恶的揭露,鲍敬言比黄宗羲更为激进。而黄氏比较高明的地方,并不因此而要恢复到无君时代。他提出"为君之职分",是兴公利、除公害,"毕世而经营者,为天下也"。后世的人君,则"以天下之利尽归于己,以天下之害尽归于人"(同上)。这种对比正如嵇康所揭露的,"昔为天下,今为一身"(《太师箴》)。按照传统的看法,为天下的只是唐、虞、三代之君,黄氏对此看法亦不例外。不同的地方,他并不把尧舜看作天生圣人,或道德情操特别高尚,他认为"为天下"是作君主的"职分",即作为职务上的本分工作。所以这样的君主,"必非天下之人情所欲居",不是一般人所愿意干的,"唐、虞之世,人人能让",也就并不奇怪了。资产阶级认为政治是管理众人之事，提出执政者要做人民的公仆。黄宗羲当然不可能有这样明确的思想，但他打掉了封建君主奉天承运的神圣光轮，而把"为天下"除害兴利作为君主应尽的职责。这种思想形式上虽是复古，实际上已透露出对资产阶级政治要求的曙光，是民主启蒙思想的突破点。

黄宗羲既提出对君主职分的要求，所以对君臣关系也只看成是一个合作共事的班子。他说"缘夫天下之大，非一人之所能治而分治之以群工"，"治天下犹曳大木"，"君与臣"，无非是"共曳木之人"。所以"臣之与君"，是"名异而实同"。既然君主的职分是为天下，那么大臣出仕，自是"为天下，非为君也；为万民，非为一姓也"。据此，他严厉批评那些忠君死节之士，认为"为臣者轻视斯民之水火，即能辅君而兴，从君而亡，其于臣道固未尝不背也"。从黄氏看来，臣与君是共负"为天下"之责，所以说"吾无天下之责，则吾在君为路人"，"以天下为事，则君之师友"（以上引文见《原臣》）。这就打破了"君为臣纲"的封建传统。他指斥"小儒规规焉以君臣之义无所逃于天地之间"。甚至因为孟子有君臣对等的言论，"至废孟子而不立"（《原君》）。对此他提出强烈的谴责。

黄宗羲发挥了先秦孟子等人君臣对等和合作共事关系的思想，他否认"臣为君而设"，是君主的"私物"。这当然也用不着对君主感恩图报，从而清除了"臣要报君恩"之类的陈腐观念。他虽然承认君主的地位比较高，但总是封建"等级"中的一员，因此，"以宰相而摄天子"的职分，是顺理成章的事，用不着像"小儒"那样大惊小怪。黄氏为要抑制绝对君权，一方面提高宰相的地位，同时要建立"每日便殿议政"制度。对进呈的奏章，天子要与各大臣"同议可否"，然后"天子批红"。批不完的"则宰相批之，下六部施行"，再不用呈给皇帝（《置相》）。既然大政要经过君臣"同议可否"，就不是君主一人说了算。他还主张宰相设"政事堂"，可以接纳"四方上书言利弊者及待诏之人"，使"凡事无不得达"（同上）。这样做到下情上达，集思广益，比之君主个人专行独断，在政治体制改革上是前进了一步。

对于君主与法治的关系，先秦法家是主张行法治的，认为君主也要依法行事。黄宗羲则区别出"天下之法"与"一家之法"，前者是为天下人兴利去害，故"法愈疏而乱愈不作，所谓无法之法也"。后者则为保其一家"利欲之私"，故"法愈密而天下之乱即生于法之中，所谓非法之法也"。黄氏自是肯定前者而否定后者，从而提出"有治法而后有治人"的观点，因为维护君主私利的"非法之法"会"桎梏天下人之手足"，即使有"能治之人"也无所施其技。黄氏的主张实质上是要求立公法而废私法，并把法治摆在人治之上，这可以说是君主立宪制萌芽思想的反映。

黄宗羲民主启蒙思想还有突出的一点，就是把原来属于清议场所的学校，变成有点类似近世的代议机关。学校本是培养人才的地方，也是知识密集的场所，读书人喜欢议论朝政，大体也算是一种传统。黄宗羲也列举过一些事例，如说："东汉太学三万人，危言深论，不隐豪强，公卿避其贬议；宋诸生伏阙搥鼓，请起李纲。三代遗风，惟此犹为相近。"（《学校》）即对此作了充分肯定，从黄氏看来，"学校不仅为养士而设"，更重要的对君主能起到舆论监督作用，做到"天子之所是未必是，天子之所非未必非，天子亦遂不敢自为非是而公其非是于学校"（同上）。在封建社会中，当然以天子的是非为是非，而黄氏却要天子公其是非之权使归于学校，这对专制君主自是增加很大约束力。

黄宗羲不但要把学校变成监督朝政的舆论阵地，并且还要进一步形成制度，对各级地方的"政事缺失"有一定的督察权，按照他的设计，中央的太学祭酒要由当世大儒充任，每逢"朔日"，祭酒南面讲学，天子亦就弟子之列，政有缺失，祭酒直言不讳。至于地方，每月朔望由"学官讲学，郡县官就弟子列"，"师弟子各以疑义相质难"。对"郡县官政事缺失，小则纠绳，大则伐鼓号于众"（《学校》）。这样太学和郡县学就变成教育兼检察机关，对各级政府的政事缺失，可以"直言""纠绳"甚至"号于众"，即向群众公开宣布。这种设想对近世代议制度的形成，会起到有益的启示作用。

总的来说，黄宗羲生活在明清之际"天崩地解"的时代，农民起义、市民暴动的政治风云，诸侯异政、百家异说的历史陈迹，使他对当时的封建君主专制制度不能不引起深切的反思。他总结过去，展望将来，虽然由于阶级和时代的局限，不能明确看到社会变革的前途是走向资本主义，但多少是有一点朦胧的感觉。如他从职、权、责的角度来批判封建君权，并提出一些有关政治体制改革的意见，对近代君主立宪运动是应当有所启迪的。但不能导致推翻帝制的民主革命，因此对黄宗羲这方面的思想，作出评价时也要实事求是，不夸大，不缩小。本文所以先行探索他这方面思想的"源"与"流"，为的是据此来帮助衡量《明夷待访录》一书，其中的民主启蒙思想所能达到的历史高度。这既非民主斗士的革命宣言，也非封建遗老的复古挽歌，它是一个抱有救世安民之志的知识分子，经过对历史回流的反思，能反映出时代变革精神的思想结晶。

顾炎武读过《明夷待访录》后曾给黄宗羲一信，说到"天下之事，有其识者未必遭其时，而当其时者或无其识"。黄氏的思想到晚清时才得到强烈反应，似非偶然。我们今天的时代，不同于黄宗羲，也不同于梁启超，但当前对于政治体制改革的议论，不少人都发出要加强民主的强烈呼声。我们是个具有源远流长的封建传统的国家，能否从《明夷待访录》提出的问题中，得到一些借鉴，似还可以进一步研究。

# 如何理解戴震启蒙思想的近代意义

戴震思想是否对近代具有启蒙意义？在我国学术界是一个有争议的问题。研究思想史的老一辈学者杜国庠、侯外庐等人，认为戴著《孟子字义疏证》是披着"经言"外衣的哲学。侯老还将戴氏收入《中国早期启蒙思想史》，认为他"复活了十七世纪清初大儒的人文主义统绪，启导了十九世纪的一线曙光"。近年姜广辉、方利山等人的文章基本接受了这种提法。

针对上面的观点近来引起了争论，如舒凡认为近代西方启蒙运动主张个性的自由发展，这才是近代思想启蒙的本质特征。而戴震对后儒之理的批判，使用的武器不是个人主义与民主主义，却是"无私"之欲。他既未否定人治思想，也未否定无私观念，这决定了他缺乏近代启蒙的思想基础。另外，舒凡还认为戴震是以孔孟儒学来反对宋儒理学，这种复归的意识只能使中华民族变得更加封闭保守，那根深蒂固的儒学又怎能产生任何具有近代启蒙意义的思想？

舒凡的异议引起姜广辉、胡发贵的驳难，但问题似乎并未解决。本文拟就这些问题，发表一点个人意见，以供讨论。

## 一

戴震写《孟子字义疏证》，以批判程朱理学作为中心主题，但他批判的武器，是以孔孟特别是用孟子的思想作为参照系，这是不争的事实。如果说这就是复古思想、复归意识，也未尝不可。不过值得注意的是，为学术界所认同作为西方启蒙运动前奏的早期意大利文艺复兴，也是打着复古的旗号开路的。也许有人会说古希腊、罗马曾存在过民主共和的政体，但从马克思主义的观点来看，民主只是奴隶主内部才享有的，共和不过是奴隶主专政的一种形式，与后来的资本主义社会是挂不上钩的。可是文艺复兴确是利用古人理性智慧的启发，去冲击中世纪蒙昧的神学殿堂，从而掀起一场反封建、反神学的新文化运动。因此从形式上看，欧洲的文艺复兴是复希腊、罗马之古，而实质上却在创近代资本主义之新。复古与创新固然有矛盾，但在当时人们普遍受到宗教神学思想禁锢的情况下，要宣扬个性解放和反对宗教禁欲主义的人文主义思想，复古就是摆脱现实的一条途径，正是要借用古代哲人理性的巨流，去冲破当前禁锢人们思想的堤防，这样才能超越向前完成创造性的思想转化。这可以说是退一步进两步的问题，也表明历史是通过"回流式"向前发展的。

中国的国情与当时欧洲有所不同。秦汉以来中国基本上是个统一的封建集权国家，特别到宋、明、清时期更是强化中央集权的专制统治，哲理化的儒家理学则成为官方的统治思想。理学中程、朱一派，由于宣扬客观唯心主义的天理符合中央王权的需要，因而受到统治者的尊奉和利用。如早在公元1313年（元仁宗皇庆二年），朝廷诏行科举条例，明经规定自《四书》内出题，并以朱熹的《章句》《集注》为准。经义一道，《诗》以朱熹为主，《易》以程颐、朱熹为主。到明太祖时更严格规定用八股文开科取士。据《明史·选举志》记载：考试"专取《四子书》及《易》《书》《诗》《春秋》《礼记》五经命题"，并规定"《四书》主朱子《集注》，《易》主程《传》朱子《本义》……"。到明成祖永乐年间，又命胡广等人编纂《四书大全》《五经大全》《性理大全》颁行天下，采集宋儒经说及其所谈的义理，奉为定式，并且不许任何人反对。

公元1404年（永乐二年），《明史·成祖本纪》有一条记载："秋七月壬戌，鄱阳民进书毁先贤，杖之，毁其书。"这里讲的是江西人朱季友，因他所著书中有诋斥宋儒的地方，结果被拘捕杖责一顿，书也被禁毁了。自是宋儒所宣扬的天理成为封建王权的化身。程朱理学由于得到封建王权的政治护法，因而就成为我国社会向近代转型时的主要思想障碍。

不过，程朱理学在明清时期虽然成为官方统治思想，他们自身也成为不可冒犯的先贤，但其崇高地位，除得到封建王权庇护外，还要加上先圣孔孟的权威作护法。他们只能用章句、集注的形式来阐扬孔孟之道，这就是所谓代圣人立言，孔孟仍然是儒家的教主。

正是在这种情况下，人们要想反对程、朱，就不能像朱季友那样率直，以免招来棍棒加身。至于像李贽那样的"异端"，虽自称所著书于圣教"有益无损"，而终以"敢倡乱道，惑世诬民"的罪名被迫害致死。这也使人认识到，反对官方哲学需要讲究策略和方法，特别在清代的康、雍、乾时期，文字狱的淫威使知识分子动辄得咎。因此戴震披着"经言"

的外衣来批判程、朱，在当时的政治气候之下，应该说是有其必要。同时这样做，还可以减少那些具有正统保守思想的人的阻力。如到清朝晚年，康、梁变法仍然借助于托古改制，以此来堵塞顽固派之口。看来按照中国的国情，梁启超认为清代思潮具有"以复古为解放"的特点不无道理。

我认为，戴震披着"经言"外衣来批判程、朱，并非单纯是斗争策略问题，亦非只是为着避祸，他确认为程、朱有违背孔孟的地方。他通过疏证《孟子》，正显示出作为经学大师和考据家的功夫。他对孟子思想的阐发并非纯粹是层外衣，亦有认为孟子思想高于程、朱的一面。

对于这一点也许有人提出，那不正好说明戴震思想的复古和复归，不是距离近代启蒙更远吗？我认为，如何看待孟子的思想也是一个比较复杂的问题。如在明太祖时就出现过一种奇怪现象，一方面，《四书》取得了崇高地位，这当然包括《孟子》书在内；但另方面，朱元璋对孟子的某些言论却感到非常恼火，如讲民贵君轻以至君臣对等的一些话，"君之视臣如土芥，则臣视君如寇仇"（《离娄》下），在专制帝王听来，当然是非常刺耳。因此朱元璋要删节《孟子》书，甚至想把这位"亚圣"的牌位迁出孔庙。

这说明，孔孟的时代虽比程、朱为早，但对君民关系、君臣关系的看法，不是更加专制保守，反而可以说相对开放一些。现有人写文章，说孟子讲"民贵君轻"是民主思想。唐君毅、牟宗三等人在20世纪50年代曾发表《为中国文化敬告世界人士宣言》，声称儒家所肯定"道德上之天下为公、人格平等之思想，必然发展至民主制度之肯定"，这称之为"返本开新"之论。

我并不同意说先秦儒家孔孟本身已具备民主思想，或者说他们的道德人格必然会开出民主制度。但是相对来说，君臣对等观念，确是胜过后世程、朱等人。如孔子提出要"君使臣以礼"，才"臣事君以忠"（《八佾》）。孟子则认为臣如何待君，先取决于君待臣的态度，可以以德报德，也能够以牙还牙。他不承认桀纣是君主，说"闻诛一夫纣矣，未闻弑君也"（《梁惠王》下）。荀子也说："桀、纣者，民之怨贼也"，"诛暴国之君若诛独夫"（《正论》）。孟、荀将暴君比之独夫民贼，称赞汤武革命的上下易位。

先秦儒家既有君臣对等的思想，故以臣事君也有所选择。如孔子就讲"以道事君，不可则止"（《先进》）。又说"天下有道则见，无道则隐"

(《泰伯》)。即对君主可以采取不合作态度。荀子更明确提出"从道不从君"的命题(《臣道》),这是对"无道则隐"思想的进一步发挥。

中国封建社会随着向专制集权方面的发展,君臣关系犹如主仆,正如黄宗羲所指出:"后世骄君自恣",将大臣"跻之仆妾之间而以为当然"。"而小儒规规焉以君臣之义无所逃于天地之间,至桀、纣之暴,犹谓汤、武不当诛之"。针对这种谬论,他用批判的笔调说:"是故武王圣人也,孟子之言圣人之言也;后世之君,欲以如父如天之空名禁人之窥伺者,皆不便于其言,至废孟子而不立,非导源于小儒乎!"(《明夷待访录·原君》)

这里黄宗羲肯定孟子,批判想废孟子而不立的朱元璋。程颐曾说:"父子君臣,天下之定理,无所逃于天地之间。"(《河南程氏遗书》卷五)朱熹也说:"君臣父子,定位不易。"(《朱文公文集·奏札一》)这就类似小儒言论。戴震所指后儒"以理杀人",亦当属此辈。由此可见,戴震批判后儒,即使要复归于孟子,亦不能单纯看作是思想上的复古倒退。由于程、朱以孔孟之徒自居,戴震则通过疏证《孟子》加以驳斥,可谓以其人之道还治其人之身,如此而已,岂有他哉!

## 二

关于戴震思想有无近代启蒙意义,还有一个比较复杂而有争议的问题。虽然戴震反对后儒的"无欲"之说,但他却主张"无私",并认"无私"不同于无欲。他说:"人之患,有私有蔽;私出于情欲,蔽出于心知。无私,仁也;不蔽,智也,非绝情欲以为仁,去心知以为智也。是故圣贤之道,无私而非无欲。""此以无私通天下之情,遂天下之欲者也。"(《孟子字义疏证·权》)

戴震这段区分"无私"与"无欲"的话,有的论者认为是属于强辩。既然私是出于情欲,要做到无私就应该无欲,否则逻辑上就不通,怎能说无私而非无欲呢?同时还认为西方启蒙学者反对禁欲主义,就是要满足个人的私欲,如像戴震说的无私之欲,与具有近代意义的启蒙思想,就更加挂不上钩了。

具有近代意义的启蒙思想是否一定要私字当头,在西方可能是这样,但中国的情况却有些不同。大体从明代后期以来,一般认为起到过进步作用或具有启蒙思想的人，对"公"与"私"问题就发表过不同言论。其中肯定"私"最为直率的是李贽。他说："夫私者，人之心也。人必有私，而后其心乃见，若无私，则无心矣。如服田者私有秋之获，而后治田必力，居家者私积仓之获，而后治家必力。……此自然之理，必至之符，非可以架空而臆说也。"（《藏书·德业儒臣后论》）李贽提出"人必有私"的观点，他所举种田的和做生意的人，他们都有发展私有经济的愿望。有的论者认为李贽是描绘出现实社会中市民阶层对自由私产的追求，是当时资本主义萌芽的思想反映，他的思想对近代是有启蒙意义的。

但是在明朝末年一些进步的思想家中，并非全都赞成"人必有私"的观点，有的区别不同情况来谈论公与私的问题。如一般认为具有民主启蒙思想因素的黄宗羲，对这个问题就作了具体分析。他在《明夷待访录·原君》篇的开头就说："有生之初，人各自私也，人各自利也，天下有公利而莫或兴之，有公害而莫或除之。"这里提出"私利"与"公利"的问题。他认为人生从来就是自私自利的，但是对公利没有人提倡，对公害却不能消除，这样对整个社会是不利的。如果有人出来，"不以一己之利为利，而使天下受其利；不以一己之害为害，而使天下释其害"。这种能为天下人兴利除害，而并不谋一己私利的人，是一般人所不情愿干的。接着他举了一些例子："去之而不欲入者，许由、务光是也；入而又去之者，尧、舜是也；初不欲入而不得去者，禹是也。岂古之人有所异哉？好逸恶劳，亦犹夫人之情也。"

黄宗羲认为，按照一般人情都是自私自利和好逸恶劳的，但是作为君主就要"勤劳"过人而自己"又不享其利"，故为人所难能。如许由、务光就避而不干，尧、舜干了一段就让位了，大禹原来并不想干而后来却脱不了身。所以从总的看来，愿意兴公利除公害而不谋私利的人是少有的，而尧、舜等人在这方面却作出了榜样。可是后来的人君却与此相反，"以天下之利尽归于己，以天下之害尽归于人"。即把整个国家当作自家的"产业"，"传之子孙，受享无穷"。这些暴君，甚至"荼屠毒天下之肝脑"，"敲剥天下之骨髓，离散天下之子女，以奉我一人之淫乐，视为当然"，以此作为个人"产业之花息"。对这样的人君，黄宗羲斥之"为天下之大害"，他并且不无感叹地说："向使无君，人各得自私也，人各得自利也。"由于各人的私利都为君主所剥夺，所以有君不如无君。

从上面的分析，可见黄宗羲并非反对个人私利。他所反对的是君享其利，民受其害，君主一人享乐是建筑在万民痛苦之上，"视天下人民为人君囊中之私物"，即反对统治者的以权谋私。他自称出仕做官，"为天下，非为君也；为万民，非为一姓也"（《原臣》）。即认为做臣子的亦要为天下人民谋利益，而并非为君主个人谋私利。王夫之曾强调"天下非一姓之私"，"必循天下之公"（《读通鉴论》卷末《叙论》），亦是这个意思。

黄宗羲等人对"公"与"私"关系的剖析，对人民群众来说，"公利"与"私利"并不是对立，而是一种包容性的统一。如社会上的公利非常丰富，群众中的个人利益自会不同程度地得到满足。封建社会中提出的公天下，是为着适当满足群众的个人私利，二者是不矛盾的。对天理与人欲的关系也是这样。如王夫之就说："人欲之各得，即天理之大同。"（《读四书大全说》卷四）从每个人来说，所要得到的欲望自然是私欲，但如果每个人都能满足自己的欲望，那就成为人类合理的共同欲望了，所以说是天理之大同，这里公欲与私欲，也就成为一种包含关系了。

通过上面的阐发，对公私问题、理欲问题的复杂性，都能使人们有所启迪。宋代理学家如程、朱等都主张去欲存理，戴震是同意王夫之的观点的，说"理者，存乎欲者也"（《孟子字义疏证·理》）。因而反对"无欲"说。但既然承认有欲，那就是私，何以又主张"无私"呢？讲"无私之欲"是否陷入矛盾？

我认为戴震主张"无私"并非反对人民群众的私欲。他批判佛道，说老氏讲"长生久视"，释氏讲"不生不灭"，这是出于忧虑个人的生灭问题，无非是一种自私，所以说释老是"以无欲成其私"（《答彭进士允初书》）。戴震将"无私"与"无欲"分开，认为老庄释氏，是"无欲而非无私"，而圣贤之道，则是"无私而非无欲"。无私是对圣贤的要求，为的是"此以无私通天下之情，遂天下之欲者也"。他对此还举例说："夫尧舜之忧四海困穷，文王之视民如伤，何一非为民谋其人欲之事！惟顺而导之，使归于善。"由此可见，戴震讲无私，是要求圣贤和当政的人君用无私的精神去"体民之情，遂民之欲"（《孟子字义疏证·权》），就是要体察民情，满足人民的欲望。另外，戴震讲无私亦并不是要无私的人都无欲，他主张"以情絜情"，即要人人都按照自己的情欲，去推度别人的情欲。这样"以我之情絜人之情，而无不得其平，是也"。推己及人，就会公平无私，大家的情欲都能得到满足。戴震引用孟子告齐、梁之君的话，要做到"与民同乐"，要"省刑罚，薄税敛"，从而使人人能够"仰足以事父母,俯足以畜妻子",使整个社会达到"居者有积仓,行者有裹粮","内无怨女,外无旷夫",这就是理想的"王道"政治(《孟子字义疏证·理》)。

戴震由于主张"无私"而反对"无欲",使人不大好理解。因为一般人总是容易把"私"与"欲"联系起来,既然是"无私"自然也就"无欲"了。戴震的思想理路并不是这样,他反对的只是当政者以权谋私和损害群众利益的一己之私,以及那些以个人意见为理的个人专断。他要求公正无私地来尽量"遂民之欲"。当然,从整个来说,是要满足社会的公欲,但其中也包括个人的私欲。现在有些论者总认为中国传统思想文化只重群体而不重个体,是抹杀个人的欲望、利益和价值,亦有说戴震的价值观和程、朱一样,缺乏近代启蒙的思想基础。如果我们仔细分析戴震所讲"无私而非无欲"这句话的内涵,和他所讲要以无私遂天下之欲的用意,我认为对他这方面思想的误解,应该是可以避免的。

## 三

戴震所讲的义理之学,对时人和后人产生过什么影响,这对探讨他的思想是否具有启蒙意义,从社会效果方面来衡量,亦是一条可供参照的途径。

有的论者认为,戴震生前享有的名声,主要是来自考据学方面的成就,而不是他自鸣得意的《孟子字义疏证》中的思想。他书中这套理论,"乾隆年间未尝有其识,是以三四十年中,人皆视为光怪陆离,而莫能名其为何等学"(《文史通义补遗续·与史余村》)。这是章学诚谈到的情况。对戴震这套理论,当时可能不大为人所理解。江藩在《国朝汉学师承记》中亦说:"戴氏所作《孟子字义疏证》,当时读者不能通其义,惟(洪)榜以为功不在禹下,撰东原行状,载《与彭进士尺木书》,河师(朱筠)见之曰:'可不必载,戴氏可传者不在此'。榜乃上书辩论。今《行状》不载此书,乃东原子中立删之,非其意也。"这里说明戴震义理之学在社会上的复杂反应。当时有些读者弄不清楚他书中的含义,但也有服膺戴学像洪榜那样的人,可是又碰上朱筠的干扰。朱筠在学术上虽说提倡汉学,但在政治思想上却尊奉程、朱。他认为戴震既是汉学家,就应该搞训诂考据,而与彭进士书却批评程、朱,所以反对将这封信收入《行状》里面。

洪榜虽然不同意朱筠意见,但在戴震身后,他的儿子还是将这封信删掉了。

朱筠的态度反映出儒学中相当部分人的意见。朱筠并非完全反对戴学,但主张汉宋分途。他说:"经生贵有家法,汉学自汉,宋学自宋,今既详度数,精训诂,乃不可复涉及性命之旨",何况"性与天道不可得闻,何图更于程朱之外复有论说乎?"(《国朝汉学师承记》)这是说汉学家不应插手宋学,至于离开程、朱别发议论就更加不对了。持类似观点责难戴震的,如翁方纲说:"戴震一生毕力于名物象数之学,博且勤矣,实亦考订之一端耳,乃其人不甘以考订为事,而欲谈性道以立异于程朱。"(《复初斋文集·理说驳戴震作》)姚鼐亦指责戴震说:"言考证岂不佳,而欲义理以夺洛闽之席,可谓愚妄不自量之甚矣。"(《惜抱尺牍·与陈硕士》)

前面讲到的章学诚,他对戴震义理之学还算比较理解,说:"时人方贵博雅考订,见其训诂名物有合时好,以为戴之绝诣在此。及戴著《论性》《原善》等诸篇,于天人理气,实有发前人所未发,时人谓空说义理,可以无作,是固不知戴学者矣。"但他虽肯定戴震讲的天人理气,却反对攻击朱熹,认为戴学"实自朱子'道问学'而得之",不应该"饮水而忘源","至斥以悖谬,诋以妄作"(《章氏遗书》卷二《朱陆篇书后》)。还有戴震的弟子段玉裁,他既称赞《孟子字义疏证》是"正人心"的第一要著,但又尊奉朱熹,赞誉其为"二千年圣贤之可法者"(《经韵楼集》卷八《朱子小学恭跋》),因此他曾建议将戴震配享朱熹,为的是调和矛盾。

上述几个人对戴学在不同方面和程度上都有所肯定,但都反对批评程、朱。由此可见,在当时的历史条件下,要想批判这一封建专制王权的精神支柱是多么不容易,一般是难以得到全面理解和支持的。至于那些顽固的封建卫道士,更是将戴学视同洪水猛兽而恶意诋斥,如方东树写的《汉学商兑》就是一例。

方东树对当时流行的汉学是不满的,可能是出于门户之见。但他对戴学特别对理欲论的攻击,非一般汉宋之争。他比较意识到戴学的流行会引起人民对封建统治的不满,甚至造成社会动乱。在《汉学商兑》中,在引述戴震主张"体民之情,遂民之欲"是"为得理"的观点后,他就反复加以诋斥,说:"若不问理,而于民之情欲,一切体之遂之,是为得理，此大乱之道也。"又说："顾民之为道也，生欲既遂，邪遂又生"，如果不加节制，"则私妄炽"，"犯上作乱，争夺之祸起焉"。他指责戴震"谓不当以义理为教，而第惟民之欲是从，是率天下而乱也"。值得注意的是，方东树对戴学的攻击，非学术分歧，而说成是扰乱甚至颠覆封建统治的罪魁祸首。固然当时双方并未意识到封建社会将由资本主义社会所代替，戴震的理欲论对旧世界最多起到一点"破"的作用，还谈不上有对新世界"立"的设想，但已足以引起卫道者的恐慌，如方东树诋斥戴学的罪名是"邪妄炽结，任意乱道"。还说"虽天下之大，无所不有，不应诞肆至此"。我们知道，统治者加给李贽的罪名是"敢倡乱道，惑世诬民"，并迫害其致死，而方氏指戴学是"任意乱道"，当然犯的更是大罪了。

不过，戴学在当时虽不易为人所理解，并受到某些人的恶意攻击，但拥戴者亦不乏其人。不像有些论者所说，戴学在当时是没有什么影响的。方东树也说到，对戴震"其徒尊之，谓之集群儒之大成，浩气同盛乎孟子，精义上掩乎康成"。这是说，有的弟子尊奉戴震，将他的地位看得比程、朱还要高。对戴学讲人欲不当去的观点，则"诸家著书，纷然祖述。益推而衍之，以蔑理为宗"。另据章学诚记述，戴震逝世后，他的思想仍在江南一带传播，形成"不驳朱子，即不得为通人"的风气，甚至"排圣诽贤，毫无顾忌"（《朱陆篇书后》），由此可见其影响。

戴学真正起到一些启蒙作用的不在当时，而是在近代资产阶级产生以后。如主张君主立宪而参与戊戌变法的梁启超，在《清代学术概论》中，首先对戴氏少年时穷追不舍的学习态度，称"此种研究精神，实近世科学所赖以成立"。他还引用钱大昕对戴震的评价，谓其"实事求是，不主一家"。余廷灿则谓其"胸中所得，皆破出传注重围"。据此，梁氏称"此最能传写其思想解放之精神"。对戴著《孟子字义疏证》，则称赞是"字字精粹"，谓"综其内容，不外欲以'情感哲学'代'理性哲学'。就此点论之，乃与欧洲文艺复兴时代之思潮之本质绝相类"。他认为戴震"其志愿确欲为中国文化转一新方向，其哲学之立脚点，真可称二千年一大翻案，其论尊卑顺逆一段，实以平等精神，作伦理学上一大革命。其斥宋儒之糅合儒佛，虽辞带含蓄，而意极严正，随处发挥科学家求真求是之精神，实三百年间最有价值之奇书也"（《清代学术概论》）。

梁启超对戴震思想的体会，认为既有求真求是而为近世科学所赖以成立的研究精神，又有解放思想作伦理学上一大革命的平等精神。这等于说，梁氏从戴学那里，对科学、民主与自由思想，是受到一些启迪，而戴学能促使晚清人士有这样的认识和觉悟，就可以说戴震思想对近代是具有启蒙意义的。梁启超对戴学过去的遭遇是相当了解的。戴震曾说过："仆生平著述之大，以《孟子字义疏证》为第一。"但实际情况如梁氏所指出："戴氏学派虽披靡一世，独此书影响极小。"主要是当时人不大理解，甚至戴门诸子都有所误会，如唐鉴谓"先生本训诂家，欲讳其不知义理，特著《孟子字义疏证》以诋程朱"（《国朝学案小识》）。即看成是汉学与宋学之间的门户之争。梁氏认为"鉴非能知戴学者"，"然可以代表当时多数人之心理也"。这说明能否接受戴学的启蒙，是一个时代问题。梁氏所以能从戴学中领会到科学精神、思想解放以至自由平等精神，并受到启迪，是由于当时已产生近代意识，而戴震的时代还难以出现具有近代意识的觉悟。因此梁氏的感受并不完全由于他个人的认识水平，其中亦有时代的因素。另外，由于戴震写的是学术研究著作，没有提出政治上的某种主义，用梁启超的说法，是"清代学派之运动，乃'研究法的运动'，非'主义的运动'"，因此其"收获"就不如"欧洲文艺复兴运动"的"丰大"，因而戴震此书的"反响当在今日以后"（《清代学术概论》）。

梁启超对戴学所起到的启蒙作用的估计，我认为基本上是正确的。戴书的反响入近代后与过去明显不同，如与梁氏同时的章太炎，认为戴震"舍名分而论是非"的批判精神，其思想解放的意义，不亚于卢梭和孟德斯鸠。他称赞戴氏遗书"规模闳远，执志故可知"（《检论·学隐》）。刘师培则认为"东原之说，名为伸孟子，实则与孟子相戾也"（《刘申叔文钞·东原学案序》）。即是说戴震对孟子思想不是复归，而是突破。胡适也说戴震哲学"是宋明理学的根本革命"（《戴东原在中国哲学史上的地位》）。这里，章、刘、胡等人是以近代意识来理解戴学，是戴震的同时代人难以办到的，即使戴震本人也未必意识到他的思想内涵具有近代科学和思想解放以至平等革命等方面的精神。所以我认为戴震并不是一个自觉的启蒙思想家，他并没有要改变封建制度的认识，也没有预见到资本主义社会的到来，只是在客观影响上他的某些观点对近代学者起到一些启蒙作用。我们应该实事求是地评价他这方面的历史地位。

本文通过上面三个部分的论述，表达我对戴震思想是否具有启蒙意义的看法。这里关于以孔孟之道批判后儒和公与私、理与欲的关系问题，我想补充谈点情况。在 19 世纪下半叶到 20 世纪初，有两位长期生活在香港的近代思想家何启和胡礼垣，他们曾发表过一系列以"新政"为主题的政论文章，后被汇编成《新政真诠》一书。对何、胡一般都承认他们具有近代意识和早期民主主义思想，并以此激烈批判和抨击封建专制文化。

值得注意的是，何、胡肯定孔孟思想的精义是情理和公论，并和封建专制的"三纲"学说对立起来。他们说："三纲之说，出于礼纬，而《白虎通》引之，董子释之，马融集之，朱子述之，皆非也。"（《劝学篇书后》）据此，他们批评"汉宋之学"说："夫学必期于正者，公理也，汉宋之学其理则私。先存一公之心以求理，其理必通；先存一私之心以求理，其理必塞。"（《后总序》）何、胡并不反对私欲，但讲学者要处以公心，汉宋儒学讲存理去欲，否定人们合理的欲望追求，恰是符合统治者的私利，这就不是正学所倡导的公理了。他们承认个人私欲的合理性，但是不要损害别人，所以又说："能不以己之私夺人之私，不为人之私屈己之私，则国家无患其不富，并无忧其不强，而天人相合之旨庶几其可望。"（《劝学篇书后》）这样人人各得其私，各遂其欲，也就合乎公理了。

由上可见，何、胡的思想与戴震有相似之处。他们都认为孔孟的思想较合乎情理，不像后儒那样推行蒙昧的禁欲主义。由于生活的年代不同，各人经历和所处环境亦不同，何、胡有条件接受西方的资产阶级民主意识，这是戴震难以比拟的。但对待儒家传统文化的取舍与评价，却不无相似之处。我认为这并非巧合，这说明中国历史上的启蒙思想自有其特点，不能全以西方作为参照系，对此应予注意。

# 从社会向近现代转型中看儒家思想的适应性

儒家文化是中国封建时代的产物,在传统文化中居于主干地位。随着封建社会的没落,社会发展的趋势必然会朝近现代方向转型。对此,儒家文化能否适应和如何适应这一形势的发展,在我国是一个值得研究的问题。另外,儒家文化虽发源于中国,但对日本、朝鲜以及东南亚一些国家和地区却有着相当广泛的影响。对此,儒家文化在它们走向现代化的过程中会起到什么作用,亦为当前学术界所关注。由于实现现代化虽是各国的普遍要求,但国情不同,要实现的是资本主义现代化还是社会主义现代化,此中亦有差别。本文想就上述问题谈点个人看法,以供讨论。

## 一

中国社会何时进入近现代?这是一个比较复杂的问题。虽然我们习惯上把鸦片战争作为近代史的开端,但并不等于已进入近代资本主义社会。鸦片战争后中国封建社会虽走向没落,但由于西方资本主义列强的入侵,它们不容许中国成为独立的资本主义国家,而是使之沦为半殖民地。在这种情况下,有些先进的中国人,他们不满于当时的封建专制统治,寻求变革社会的途径,并且把反封建的启蒙思想看成是变革社会的先导。

对于这个问题,梁启超有一番见解。他对中国近300年学术思想发展的性质和趋势有一个总的估计。他说:"'清代思潮'果何物耶?简单言之,则对于宋明理学之一大反动,而以'复古'为其职志者也。其动机及其内容,皆与欧洲之'文艺复兴'绝相类。而欧洲当'文艺复兴期'经过以后所发生之新影响,则我国今日正见端焉。"(《清代学术概论》第3页)这里梁氏所谓"清代思潮",上溯到明清之际顾、黄、王三大家,他肯定这些残明遗老的思想具有反封建启蒙性质。对颜元、李塨则说"其所树的旗号曰'复古',而其精神纯为'现代的'",(同上书第105页)对戴震《孟子字义疏证》一书,更谓"综其内容,不外欲以'情感哲学'代'理性哲学',就此点论之,乃与欧洲文艺复兴时代之思潮之本质绝相类。"他认为欧洲"当时人心,为基督教绝对禁欲主义所束缚痛苦无已","文艺复兴之运动乃采久阀室之'希腊的情感主义'以药之,一旦解放,文化转一新方向进行,则蓬勃而莫能御。戴震盖确有见于此,其志愿确欲为中国文化转一新方向,其哲学之立脚点,真可称二千年一大翻案。其论尊卑顺逆一段,实以平等精神,作伦理学上一大革命。"(同上书第30—31页)

梁启超以"清代思潮"与欧洲"文艺复兴"运动相比,时人多有不同意见。如蒋方震认为双方民族性不同,所以中西虽同属复古,而性质和结果却不一样。亦有说梁氏讲的"以复古求解放",用以说明西方文艺复兴或许可以,因为"文艺复兴"固然是西方文化,但它在科学上的成就,文化上的建树,社会生产力上的发展,已经超越了创造它的民族和地域的范围。正是这个缘故,它才可能成为从中世纪文化过渡到近代文化的历史标志。而中国"以儒家为主体的传统文化,是个封闭性的自足系统。它有广阔深厚的土壤,连绵悠久的历史,与宗法封建社会有着互相适应的紧密联系。正如中国封建社会商品经济无论怎样发展也摆脱不了自然经济的脐带一样,传统文化也不可能靠他的自我批判来进行形态上的更新"(《关于明清之际文化性质问题》)。

以儒家为主体的传统文化能否向近代转型?这是一个值得研究的问题。梁启超所提出的观点,却不单是限于理论上的探索,同时也曾付诸政治上的实践。如众所周知,康有为领导的戊戌变法维新,其理论依据就是托古改制,这一点梁启超看得很清楚。他所以说清代思潮是"以复古为解放",如黄宗羲借复三代之古来抨击后世的专制君主,颜元、戴震则要复孔、孟之古来批判程、朱、陆、王。这种批判就是"破",梁氏认为近代解放思潮即由此而来。据此,他很重视今文春秋公羊学在近代的复兴,即通过庄存与、刘逢禄到龚自珍。他称赞自珍"颇似法之卢骚",并"往往引公羊议讥切时政,诋排专制",故"晚清思想之解放,自珍确与有功焉"(《清代学术概论》第54页)。

但是,梁氏这里所说的解放思潮,只讲"破"还是不够的,要想政治上实现变法维新,还得破中有"立","托古改制"可以说是"以复古为解放"思想的发展归结。梁氏曾明确指出:"(康)有为之治公羊也","专求其微言大义","定春秋为孔子改制创作之书。"谓"孔子改制,恒托于古"。"又惟孔子而已,周秦诸子罔不改制,罔不托古"。梁氏又说:"有为所谓改制者,则一种政治革命社会改造的意味也。故喜言'通三统'。'三统'者,谓夏商周三代不同,当随时因革也。喜言'张三世'。

'三世'者，谓据乱世、升平世、太平世，愈改而愈进也。有为政治上'变法维新'之主张，实本于此。"（同上书，第56—57页）

对上面梁启超的议论，从现在看来，戊戌变法虽是打着复古、托古招牌，其实是一场君主立宪运动，应该属于近代资产阶级革命范畴。康、梁当时所以这样做，可能亦是由于斗争策略的需要。因为他们搞变法为封建顽固派所反对，打着孔子托古改制的旗帜，就可以塞顽固派之口。同时也说明一点，即以儒家为主体的传统文化当社会出现转型需要时，可以经过自我调节、自我批判进行某种程度上的更新。

## 二

当康有为企图通过托古改制的途径进行变法维新时，梁启超曾给予高度赞扬。对康氏有关这方面的著作如《新学伪经考》，称之为"思想界之一大飓风"，对《孔子改制考》和《大同书》，则谓"此二书者，其火山大喷火也，其大地震也。"（同上书，第56—57页）梁氏这些形象化的比喻，对康有为托古改制思想的作用和影响，可谓极其夸张之能事，但这场变法毕竟失败了，失败的原因当然主要决定于双方力量的对比，但托古改制这种理论能否促使封建社会向近现代转型？经历过这场考验，大概不能继续使用了。从中世纪成功地转型为近代资本主义国家，英、法等欧洲国家先走了一步；而中国在鸦片战争后却着着失败，这就使人们引起向西方学习的关注。当时林则徐、魏源等开始放眼世界，但由于中国一向以天朝上国自居，多数人并不承认自身思想文化的落后，认为所缺乏的只是同西方对抗的坚船利炮。如魏源提出"师夷长技以制夷"（《海国图志叙》），主要是学习西方的军事技术以抵抗外来侵略。1861年冯桂芬撰写《校邠庐抗议》，提出"采西学""制洋器"时，明确主张"以中国之伦常名教为本，辅以诸国富强之术"。薛福成则进一步提出：要"取西人之器数，以卫我尧舜禹汤文武周孔之道，俾西人不敢蔑视中华"。他还说："吾知尧舜禹汤文武周孔复生，未始不有事乎此；而其道亦必渐被乎八荒，是乃所谓用夏变夷者也。"（《筹洋刍议·变法》）

按照魏源、冯桂芬、薛福成上述的主张，开始是想学习西方的军事技术以抵抗外来侵略，进而想用西方的科学技术，来维护中国的伦理纲常，这可称之为"变器卫道"。而用周孔之道来同化外邦，即所谓"用夏变夷"。后来张之洞在1898年的奏折中提出："以中学为体，以西学为用，既无迂陋无用之讥，亦无离经叛道之弊。"这就是有名的"中体西用"论。其用意正如辜鸿铭所指出："文襄之效西法，非慕欧化也；文襄之图富强，志不在富强也。盖欲借富强以保中国，保中国即可以保名教。"（《张文襄公幕府纪闻》）这是中体西用论的本旨所在。

以上这些人的主观愿望，当然想一举两得，既达到西方那样的富强，又保住中国的名教。但由于时代不同，要想用封建儒学的伦理纲常，去包容资产阶级文化的民主与科学，那是难以办到的。所以要学习西方，不能只讲究坚船利炮的富强之术，还要从政治体制、思想文化等方面进行比较，这在当时一些有识之士还是有所觉察的。如魏源虽讲"师夷长技"，但对西方君主立宪和总统选举这两种类型国家的议会制度，他都作了肯定，认为能做到公正与周全。虽然这是看表象，并未深入洞悉资产阶级民主制的内幕，但比中国君主世袭的封建专制制度，当然是胜出一筹。又如冯桂芬虽说以伦常名教为本，但他也看到中国"人无弃材不如夷，地无遗利不如夷，君民不隔不如夷，名实必符不如夷"（《校邠庐抗议·制洋器议》）。这"四不如"就涉及政治文化方面，不仅是技艺、器物不如西方了。据此，一些进步人士如郑观应就指出西方的"治乱之源，富强之本，不尽在船坚炮利，而在议院上下同心，教养得法"（《盛世危言·自序》）。故他主张"必先立议院，达民情，而后能张国威，御外侮"（同上书，《议院上》）。何启、胡礼垣写的《新政真诠》，更进而提出"人之根本在元气，国之根本在民情"；"天下之权，唯民是主"，这就接触到西方资产阶级政治文化的核心问题了。

为要使以儒家为主体的传统文化适应西方的近代意识，一些改革家和革命者力图将中西文化加以会通融合。如康有为在讲托古改制的同时，还将孔子的思想近代化。他说："推己及人，乃孔子立教之本，与民同之，自主平等，乃孔子立治之本。"（《中庸注》）他还提出"以仁济天下"（《礼运注叙》）。这是将孔子的思想和仁学与西方的平等博爱挂钩。而当时谭嗣同在《仁学》总纲中，把中国的儒、道、墨以及佛教和基督教包容在一起。谭氏又讲"仁以通为第一义"，他要变四不通为四通，即中外通，上下通，男女内外通和人我通，这是要将儒家的仁学，通向西方自由、民主、平等、博爱之路。稍后，孙中山也提出要"发扬吾固有之文化，且吸收世界之文化而光大之，以期与诸民族并驱于世界"。他又说："余之谋中国革命，其所持主义，有因袭吾国固有之思想者，有规抚欧洲之学说事迹者，有吾所独见而创获得。"（《中国革命史》《全集》七第60

页）李大钊对中西文明进行比较研究，认为二者"互有短长，不宜妄为轩轾于其间"，"必须时时调和，时时融会，以创造新生命而演进于无疆"（《以东西文明根本之异点》）。这是主张对中西文化取长补短，通过调和融会以创造新文化。

以封建儒学为主体的中国传统文化，与西方近代资产阶级文化，由于双方存在着时代的差距，彼此是有冲突的，但中国近代史上提出向西方学习的人，对此总想加以调和，沿着这条思路，到"五四"新文化运动后，就出现有所谓新儒家，梁漱溟可以算是早期的代表。他一方面批评孔子和宋儒"耽误"了中国的科学和民主，而这恰好是西方文化的"特长"，所以主张引进以弥补中国传统儒家文化的缺陷。另一方面，他也看到西方物质文明的病态，就是将人变成"物欲"的奴隶，从而走向人类文化的"歧途"。因此，他主张既接受西方文化，又要否定其意欲向外的人生态度，而统之以折中调和为特征的中国人生态度，由此形成既不是西方文化，也不是保守衰落的中国文化，而是两者不断冲突、不断调整，经过再三整合而后产生的新的世界文化。他说："总而言之，世界未来文化就是中国文化的复兴，有似希腊文化在近世的复兴那样。"（《中华民族自救运动之最后觉悟》第238页）

与梁漱溟同辈的熊十力，他主要是承接发扬宋明理学的"内圣"心性理论，但他主张从内圣开出"外王"的科学、民主和社会主义。稍后的贺麟在1941年发表《儒家思想的新开展》一文，明确提出要"以儒家思想为本体，以西洋文化为用具"的主张。他认为中国文化能否复兴，就要看"以民族精神为体，以西洋文化为用"是否可能的问题。这里虽和张之洞要保封建名教有所不同，但仍然摆脱不了中体西用论。与此同时，还有冯友兰，也是讲内圣外王之道。他提出："若把中国近五十年的活动，作一整个看，则在道德方面是继往，在知识、技术、工业方面是开来。"前者是中国所本有，后者须添加的是西洋东西（《新事论》第228—229页），这里也是体用关系，"继往开来"的提出，成为后来港台新儒家提出"返本开新"的先导。

进入20世纪50年代，现代新儒家的思想阵地主要转移到港台地区，牟宗三、唐君毅、徐复观都曾当过熊十力的弟子。他们仍沿着内圣开出外王的思路，力图使儒家传统文化能适应现代化社会的需要。他们一方面承认在"中国文化历史中，缺乏西方之近代民主制度的建立，与西方的科学及各种实用技术，致使中国未能真正的现代化、工业化"。但另方面又说："不能承认中国之文化思想,没有民主思想的种子","亦不能承认中国文化是反科学的"。理由是儒家所肯定的"天下为公,人格平等之思想,即为民主之政治思想之根源所在"。并由是得出结论:"民主宪政,亦即为中国文化中之道德精神自身发展之所需求",而"从中国历史文化之重道德主体之树立,即必当发展为政治上之民主制度"(《中国文化与世界》)。这称为"返本开新"之论。

树立道德主体是"本",开创民主制度是"新",这是从内圣开出外王的传统道德决定论观点。这种观点在现代化社会中的应用效果如何,看来还要由实践作检验。

## 三

儒家文化能否适应现代社会?从20世纪60年代后期以来,由于日本和所谓"亚洲四小龙"经济上的起飞,因而产生一种观点,即认为儒家思想会促进经济现代化的发展。1984年泰国华人郑彝元出版了一部《儒家思想导论》,企业家郑午楼在序言中说:现在世界上有不少学者已经注意到亚洲一些国家和地区经济现代化的新经验。这主要是指日本,韩国,中国的台湾、香港和新加坡。他们的经验表明:保持儒家传统作为一种安定社会的力量,这对维系整个社会的敬业乐群精神,对于创造一个稳定的投资环境以促进社会经济的发展,会有着极大的重要性。

对日本的情况,近年来出现有"儒家资本主义"的提法。如米切欧·莫里西认为:日本资本主义发展到后期,已完全背离西方的模式,是一种"国家的、家长制的、反个性的"资本主义形式。更进一步讲,正是"集体主义"才抑制了"个性主义",并为日本资本主义上述三个要素提供了社会与文化基础。他还说:"从长远的历史角度看,儒家价值观念决定了日本资本主义制度中集体主义伦理道德体系的确立。儒教重视社会和谐与社会道德,强调社会成员之间秩序关系的形成。在《论语》中,孔子描述了一种理想的社会机构,并规定每个阶层的作用与道德规范。""西方社会中,道德上的个人主义与经济个人主义无意识地结合在一起,而日本传统文化的集体主义则会导致'儒家资本主义社会'。"(王剑波、张芹编译自《澳·新社会学杂志》第24卷1期,《社会科学报》1989年12月7日摘引)

这里所谓儒家资本主义社会,其实指的是儒家思想在日本企业的经营方式中所起的作用，主要是要协调好内部的劳资关系。用著名企业经营者横山亮次的说法：终身就业制和年功序列化是"礼"的思想的体现；企业内工会是"和为贵"的思想体现。他自己同职工的关系，就贯彻了"爱人者人恒爱之，敬人者人恒敬之"的儒家思想。立石电机公司的创业者立石一真主张"和为贵"，要建立"相爱和相互信赖"的夫妻式劳资关系。他们还认为在现实生活中，儒家思想主要是其伦理道德观念，作为文化的一部分仍有机地存在于日本的上层建筑和生产关系之中，并且对经济基础和生产力起到了巩固和推动的作用。但是，我们不能因此就说，儒家思想文化可以产生出资本主义社会，正如一位企业家所说：日本走上资本主义道路，从政治制度到生活方式，全面地向欧美国家学习，是"脱亚入欧"的结果。（见《参考消息》1988年10月21日报道）

据此，我认为日本对儒家文化的吸收，是一种实用型的各取所需。如早在明治维新时，虽然主要是学习西方，但也没有放弃对儒家文化的研索。如曾任天皇教席的三岛中洲，就主张要"据《论语》把算盘"，提出"道德经济合一说"。稍后的涩泽民于1883年则提倡"义利合一论"。他以孔子《论语》的"君子喻于义，小人喻于利"为信条，确立见利思义、义利合一作为办企业方针。这种影响一直到最近的20世纪80年代，日本还出现过读《论语》热。如著名评论家山本七平写的《论语读法》，就成为畅销书之一，涩泽民所著的《论语讲义》《论语与算盘》等书，都被列为企业界的常读书。日本的企业管理以和谐著称，以追求整体利益为依归，通过各种方式、途径调节人的关系，从而达到企业内部系统、关系企业系统、企业与社会的整体和谐，以取得最佳经济效益。这就是日本企业以孔子的和谐哲学作为文化基因，从而取得的实用成果。（参见台湾《日本企业管理的儒家精神》）

新加坡的情况和日本有些不同，它在现代化的过程中也是学习西方，生产发展、经济建设是起飞了，但社会道德、家庭伦理方面却出现危机。该国第二副总理王鼎昌在一次会议中说："建国以来，在经济、科技建设等方面，我们都取得可喜的成就，这就是向西方学习的结果。"同时他又指出：西方文明中存在的问题，是"道德伦理的破坏，人际关系的实用主义化，这都是西方世界存在着可怕的现象"。副总理吴国栋在谈到西化后的忧虑及其补救办法时说："新加坡人越来越西化，人民的价值观也从儒家理论的克勤克俭和为群体牺牲的精神转为自我中心的个人主义。这种价值观的改变，将会削弱我们的国际竞争能力，从而影响国家的繁荣与生存。"他又说:"我们的忧虑是,在不知不觉中,受到西方的同化。"还说:"新加坡学校已有多年没有教导儒家伦理,直到最近才恢复。"(《儒家基本价值观应升华为国家意识》,载新加坡《联合早报》1988年10月29日)

由此可见,新加坡当局近几年所以推行儒家思想教育,是在西方利己主义价值观严重泛滥的情况下,作为挽救资本主义道德危机的治世良方。根据他们的国情,着重对青少年进行儒家道德伦理方面的教育,这样做是可以理解的。这里说明,亚洲一些已走向现代化的资本主义国家和地区,正是由于西化后物质文明带来了精神危机,所以才乞灵于儒家思想,目的是希望起到一些补偏救弊的作用,看来也会收到一定成效,因而也引起西方人士的关注。韩国成均馆金敬洙博士说:"最近连西洋都说儒教精神和儒教伦理是能克服西洋文化局限的整个世界性精神财富,在我们传统的儒教文化中,将能找到创造我们文化所必要的价值观。"(《儒教是克服西洋文化的精神财富》,载韩国1987年9月16日《东亚时报》)儒家思想文化所以会起到这些作用,正如我们有些学者所分析:由于这些国家、地区,"在经济高度发展的基础上,逐渐呈现了道德危机的集体意识,部分社会成员感到旧有的文化传统和社会组织在现代化浪潮的冲击下受到威胁,因而便设法维护旧有传统,以抗拒外来因素的影响"(见1987年10月6日《文汇报》)。对此,我也可以说,在各地走向现代化的过程中,由于实现的程度和各自的条件不同,在接受儒家文化的影响时,就变成各取所需,对如何适应现代化的发展问题上,就会各自起到不同作用。

## 四

实现现代化是当前世界各国的共同目标,但发达国家和发展中国家仍有较大差距,同时还有实现资本主义现代化还是社会主义现代化的分歧。我们要建设的是具有中国特色的社会主义现代化国家,这和已经实现或正在走向资本主义现代化的国家亦有区别。

我国的现代化事业,既包括农业、工业、国防和科学技术的四个现代化,也包括改革和完善社会主义的经济制度、政治制度,发展高度的社会主义民主和完备的社会主义法制。即在建设高度物质文明的同时,还要建设高度的社会主义精神文明。关于后者,1986年9月,中共中央作出了《关于社会主义精神文明建设指导方针的决议》。其中提到社会主义精神文明建设的根本任务,是适应社会主义现代化建设的需要,培育有理想、有道德、有文化、有纪律的社会主义公民,提高整个中华民族的思想道德素质和科学文化素质。

要完成这个根本任务,其中也就牵涉到如何对待历史文化遗产的问题。所谓历史文化遗产,应该主要是以儒家为主体的传统文化。中共中央定下的是批判继承的方针,这个方针新中国成立以来早就明确了,但关键是怎样理解和如何贯彻的问题。比如说:批判什么?继承什么?有种简单回答:批判的是封建性糟粕,继承的是民主性精华。但糟粕与精华如何划分?有两分法,亦有提出三分法,还有认为是不可分割地存在于统一体中,要像食物那样经过肠胃消化,吸收的养料是精华,排泄的粪便是糟粕。不过这种比喻虽然形象生动,但对儒家传统文化如何消化吸收,多年来却难以说清楚,可以说是一个仍未解决的问题。

近几年来,儒家传统文化能否适应我国现代化的发展,对促进社会主义精神文明建设是动力还是阻力,在学术界有很大分歧。我认为不一定是非此即彼,不是动力就是阻力。我觉得儒家为主体的传统文化所体现的社会功能往往是带有矛盾的两重性。有的同是一种观点,而后人对此见仁见智,可以得出相反的理解和体会。如天下为公和大同世界,这确是中国古代儒家的一项重要的政治思想。但这种理想是否有助于通向民主政治之路,前面讲到港台新儒家唐君毅、牟宗三等人对此作了肯定。而内地则有人认为这是把远古的农村公社作为理想国,这种政治思想所体现的不是个人价值、个人尊严,而是高出于个人的家庭、社会和国家生活,并形成父权、君权、神权的观念,这种政治取向只能是导致专制集权的文化基础。对人格平等问题,亦认为儒家的人文主义是以道德为标准,其归宿都是为实现社会群体对于个人的约束,所强调的是个人义务而不是个人价值,个人价值只能体现在群体关系中,故人格的平等、尊严就无法得到实现。

我认为把人看成是群体分子,以伦理、政治为轴心,处理和调整人与人之间的关系,这可以说是以儒家为主体的中国传统文化的特色。从孔子开始,对人格的完善、道德的修养,在要求上是人人平等的,如正己正人、立己立人、达己达人,他要所有的人都这样做,并无等级之分。孟子则肯定"人皆可以为尧舜"(《告子》下),荀子亦承认"涂之人可以为禹"(《性恶》),这就表明人们在道德人格上的平等地位。孔、孟还鼓吹"匹夫不可夺志",要做"独行其道"的大丈夫,甚至不惜牺牲性命以成仁取义,这里对个人价值的独立和尊严,也应该是有所体现。但是,另方面也得承认，当时在现实的社会政治生活中，人们的地位却是不平等的，孔、孟既要维护君臣父子在社会政治伦理上的等级秩序，并且还肯定统治与被统治、剥削与被剥削的社会等级关系，与对人们在道德人格上的平等要求，就形成了儒家在人际关系上的两重性思想矛盾。

传统儒学中对待人际关系的矛盾二重性思想，在当前的社会现实生活中仍然有它的作用和影响。由于儒学是讲究亲亲和尊尊，在处理人际关系时，如能做到尊老爱幼，和睦亲朋邻里，守望相助，疾病相扶，这类传统美德就应该加以继承。对领导与被领导、上级与下级的关系，则要在民主集中制的基础上处理好，这就有助于稳定社会秩序，维护安定团结的局面。但是，儒家那种为亲者讳、为尊者讳的思想，也会有助于滋长官僚主义和亲情关系网，如特权思想、家长作风等带有封建性的纲常名教思想，这种现象最为群众所非议，应该进行批判。儒家对道德人格高标准的要求，如讲究正己正人、以身作则、见利思义、先忧后乐等思想行为和立身处世之道，以至不欺暗室的慎独工夫，这是儒学中的民主性精华和优良传统，应该加以发扬；但对一些过去称之为伪君子、假道学，今天亦有这些言行不一的两面派，就要加以揭露和批判。

总之，儒家文化如何适应我国社会主义现代化的发展，还是一个有待探索的问题。日本和新加坡的经验可供借鉴，但也不能完全照搬。我们自己对社会主义精神文明建设的指导方针还是明确的。比如说，社会主义道德作为人类文明中道德发展的新境界，它必然要批判地继承人类历史上一切优良道德传统，并要同各种腐朽思想道德作斗争。又比如说，进行社会主义思想道德建设，还要注意处理好树立时代精神与弘扬传统美德的关系，把时代精神同弘扬民族传统美德结合起来。这些原则性的指导思想应该说是对的，但如何具体贯彻就不那么容易了。对这类问题我认为应当容许百家争鸣，在各人的研究和讨论中，逐步求得解决。

# 历史的轨迹　时代的展望
## ——从儒学发展进程看儒学的前景

儒学原是春秋战国时期的一个学派，从汉代以来，由于当政者的需要和重视，儒学逐渐成为官方的统治思想，两千多年来，虽然中间有过一些曲折和起落，儒学基本上在中国传统文化中居于主导地位，到今天在社会上还有相当影响。但是儒家思想是有变化的，发展的过程也非一帆风顺，特别是封建社会走向没落，近百年来儒学受到冲击，"文革"时期更是遭遇一场劫难，现在虽然得到拨乱反正，但如何适应现代化的需要，及在世纪之交儒学发展的前景如何，还是一个值得探索的问题，这就是写作本文的意旨所在。

### 一、儒学思想的形成及其在先秦社会的作用

#### （一）孔子创立儒家及其自身的思想矛盾

要探索儒学的发展前景，还是要先对历史作点回顾，所谓"鉴古知今"，总结前人走过的道路及其成败得失，对后来者应当有所启示。缅怀过去，探讨儒学的发展规律以瞻望将来，我认为还是需要的。

春秋末年的孔子（公元前551至前479年），被认为是儒家的创始人，他的祖先是殷人的后代宋国贵族，所定居的鲁国又是周礼的保存地，据说他从少年时即热衷于学礼，可能是受到家族和社会的影响。春秋末年社会上已出现"礼崩乐坏"的现象，而孔子却主张"复礼"（《论语·颜渊》），他自己还说要"从周"（《论语·八佾》），这就表现出他一生中的保守思想和立场。

从孔子整个政治思想倾向来看，虽然基本态度是保守的，但也并非拒绝任何改革。如他考察了夏、商、周三代的"礼"制，得知历代有所"损益"，因而推知后世，"礼"制也会有所因革（《论语·为政》），这里他多少承认时代的变化，所以孟子说他是"圣之时者也"。

孔子虽然看到时代的变化，有时也不能不承认，但他在思想上还是不愿意接受的，特别是违反旧礼制的情况，觉得不能容忍。如他骂季氏"八佾舞于庭，是可忍也，孰不可忍也"（《论语·八佾》）。对管仲是否知礼问题，称："邦君树塞门，管氏亦树塞门。邦君为两君之好，有反坫，管氏亦有反坫。管氏而知礼，孰不知礼？"（《论语·八佾》）这里指管仲僭用邦君的设备，用反问语气批评他不知礼。对晋国铸刑鼎一事，则指称"贵贱无序，何以为国"，即认为违反唐叔的旧制（《左传·昭公二十九年》）。

孔子对当时社会是有道还是无道的标准，他认为"天下有道，则礼乐征伐自天子出；天下无道，则礼乐征伐自诸侯出"。"天下有道，则政不在大夫。天下有道，则庶人不议。"（《论语·季氏》）他要维护西周的政治等级制度，认为当时是无道之世。由于他向往的"有道"时代无法再现，作为他的理想，当然是其道不行了。

孔子对自身的处世，本来说是"有道则现，无道则隐"（《论语·泰伯》），但他却周游列国，忙于用世，由于政治理念不同，道不同不相为谋，在他与邦君的双向选择中，还是无法施展他的政治抱负。时代不同了，当时不会有相信仁德治国的邦君，孔子到处碰壁后，只好回来办他的私学。但为了实行他的政治理念，却知其不可而为之，这种精神还是可取的。不过这里可以看出，在社会出现变革时，给孔子带来复杂的思想矛盾。

（二）倡王道，斥霸权，孟子思想与时代的差距

孟子是孔子思想的主要继承人，后世合称"孔孟之道"，表明其思想中的共性。他承传了孔子仁德治国思想，倡导以行仁政为核心的王道政治，而反对春秋时的霸主专权。他提出"以德行仁者王"，"以力假仁者霸"，把春秋时"五霸"视为"三王"的"罪人"（《孟子·告子》下），并明确表示说："仲尼无道桓、文之事者。"（《孟子·梁惠王》上）表明孔、孟及儒家徒众的共同立场。不过孔子对齐桓公和管仲还有肯定的一面，而孟子这方面走得更远了。不过他认为今之诸侯、大夫比"五霸"还不如，可以说是每况愈下。

孟子主张行仁政的王道政治，其出发点还是比较好的，他反对暴君污吏的横征暴敛，要求满足人民日常的物质生活需要，做到"黎民不饥不

寒"，"养生丧死无憾"（《孟子·梁惠王》上）。他同意"汤放桀，武王伐纣"的书传记载，谓"闻诛一夫纣矣，未闻弑其君也"（《孟子·梁惠王》下）。他还总结历史，谓桀纣失天下，是由于失去民心，并从而得出民贵君轻的议论。（《孟子·尽心》下）。对当时各诸侯国的兼并战争，他发出强烈的谴责，说"争地以战，杀人盈野；争城以战，杀人盈城，此所谓率土地而食人肉，罪不容于死。故善战者上刑，连诸侯者次之，辟草莱、任土地者次之"（《孟子·离娄》上）。这里认为兼并战争，只有统治者得利，而人民受害，立场、观点是很清楚的。

孟子行王道的主张动机是好的，但实际上行不通，因为历史的发展往往不符合人们的善良愿望，特别在阶级社会中，有时要从血与火的残酷斗争中推动历史前进的。战国时的兼并战争，其实是推动中国实现统一的手段，在当时的情势下，靠讲仁义是难以做到的，只有强大的诸侯国才能取胜。司马迁指出："当是之时，秦国用商君，富国强兵；楚魏用吴起，战胜弱敌；齐威王、宣王用孙子、田忌之徒，而诸侯东面朝齐。天下方务于合纵连横，以攻伐为贤。而孟轲乃述唐虞三代之德，是以所如者不合。"（《史记·孟荀列传》）因此对孟子的思想观点，被认为是"迂远而阔于事情"。可以总的来说，孟子的思想是不合时宜，亦表明他的思想与时代的差距。

（三）从礼到法，荀子对时代变化的适应性

孟子之后，荀子成为先秦儒家又一位大师。由于当时已到战国末期，经过商鞅变法之后的秦国，在兼并战争中已明显处于优势。韩非虽称儒家为显学，但实际上是其道不行，而法家思想却成为时尚。可能是形势逼人强，荀子的思想不能不跟随时势而有所变化，虽然它主张行仁政的王道政治的基本立场未变，但对王、霸已有对等的评价。如说"人君者，隆礼尊贤而王，重法爱民而霸"（《荀子·强国》），比孟子的尊王贱霸思想有所进步。

对礼、法关系，礼治还是法治，似乎是儒法两家施政的分水岭。荀子说："礼者，法之大分，类之纲纪也。"（《荀子·劝学》）又说："法者，治之端也；君子者，法之原也。"（《荀子·君道》）这里有点礼与法相通的意味，也有认为是向往法家思想的过渡。不过从两者的比较，他认为"有良法而乱者，有之矣；有君子而乱者，自古及今，未尝闻也。"（《荀子·王制》）他还是主张人治高于法治，这正是儒家思想的本色。他曾谈到入秦所见，称赞秦国是"治之至也"，但仍以秦"无儒"为憾事，说明他的思想在进步中仍然存在着局限。

从先秦儒家思想对社会变化的适应性来看，由孔、孟到荀子，应该说是有所进步，但由于新旧思想的矛盾，适应性的变化总是比较迟缓，不过也有稳妥一面的长处，在其后两千年的封建社会中，仍然保有这种特点。

## 二、儒学在两千年封建社会中的变化发展

### （一）秦亡汉兴与儒学重建

先秦诸家由于主张以仁德治国，孔、孟还以此游说诸侯，虽然是其道不行，但从以刑法治国的法家看来，儒家思想仍然是一种干扰，所谓"儒以文乱法"，就是加给儒学的罪名。韩非曾反复说："故有道之主，远仁义，去智能，服之以法。"（《韩非子·说疑》）"为治者用众而舍寡，故不务德而务法。"（《韩非子·显学》）"而游学者日众，是世之所以乱也。"（《韩非子·五蠹》）这些话就带有针对儒家的意思。韩非由是得出结论："故明主之国，无书简之文，以法为教；无先王之语，以吏为师。"并使得"境内之民，其言谈者必轨于法"。即人们除服从执法官吏和向其学习外，再不能有别的文化知识了。

秦始皇用武力统一中国，为维护严刑峻法的专制统治，对思想意识严加控制，由是规定"有敢偶语《诗》《书》者弃市；以古非今者族"（《史记·秦始皇本纪》），这里矛头直指儒学，由是焚书坑儒的悲剧就难以避免了。

儒学遭此劫难，何以入汉之后得到重建？这当然是有个过程。秦国行暴政而速亡，继起的汉高祖刘邦，以儒冠为溺器，本不知儒学为何物。汉初由于战乱之后，"民亡盖藏"，只能"约法省禁"（《汉书·食货志》），与民休息。到孝惠、高后时，用"萧、曹为相，镇以无为，从民之欲而不扰乱"（《汉书·刑法志》），历史上成为黄老之治。

由于儒学的治国作用未被认识，所以到"孝文帝本好刑名之言，及至孝景，不任儒者，而窦太后又好黄老之术，故诸博士具官待问，未有进者"（《史记·儒林列传》）。即经过汉初几代皇帝，儒家人物并未得到朝

廷重用。

汉代儒学的重建当归董仲舒,他看出汉武帝维护统一帝国的需要,在对策中发挥《春秋公羊传》的理论,提出:"春秋大一统者,天地之常经,古今之通谊也。今师异道,人异论,百家异方,指意不同,是以上亡以持一统,法制数变,下不知所守。臣愚已为诸不在六艺之科、孔子之术者,皆绝其道,勿使并进。邪辟之说灭息,然后统纪可一,而法度可明,民所从矣。"(《举贤良对策》三)

董仲舒的对策与李斯的建议意图是一致的,即认为在大一统的国家内,思想意识方面也要做到舆论一律,如李斯提出要"别黑白而定一尊",不容许人们"入则心非,出则巷议"(《史记·秦始皇本纪》)。董仲舒也指出在"师异道,人异论,百家异方"的情况下,是无法做到思想统一的。不同之处在于秦始皇时的统一是天下初定,他推行法家的一套用暴力镇压;而汉武时定天下已历数世,社会比较稳定,可以用儒家的教化作堤防。同时法家因秦行暴政而声名败坏,而儒家主张仁德更有利于争取民心。董仲舒正是看准这个时期,才能使儒学得以重建。

不过也要指出,董仲舒的儒学不等同于孔孟之道。他主张德主刑辅实质上是儒表法里或阳儒阴法思想。他提倡"三纲五纪",作为封建统治者立国的根本,也是儒法两家的共识。汉宣帝讲"汉家自有制度,以霸王道杂之。"这种儒法并用的两手政策,董仲舒的儒学对此不违背。他能把握时机重建儒学,表明儒家思想也有与时代性相适应的一面。

(二) 与道、佛竞争中的儒学的定位

传统文化在历史上各个时期的学术特色,一般提法是两汉经学、魏晋玄学、隋唐佛学、宋明理学。这里给人一个印象,儒家思想的发展似是马鞍形,中间魏晋隋唐是道、佛思想占优势。对这个问题我认为要作具体的分析,要说玄学、佛教冲击过儒学,这种现象是有的,但并非达到不可两存,而是从矛盾中渐趋融合。

魏晋时期儒学受到冲击主要来自阮籍、嵇康对"名教"的批判。阮籍认为"君立而虐兴,臣设而贼生。坐制礼法,束缚下民"(《大人先生传》)。为要求得到解脱,嵇康提出要"越名教而任自然"(《释私论》)。他还"轻贱唐虞而笑大禹"(《卜疑》)、"非汤、武而薄周、孔"(《与山巨源绝交书》)。阮、嵇的思想后来发展为鲍敬言的《无君论》,对儒家的名教纲常展开猛烈抨击。

嵇、阮鄙弃礼法和反对名教，是为当时统治者所不容，嵇康还为司马氏所杀，罪名为"害时乱教""非毁典谟"（《晋书·嵇康传》）。因为儒学已成为维护封建统治的工具，所以用行政权力加以保护。

正是在这种情况下，作为魏晋玄学代表人物的何晏、王弼，虽然宣扬道家自然无为的思想，但却宣称"名教"出于"自然"。继起的向秀、郭象则论证"自然"和"名教"的"合一"，即是将封建纲常伦理作为合乎人性自然加以肯定，这无非是用道家思想来论证儒家纲常的合理性。稍后的道教徒葛洪还成为儒道兼综的代表人物。这就标志着儒道思想的合流，而儒学还是占据官方的统治思想的地位。

佛教思想与传统儒学是有矛盾的。由于佛教讲出世、解脱等一套，与儒家讲君臣父子的封建纲常是相违背的。唐高祖李渊曾质问僧徒："弃父母之须发，去君臣之章服，利在何门之中，益在何情之外。"（《大藏经》卷五二）反对佛教的傅奕也说："礼本于事亲，终于奉上，此则忠孝之礼著，臣子之行成，而佛窬城出家，背逃其父，以匹夫而抗天子，以继体而悖所亲。"因而斥之为"无父之教"（《旧唐书·傅奕传》）。正是由于当朝统治者的干预，佛教明显对儒家思想靠拢，如华严宗的宗密，宣称"佛且类世五常之教，令持五戒"（《原人论》）。将佛教的"五戒"与"五常"相比附，表示佛教徒是拥护儒家"五常"等道德观念。他们又宣扬《孝子报恩经》《父母恩重经》，鼓吹"孝道"是"儒释皆宗之"（宗密：《盂兰盆经疏述》）。

从上面资料分析，魏晋南北朝到隋唐时期，儒家思想的社会根基并没有动摇，如名教纲常中的忠君、孝亲是封建宗法制度的根本要求，是统治者不能不加以维护的，这正如唐太宗李世民所说："朕所好者惟在尧舜之道，周孔之教，以为如鸟有翼，如鱼依水，失之必死，不可暂无耳。"（《贞观政要》卷六）儒学对维护封建伦常的作用，远非其他思想流派所能代替，因此玄学与佛教思想尽管盛行于一时，但与儒学的矛盾还是以妥协、融合的形式告终，而儒学仍然维持封建时代的适应性。

（三）封建社会后期儒家思想的分化

宋明是封建社会的后期，由于政治上中央集权专制主义的加强，相关在思想意识上也要强化这方面的控制。纲常伦理既然是维护封建统治的思想工具，而儒家会起到这方面的有效作用，因此宋明理学特别是程朱学派受到当政者的重视从而充当了封建护法的角色。儒家哲学发展到宋明时期，程朱理学基本上是居于统治地位。由董仲舒神学发展到朱熹理学，儒家思想的理论思维水平确是经历了一次飞跃，对佛、道吸收其哲学思辨性的一面，从而提到哲理化的高度，这是宋明理学的一大贡献。

但是，宋明理学强化维护封建纲常却会带来双重社会效应。一方面，人们的忠君爱国思想和民族气节，宋明时期确是得到发扬，亦出现像包公、海瑞那样的爱民清官，这是儒学带来的积极的社会影响。但另一方面，由于理学家强调君臣父子封建政治伦理的等级制度，如程颐说："父子君臣天下之定理，无所逃于天地间。"（《河南程氏遗书》卷五）朱熹也主张："凡有狱讼，必先论尊卑、上下、长幼、亲疏之分，而后听其曲直之辞。凡以下犯上，以卑凌尊者，虽直不右，其不直者，罪加凡人之坐。"（《朱文公文集·戊申延和奏札》一）这种强调君臣上下、长幼尊卑，不同等级待遇的所谓"理该如此"，当然会给社会带来负面影响。戴震揭露"后儒以理杀人"（《与某书》）的罪恶，实质上就是对宋明理学的批判。

明代后期到明清之际，既然在江南地区某些经济领域内，已经出现资本主义生产关系的幼芽，相应在意识形态领域内，在某些方面也会出现有早期的启蒙思想。如黄宗羲反对后世"小儒规规焉以君臣之义无所逃于天地之间"，这明显是针对程、朱的绝对君权论来说的。他还提出"为君之职分"（《明夷待访录·原君》）问题，认为做君主的也有其基本职责，君臣关系只是合作共事，"治天下犹曳大木然"，"君与臣，共曳木之人也。"（《明夷待记录·原臣》）这样形象地来比喻君臣等关系，确是前无古人的。稍后，颜元、戴震也都针对程朱理学，主要批评它的社会负面影响。

不过有一点需要指出：黄宗羲、颜元、戴震等人批评宋明理学，主要以孔、孟（特别是孟子）思想为依托来批评程、朱。这种情况在某种意义上可以说是儒家的自我批评，表明儒家思想既有保持传统的顽强生命力，又有能适应时势作出自我调节的机能，人们可以从矛盾两重性的特点中，对它的理论价值和社会效果，作出符合实际的历史主义评价。

## 三、近百年来对儒学历史命运的重估

### （一）在中西文化冲击中儒家思想的应变

中国近代社会与西方不同，没有完成向资本主义社会的转变，却反而陷入半封建半殖民地的境地。当时中国碰到西方的外来文化与过去佛教的传入不同，儒、佛同是古代社会的产物，彼此还比较容易互相适应。而近代西方则是资本主义社会文化，比封建文化超前一个时代，因此儒学如何对付西学东渐问题，是受到一场严峻的挑战。

鸦片战争的失败，林则徐、魏源放眼世界。魏源提出"师夷长技以制夷"（《海国图志序》），主要是学习西方的军事技术以抵抗外来侵略。到1861年冯桂芬撰写的《校邠庐抗议》，提出"采西学洋器"时，更明确主张"以中国之伦常名教为原本，辅以诸国富强之术"。薛福成则进一步提出要"取西方之器数，以卫我尧舜禹汤文武周孔之道，俾西人不敢蔑视中华"。（《筹洋当议·变法》）。上述观点，开始是想学西方的军事技术以抵抗外来侵略，进而想用西方的科学技术，来维护中国的伦理纲常，这可称之为"变器卫道"。后来，张之洞在1898年的奏折中提出："以中学为体，西学为用，既无迂陋无用之讥，亦杜离经叛道之弊。"这里所谓"体"，是指封建纲常名教；所谓"用"，是指西方的长技，如洋务派就是走的这条路子。按照中体西用论者的设想，主观上当然想一举两得，既达到西方那样富强，又保住中国的名教。但保全传统儒学的纲常伦理，等于仍然维持封建专制政体，要想达到西方先进资本主义国家那样富强，事实上是办不到的，洋务派的"西用"并未收到预期效果。

中体西用论在实践上虽收效不大，但比死守祖宗成法的顽固派还稍胜一筹，即随着时势的变化对西方长技以引进，也多少体现儒学适应性的一面，当然这样还不够，同时还带来康有为的托古改制论。

董仲舒给朝廷对策中，提出"道之大原出于天，天不变，道亦不变"（《举贤良对策》三）。在封建社会中是千古名言，表明封建专制政体的永恒不变。康有为想推行维新变法，与此针锋相对说："盖变者，天道也。"（《进呈〈俄罗斯大彼得变政记〉序》）又说："观万国之势，能变则全，不变则亡；全变则强，小变则亡。"（《上皇帝》第六书）"日本改定变法，国宪之全体。"（《日本变政考》卷七）表明维新派不同于洋务派的"变器，不变道"，而是要变"国宪之全体"。

不过，鉴于中国当时的国情，要改变国体，可以引日、俄的例子，但理论根据还得从儒学自身找出路，于是他写了《孔子改制考》，认为《春秋》是孔子为改制而作，实则阐发了由封建制（据乱世）进化到君主立宪（升平世），再进化到太平世（人类大同社会）的历史必然性，从而为维新变法从儒家宗主孔子那里找到根据，这可以说康有为为儒学对时代变化的适应性，提出了突破性的思路。

为儒学可以向近代转型找根据，梁启超对清代学术还总结出"以复古为解放"的论点。他总结中国近300年学术思想的变迁，认为思想解放的思潮愈演愈烈，但形式上却是愈来愈复古。他将"清代思潮"比喻欧洲的"文艺复兴"，欧洲是复古希腊、罗马之古，中国是复先秦之古，这是为康有为的托古改制寻找历史根据。康、梁的思路后来并得到港、台现代新儒家的回应。

（二）儒学现代化问题的困扰与论争

近百年来，随着国际社会的变化，世界上一些较先进的国家都进入现代化的行列；而中国由于维新变法失败，辛亥革命虽然推翻了清王朝，但正如孙中山所说：革命尚未成功，仍然没有摆脱落后地位。由此，中国社会如何走向现代化是一个面临的时代课题。

国家需要走向现代化，儒学对此能否适应呢？"五四"新文化运动的启蒙理论，如进化论、天赋人权论和民主共和国思想，都是从西方传入的，批判的对象是封建政治和文化，封建儒学则是首当其冲，"打倒孔家店"和指斥吃人的礼教，就是运动锋芒所向。在此情况下，梁漱溟于1922年出版《东西文化及其哲学》，梁本人承认"这书的思想差不多归宗儒家"。梁漱溟鼓吹"走孔家的路"，说除了"替孔子去发挥外，更不做旁的事"。但他却批判孔子耽误了中国的科学和民主，还说宋明理学和传统文化又是压抑了人的个性和情感；而科学的方法、人的个性伸展和社会性发达是西方的"特长"，因此可以作为新鲜血液引进以弥补中国儒家文化的缺陷。但是，他又认为西洋文化开创了满足人类物质需求的时代，但现代欧洲社会却出现严重危机，这正好标志着人类社会已进入一个要求满足人的精神需要的新时期，而中国儒学的人生态度，恰好适应这种文化变动的需要。这里,梁漱溟无异是在宣布:西方物质文明趋于破产,东方精神文明将重起而代之。

梁漱溟面对现实是想向前走,跨入现代化的行列,既不得不学西方的科学和民主,但又想保留儒学的传统,故最终还是强调精神文明的作用,这成为现代新儒学的思想基调。

进入20世纪50年代,现代新儒学思潮在中国大陆基本上处于沉寂状态,却转而向外传播。在此期间,最为集中反映港台现代新儒学思潮观点的,可推《民主评论》和《再生》二杂志在1958年的元旦号中,同时发表的《为中国文化敬告世界人士宣言》(以下简称《宣言》)。该文试图解决传统儒学与现代化关系这个难题。《宣言》一方面承认"中国文化历史中,缺乏西方之近代民主制度的建立,与西方近代的科学及各种实用技术,致使中国未能真正地现代化工业化"。但另一方面说:"不能承认中国之文化思想,没有民主思想之种子;其政治发展之内在要求不倾向于民主制度之建立。"那么民主思想之种子从何而来?《宣言》认为,儒家肯定:"天下非一人之天下,并一贯相信在道德上,人皆可以为尧舜,为圣贤,及民之所好好之,民之所恶恶之等看来,此中之天下为公,人格平等之思想,即为民主之政治思想之根源所在,至少亦为民主之政治思想之种子所在。""如君主与人民在道德人格上真正平等","则君主制度必然化为民主制度"。并从而得出结论说:"民主宪政,亦即为中国文化中道德精神自身发展之所需求",而"从中国历史文化之重道德主体之树立,即必当发展为政治上之民主制度"(唐君毅:《中华人文与当今世界》第903—904页)。这称为"返本开新"之论。

唐、牟等人的《宣言》,在思想上有点与康、梁接近,即儒学如何适应社会的变化,总想在儒学内通过"寻根"来解决,这是释旧图新。但是重道德之树立,能否必然发展为民主制度之建立,学术界是有争议的。如1988年8月在新加坡举行的"儒家发展的问题及前景"讨论会中,林毓生提出《新儒家在中国推展民主与科学的理论面临的困境》一文,对新儒家"内在要求"说提出质疑。文中认为《宣言》中的意见,"最多只能说中国传统文化中蕴涵了一些思想资源,他们与民主思想与价值并不冲突,但他们本身并不必然从内在要求民主的发展"。因此说"希望儒家道德性的思想'必当发展为政治上之民主制度',很难不是一厢情愿的愿望"。

我也认为儒家的长处在"内圣",要开出"外王",建立新制度,只能停留在学者的理念上；展望将来,只有提高人们的道德内涵和思想素质,才能适应和平和发展的新世纪的需要,也是会给儒学发展带来希望。

(三) 发扬优点,对儒学发展前景的展望

以上总结历史,说明儒学在适应社会的变化时,总是有点内部调节的功能,或是对传统儒学作出新的诠释,使其能适应新的社会需要。我们希望21世纪成为一个和平与发展的时代,最重要的一条就是各国家、民族之间能做到和谐相处和共同发展。具体点说,从国际大环境到国家、民族再落实到个人,从如何解决各种矛盾到正确、公平处理好各种关系,这才是营造21世纪和平与发展时代的必要条件。

儒学是一门研究人的学问,也可以说是人际关系学,它的特点,是重视从道德修养方面来提高人的精神素质,并且要求从个人做起,正心、诚意、修身、齐家到治国、平天下。这样逐步推广,而个人修身则是基础,所以说"自天子以至于庶民,壹是皆以修身为本"(《礼记·大学》篇)。无论权力大小和地位高低,自身道德修养的要求是平等的,从个人、家庭到国家、社会,这也是体现中国古代家国同构的特点。

儒学对个人的道德修养体现到"仁"为核心的人生价值,就是教导人们怎样去做人。孔子说:"夫仁者,己欲立而立人,己欲达而达人。"(《论语·雍也》)"己所不欲,勿施于人。"(《论语·卫灵公》)这就是讲人我之间的关系准则。孔子还提出正己正人的关系问题,他回答季康子问政时说:"政者,正也。子帅以正,孰敢不正。"(《论语·颜渊》)又说:"其身正,不令而行；其身不正,虽令不从。""苟正其身矣,于从政乎何有？不能正其身,如正人何。"(《论语·子路》)这就是说要求别人时先要自己做到,即是要以身作则,这是处理人际关系的又一条重要规范。

儒学的道德修养还有一项重要内容,称之为"慎独"。《中庸》里说:"是固君子戒慎乎其所不睹,恐惧乎其所不闻,莫见乎隐,莫见乎微,故君子慎其独也。"这是说君子在别人看不见、听不见的情况下,独自一个人时,也要谨慎地进行内心反省,在无人监察下也不做坏事,这确是为人处世的一条重要道德原则。

总之,儒学对处理人际关系主要是"诚信"两字,人人能做到这一点,就是一个"人和"的社会。孔子的儒学对中国古代农业社会的家庭和谐和社会稳定产生了重要作用；在近代工商业兴起后，儒学对现代文明社会也有适应的一面。

儒学对工商业发展的作用，得到一些现代企业家的肯定。1984年，泰国华人郑彝元出版了一部《儒家思想导论》，企业家郑午楼在序言中说："现在，世界上有不少学者已经注意到亚洲一些国家和地区经济现代化的新经验。这主要是指日本，韩国，中国的台湾、香港和新加坡。他们的经验表明：保持儒家传统作为一种安定社会的力量，这对维系整个社会的敬业乐群精神，对于创造一个稳定的投资环境以促进社会经济的发展会有着极大的重要性。"（《儒家思想导论》，泰国曼谷时中出版社1984年出版）

儒家思想主张对人和，重信义，诚实不欺，对从事经济活动也有促进作用，并且对日本也有影响。如早在明治维新时，曾任天皇教席的三岛中州，就主张要"据《论语》把算盘"，提出"道德经济合一说"。后来的涩泽民于1983年则提倡"义利合一论"，确立见利思义、义利合一作为办企业的方针。著名企业家横山次亮、立石一真，都主张以"和为贵"来处理劳资关系。据报道，儒家思想主要是其伦理道德观念，作为文化的一部分能有机地存在于日本的上层建筑和生产关系中，并且对经济基础和生产力起到巩固和推动作用（见《参考消息》1988年10月21日报道）。这里说明儒学与"工业东亚"文明仍有密切的关系。

用儒学的诚信思想办企业，实行文明经商，香港有的企业家也深有体会，并且也有成功的范例。

在现代新加坡，则是从培养人、教育人的角度，对儒学的作用作出评价。1982年，新加坡教育部宣布增设儒家思想课程，供中三中四学生选读。《星洲日报》在报道中引述第一副总理兼教育部长吴庆瑞的话说："孔子学说中的君子风范和崇高正直品格的道德价值和20世纪的新加坡密切相连。""孔子的道德体系是培养具备良好行为的君子。"他又说："新加坡是个迅速朝向工业化的小国家，和中国的香港、台湾和韩国等国家和地区一样，被世界银行列为发展的行列。这些地区的成功都有一个共同点：同样深受儒家思想的影响。他们的人民可能不是在学校接受儒家思想教育，但却在家中接受儒家道德价值观的熏陶，最终培养出具备一些儒家良好行为准则的人。他们之所以取得出色的经济成果，可直接归因于儒家教诲人们要为国献身的道德规范。"（苏新鉴：《儒家思想近十五年来在

*新加坡的流传》*

　　以上说明，儒家的道德规范及其思想影响是潜移默化的，并且可以跨越时空的限制。我认为，如正己正人、慎独等做人的思想品质，传播到21世纪也是适用的，关键要有教师、家长共同引导、教育下一代，使能薪火相传，同时要国人营造一个良好的社会风气，从而能够接受儒学的正面影响。

　　世纪之交对儒学前景的探索，亦不能只从好的方面着想，因为儒学本身确是也有它的负面作用。如新加坡在讨论儒学思想本身之价值时，曾广泛征求意见，肯定的一方提出儒学的积极面有23项之多，但另一方也提出六大项质疑意见。人生是处在十字路口，所谓择善而从，亦是各取所需，如何能使群众取精华而弃糟粕，教育者要先受教育，而且还要正己正人，看来还是一场艰巨的任务。

# 中国传统道德能合理继承吗
## ——兼论传统道德民族性与时代性的关系

当前，为要搞好社会主义精神文明建设，对中国传统道德观念如何加以扬弃继承，以适应新时期的需要，这是一个值得研究的课题。我认为如何正确理解传统道德观念中的民族性与时代性的关系，是对这个课题研究的一个重要方面。

所谓民族性，是指传统道德观念在不同民族之间是具有不同特点，这不但在中国，如日本、朝鲜、印度等东方民族，以至西方英、法、德等国的传统道德观念，都有其自身的民族特点，这是各种道德在空间的分布问题。但是，不同民族自身的道德并非固定不变的，随着社会的发展也有所变化，这就是时代性。民族性与时代性的关系，就是空间与时间的交错发展。现在有些人把两者对立起来，如对传统文化与现代化关系，有人断言中国传统文化不能走向现代化，理由是中国民族文化是属于前现代性，是传统的封建文化，所以要走向现代化只有投靠西方，走全盘西化之路，或者变个提法，称之为全球性文化，或称多元一体化。实质上是用凝固的观点来看中国传统文化的民族性，而否认民族文化可以随着时代而发展，这种带有殖民地文化烙印的观点，我是不能同意的。

中国传统道德观念当然有它的民族性。中国是个礼仪之邦，中华民族有它的传统美德，是为世人所公认，当然其中也有不少封建糟粕，应当加以扬弃。对这个问题我认为要处理好四方面的关系，即义与利、理与欲、公与私、人与我，这是民族性与时代性的关系，只有弃其糟粕，取其精华，才能使传统的道德观念经过扬弃而适应时代的需要。下面试从我提出的四方面关系略作分析。

第一，义与利的关系。义利关系既是我国传统道德，也是价值观的核心问题。一般认为儒家是重义轻利的。如孔子讲"君子喻于义，小人喻于利"。(《论语·里仁》)"不义而富且贵，于我如浮云。"(《论语·述而》)又说："君子义以为上。君子有勇而无义为乱，小人有勇而无义为盗。(《论语·阳货》)""放于利而行,多怨。"(《论语·里仁》)所谓"子罕言利,与命与仁,"(《论语·子罕》)也就是说明孔子日常的表志。到孟子也说:"行一不义,杀一不辜,而得天下,皆不为也。"(《孟子·公孙丑》上)"非其义也,非其道也,禄之以天下,弗顾也。"(《孟子·万章》上)他见梁惠王开口就说:"王何必曰利,亦有仁义而已矣。"(《孟子·梁惠王》上)还说:"君臣、父子、兄弟终去仁义,怀利以相接,然而不亡者,未之有也。"相反"去利"而"怀仁义","然而不生者,未之有也。"(《孟子·告子》下)这都是义利对立的思想。到董仲舒更概括出"正其谊不谋其利,明其道不计其功"(《汉书·董仲舒传》)的命题,这是正统儒家义利观的明确表述,也是后人提出批评的主要根据。

不过,孔孟也非完全不讲利。孔子就说:"因民之所利而利之。"(《论语·尧曰》)孟子对梁惠王,只是主张不要与民争利,但他提出要"王与百姓同乐"(《孟子·梁惠王》下),就有因民之所利而利之的意思。还有孔子主张"见利思义"(《论语·宪问》),就是不能取不义之财,即使在推行市场经济的今天,这种观点对人也应有所启迪。

先秦儒家虽是重义轻利,但别的家派也有将两者摆平的,如后期墨家作出"义,利也"的明确界说(《墨子·经》上)。孟子虽然骂墨家,但不能不承认墨子是"摩顶放踵,利天下而为之"(《孟子·尽心》上)。至于法家提倡耕战,讲究富国强兵,当然以功利为上了。

即使是儒家本身,后来对义利观也是有争议的。如宋明理学家虽多数"皆谈性命而辟功利",但也受到批评。如陈亮提出"功到成时,便是有德;事到济处,便是有理"(《宋元学案·龙川学案》),称为实事实功之学,而反对空谈道德性命之说。叶适则认为不讲功利,道义就成为"无用之虚语"(《习学记言》)。到了清初的颜元,则把董仲舒的义利命题改为"正其谊以谋其利,明其道而计其功"(《四书正误·大学》)。一字之改将义利对立扬弃而成为义利双行的观点。实践证明,在市场经济条件下,义利双行是可以取得成效的。

我所以说义利双行的观点实践证明是卓有成效,因为国外就有成功的范例。如被称为日本企业之父的涩泽荣一(1840—1931),他提出"道德与经济合一"(即《论语》与算盘一致)的思想。他认为孔子说的"富与贵,是人之所欲也;不以其道得之,不处也"(《论语·里仁》)这句话，很适合经商办企业。因为商人本来是争利的，但容易为争利而失道，"不以其道得之"，没有信义道德而致富，其富决不能持久，因此他注意培养孔子伦理思想与企业管理相结合的人才，而"一致"论构成其企业文化的核心。涩泽一生创立了500多家近代企业，并取得成功。松下集团培养员工，也确立"经商之道在于德"的思想，就是承传这种精神。

商贸活动本以赚钱为目的，这是无可非议的，但也要有起码的职业道德，这一点连资本主义国家也相当重视。据香港《明报》1992年7月8日报道，谓西方大企业注重商业道德已蔚为时尚。而香港那些比较成功的企业家，也认为经商要讲诚和信，这是从长远利益看问题。我国传统的道德价值观，讲"崇义非利"是不对的，但也不能见利忘义。"义利兼行"是我们民族的传统美德，对资本主义现代企业尚且能接受并产生良好效应，说明这可以适应时代性的发展，我们社会主义国家的市场经济，对这份优秀的精神遗产，不是更应该发扬光大吗？

第二，理与欲的关系。对理欲关系的问题，这是从义利之辩引申出来的，义与理相关联，利与欲相搭配，义理与利欲似乎是矛盾的。儒家讲心性修养，并不重视人的物质欲望。如孟子就讲"养心莫善于寡欲"（《孟子·尽心下》）。到宋儒周敦颐更进一步说："予谓养心不止于寡而存耳，盖寡焉以至于无，无则诚立明通。"（《养心亭说》）这就要求"无欲"了。由是"存天理，去人欲"成为宋明理学家的共同命题。

前面说过，宋儒在义利之辩中，陈亮、叶适是主张功利的；同样，在理欲之辩中，反对将天理与人欲截然对立的观点。如陈亮对近世诸儒，"遂谓三代专以天理行，汉唐专以人欲行"的提法，提出批评（《甲辰答朱元晦书》），叶适也指斥"以天理人欲为圣狂之分者，其择义未精也"（《习学记言》）。

对天理与人欲关系给予正确解释的，可以推明清之际的王夫之。他说："圣人有欲，其欲即天之理。天无欲，其理即人之欲。学者有理有欲，理尽则合人之欲，欲推即合天之理。于此可见人欲之各得，即天理之大同；天理之大同，无人欲之或异。"（《读四书大全说》卷四）这是认为理与欲不是对立而是统一的，天理不外人欲，不能灭人欲而求天理，这是对存理去欲说作理论上的批判。

王夫之之后，对存理去欲命题作全面分析批判并作出正确理解的是清中叶的戴震。他严厉批评区别尊卑贵贱等级的封建理学，提出"以理杀人"的强烈控诉。他认为天理不外乎人情,"无欲无为,又焉有理?"他说:"文王之视民如伤,何一非为民谋其人欲之事!"还说圣人是在"体民之情,遂民之欲",并认为"民之饥寒愁怨,饮食男女"等人欲,都具有不可排拒的合理性(《孟子字义疏证·权》)。戴震对理欲之辩作出的诠释,承认人们都可以享有合理的物质欲望,反对道学家提出存理去欲的禁欲主张,这种既承认人的情欲但又不要过分纵欲的思想,在今天市场经济条件下要建立新时期的社会道德,还是可取的。

第三,公与私的关系。在中国传统道德观念中,往往是主张公谊重于私情,公益重于私利。从《礼运·大同》篇提出"大道之行也,天下为公",到孙中山还接下这个口号,作为理想社会的标志。对这种思想的评价,有人认为是接近将来共产主义社会的理想,也有认为是原始社会思想的孑遗,是小农经济平均主义思想的产物。并认为这种只讲群体而不重视个体的思想观念,会妨碍中国社会向现代化发展。因为从西方发达国家走过的路子,是从重视个体经济和个人利益,从而走向现代社会的,在中国似乎也不应例外。

其实,中国传统思想对公私问题,对公利和私利是有区别的,同时对不同人有不同要求。如孟子对梁惠王说"王何必曰利",这是反对统治者化公利为私利。对这个问题后来黄宗羲有进一步的论证。他认为古之人君,是"不以一己之利为利,而使天下受其利";而后之为人君者则不然,却"以天下之利尽归于己","以我之大私为天下之大公","视天下为莫大之产业,传之子孙,受享无穷"(《明夷待访录·原君》)。实质上就是化公利为私利,因而表示强烈反对。

至于对老百姓的个人私产,如孟子还是比较重视的。他提出要"制民之产"。有"恒产"才有"恒心"。对一般农家,认为要做到"五亩之宅,树之以桑,五十者可以衣帛矣,鸡豚狗彘之畜,无失其时,七十者可以食肉矣。百亩之田,勿夺其时,数口之家可以无饥矣"。孟子认为要做到"黎民不饥不寒","使民养生丧死无憾",这才是实现"王道"政治的基础(《孟子·梁惠王》上)。

孟子要求统治者行天下之大公,以成就人民群众的小私,这种公私观,我认为是可取的。不过他这里所说的是指一个家庭或家族的恒产,并不强调个人,这里仍带有宗法社会小农经济平均思想的痕迹,没有为个人私产而进行竞争以增加财富的思想表现。到了明中叶以后,由于商品经济的发展和资本主义萌芽的出现,强调个人私有的观念也就凸显出来。如李贽提出"人必有私"的命题。并说"夫私者人之心也。人必有私而后其心乃见,若无私则无心矣"。他是把私利作为促进人们一切行为的动力。还举例说:"如服田者,私有秋之获,而后治田必力;居家者,私积仓之获,而后治家必力;为学者,私进取之获,而后举业之治者必力。故官人而不私以禄,则虽召之,必不来矣;苟无高爵,则虽劝之,必不至矣,虽有孔子之圣,苟无司寇之任,相事之摄,必不能一日安其身于鲁也决矣。此自然之理,必至之符,非可以架空而臆说也。"(《藏书·德业儒臣后论》)他认为孔子也要爵禄,所以说"虽圣人不能无势利之心","势利之心亦吾人禀赋之自然"(《道古录》卷上)。黄宗羲也说:"有生之初,人各自私也,人各自利也。"(《明夷待访录·原君》)把自私自利说成是人类的自然本性,是否正确尚可研究,但肯定私利在社会人生中的作用,确是随着商品经济历史的发展而逐渐受到重视;这也说明我国传统道德观念的民族性并非总是属于前现代性,而是随着时代发展的步伐也会有所变化。

新中国成立以后,对公私关系有过一些提法,如说大公无私,这应是属于共产主义道德,现在提出有点超前。建国初期多种经济并存时,亦有提出要公私兼顾,劳资两利。后来经过"大跃进"和"公社化"的折腾,刮"共产风"和否定个人私利,反而导致社会倒退。目前,我国只是进入社会主义初级阶段,除公有经济为主体外,还允许外资和国内的私有经济并存。从利益分配来看,就有国家、集体、个人几个层次,在私有经济中允许一部分人先富起来,但在整体上还是要防止两极分化,最终要达到共同富裕的目的,这是与资本主义发达国家不同的地方。从利益分配的公私关系来说,我国传统的道德观念还是先公后私,公利重于私利,不能损公肥私,在社会主义市场经济条件下,这种随着时代发展而经过调整的传统道德观念还是应该适用的。

第四,人与我的关系。传统儒学的道德观念很重视对人际关系的处理,特别是对人与己的关系有所论述。如孔子说:"己欲立而立人,己欲达而达人。"(《论语·雍也》)又说:"我不欲人之加诸我也,吾亦欲无加诸人。"(《论语·公冶长》)"己所不欲,勿施于人。"(《论语·颜渊》)这是从正反两面来说明人己关系。孔子还提倡要正己正人。如答复季康子问政时说:"政者,正也。子帅以正,孰敢不正?"(《论语·颜渊》）又说："其身正，不令而行；其身不正，虽令不从。""苟正其身矣，于从政乎何有？不能正其身，如正人何？"（《论语·子路》）这里虽是针对执政者来说的，但同时也是处理人际关系的一条重要道德原则。还有，在无人监管的情况下，不做任何坏事，称为"慎独"（《礼记·中庸》）。这是从另一个角度讲做人的道德修养问题。所有这些，如剔除其中带有封建性的道德标准和内容，到今天还是可以适用的。

这些年来，对人己关系也有过一些提法。如说"毫不利己，专门利人"，"人人为我，我为人人"。不过也有说"人不为己，天诛地灭"的。这里，第一种提法是类似"大公无私"的共产主义道德，这种超前意识大概只有极少数人才能做到。看来第二种提法比较实际一些。一个人总会在各行各业中工作，都是在为他人服务；但同时其他行业的人也是为自己服务。又如在商贸活动中的买卖双方，一个企业或商场是为众多顾客服务的；但同时也可以得到众多顾客对己方的支持和回报，这都是我为人人而人人为我的例子。今天，在市场经济的条件下讲究公平竞争，只有这种我与人人之间的互相回报，这才是一种良性的互动关系。当然，这里也要正己正人，如果己方用假冒伪劣商品来骗人，要人家给予善意的回报，那是不可能的。同样，己方也要"慎独"，不能认为没有人知道或欺负人家不识货而坑骗顾客，即使一时得逞也是不能持久的。

至于说人不为己，天诛地灭，那是绝对错误的，那是极端个人主义者的内心自白。遗憾的是，我国的市场经济由于不够规范，确是使有些人钻了空子，成为暴发户。这一方面使遵纪守法的人感到心理不平衡，影响了社会的安定；另一方面又助长了社会上拜金主义和享乐主义的歪风邪气，效果极为有害。

总的来说，在当前社会主义市场经济条件下的道德建设问题，是不能割断历史的。传统的道德观念，无论是好是坏，对今人无论在习俗和心理上都会产生影响。我认为对传统道德观念，时人的理解是有不够全面的，如总是抓住崇义非利、存理去欲、重视群体、不讲个体等现象，认为与市场经济不相适应。其实，从我上面对义利、理欲、公私、人我几方面关系的分析，说明我们民族文化的传统道德观念，是随着时代发展而有所变化的，民族性并不等于前现代性。历史是不能中断的，我们民族文化中的传统道德观念不能全盘否定，要在扬弃后加以继承。但在理论上如何正确理解民族性与时代性的关系问题，值得我们继续探索和讨论。

# 中国古代"孝"文化的两重性

"孝"作为华夏民族固有的道德观念和传统美德，是几千年来伦理道德的精华，但由于传统孝道有其时代性的陈旧观念，夹杂封建性糟粕，因而就有个批判继承的问题。不过，孝文化所以产生正面和负面的社会效应，并不是我们今天分析得来的，根源在中国古代孝文化已具有两重性。

## 一

"孝"的含义是什么？我们今天一般认为就是孝顺父母，这和《尔雅·释训》的解释"善事父母为孝"的含义是一致的。当然，如果古往今来"孝"文化就那么简单，就不会有精华与糟粕的问题。正因为孝文化有它复杂的发展过程，故下面作些剖析。

先秦儒家很重视"孝"的问题。《论语》中有几条孔子对学生的答问。当宰我问到子女为父母守孝三年太长，能否一年就够了时，孔子问他这样做是否心安。"今女（汝）安，则为之。"宰我出去后，孔子批评说："予（即宰我）之不仁也！子生三年，然后免于父母之怀。夫三年之丧，天下之通丧也。予也有三年之爱于其父母乎？"（《阳货》）这段对话表明孔子认为子女所以要为父母守孝3年，是因为小孩要到3岁才能脱离父母的怀抱，守孝3年只是血缘亲情对父母的追思。但这是自愿的，并没有强制，所以孔子对宰予背后虽有批评，但当面还是说：你觉得心安就按你的意见去做吧！

不过孔子对尽孝问题亦不是完全放任随人选择，他也希望有点规范。当孟懿子问孝时，他回答说"无违"。樊迟问是什么意思，他回答说：孝就是不要违背《周礼》，而要对父母"生，事之以礼；死，葬之以礼，祭之以礼"（《为政》）。孔子主张"复礼"，也就是作为儿女尽孝的规范。

对"孝"与"忠"的关系。季康子问："使民敬、忠以劝，如之何？"孔子回答说："临之以庄，则敬；孝慈，则忠。"（《为政》）这时季康子问怎样使得人民对他尊敬和尽忠，孔子回答说：你（指季康子）对父母孝顺，对儿女慈爱，人民就会对你尽忠。这里"孝慈"是对统治者的要求，并没有要人民移孝作忠的意思。

《论语》中有段话值得注意。有子曰："其为人也孝弟（悌），而好犯上者，鲜矣；不好犯上，而好作乱者，未之有也。君子务本，本立而道生。孝弟（悌）也者，其为仁之本与！"（《学而》）这里孝悌不但成为仁的根本，而且延伸到政治方面，抑制住人们犯上作乱的动机。"孝"就成为一把双刃剑，正面效应有利于家庭和谐和社会安定，而负面则消除人们对暴虐统治者的反抗。原来孔子、孟子只是尊崇尧、舜那样的仁德之君，对桀、纣等暴君是肯定汤武革命的。如绝对不许犯上作乱，反而有利于暴君的专制统治了。

孟子主张先验性善论，他认为人性是善的，所以天生就有亲亲之情。如说："孩提之童，无不知爱其亲也；及其长也，无不知敬其兄也。亲亲，仁也；敬长，义也。无他，达之天下也。"（《孟子·尽心》上）孟子既认为亲亲是仁，所以仁德之君是讲孝道的。他反复宣扬舜的大孝，并概括说："尧舜之道，孝悌而已矣。"（《告子》下）孟子的原意，是用仁德之君的孝道来感化人民大众，要求人们"入则孝，出则悌，守先王之道"（《滕文公》下），从而做到"人人亲其亲，长其长，而天下平"（《离娄》上）。

孟子以孝治天下的思想，使得道德伦理进一步向政治伸延，在托名孔子所述作的《孝经》中，就体现出孝亲与忠君的结合，明确提出以孝事君和移孝作忠的论调。如说："以孝事君则忠，以敬事长则顺，忠顺不失，以事其上，然后能保其禄位，而守其祭祀，盖士之孝也。"（《孝经·士章》）又说："君子之事亲孝，故忠可移于君；事兄悌，故顺可移于长；居家理，故政治可移于官。是以行成于内，而立名于后世矣。"（《广扬名章》）将原属于伦理的孝道向政治转化。原来，孔子认为宰我不孝只是作出批评，如是否守孝3年仍由他自愿选择。而在《孝经》中却说："五刑之属三千，而罪莫大于不孝，要君者无上，非圣人者无法，非孝者无亲，此大乱之道也。"（《五刑章》）不孝成为犯刑事的大罪了。这样一来，"孝"文化的演变，伦理既向政治伸延，而政治又返回对伦理加以强制。

《孝经》还规范行孝的序列："夫孝，始于事亲，中于事君，终于立身。"人们先在家中生活，在家能孝，学成出仕，就要移孝作忠，自是忠臣出于孝子之门。忠孝传家，成为"孝"文化的完美结合。至于立身是贯穿着人的一生的。《孝经》中说："身体发肤，受之父母，不敢毁伤，孝之始也；立身行道，扬名于后世，以显父母，孝之终也。"（《开宗明义章》）在封建社会中，从接受启蒙教育起，就奠定了人生的努力方向。

## 二

伦理政治化，政治伦理化，似乎是中国传统文化中的一个特点，"孝"文化的发展也是离不开这条途径的。但为什么说这会形成古代孝文化的两重性，可以从儒家对人际关系的矛盾两重性思想中得到启示。如孔子对人格的完善、道德的修养，在要求上是人人平等的，如正己正人、立己立人、达己达人，他要求所有的人都这样做，并无等级之分。但是，在现实的社会政治生活中，人们的地位却是不平等的。就以正己正人而论，假使国君或居上位的能"正其身"，带头走正路，下面的臣民"孰敢不正"？这就要做到各守其分，各安其位，更不能犯上作乱。这里双方并无什么平等的意味，自是孔子对人们在人格道德上的平等要求，这和维护君臣父子在社会政治上的等级秩序形成了在人际关系上的两重性思想矛盾。

孟、荀沿着孔子的思路，对人们在道德完善和人格尊严方面也认为可以作平等的比较，如孟子肯定"人皆可以为尧舜"（《告子》下），荀子也认为"涂之人可以为禹"（《荀子·性恶》），这是指在道德人格上庶人和天子可以取得平等的地位。至于孟子所以称赞舜为大孝，就说"舜尽事亲之道而瞽瞍厎豫，瞽瞍厎豫而天下化，瞽瞍厎豫而天下之为父子者定，此之谓大孝。"（《离娄》上）这是说舜事亲之道能使得父亲瞽瞍高兴，这就为人树立了"孝"的榜样，并使天下人受到感化。这里舜的大孝是作为儿子的个人道德行为，没有受政治压力的因素。这是正面的例子。还有负面的例子，就是前面提到的宰予不守3年之丧，亦是个人道德行为，孔子虽批评他违反孝道，但是没有强制。

进入秦汉时期，由于政治的参与，伦理也就成为政治统治的工具，如对父母是否尽孝就不是个人自愿的道德行为，而是国家在政治上行赏罚的根据。秦朝推行严刑峻法，秦律定不孝为重罪。在《云梦睡虎地秦简》中记载：如父母告儿子不孝，官府就"亟执勿失"，立即抓起来治罪。还有个不孝子被处以极刑的案例。至于殴打祖父母长辈者，都要"黥为城旦舂"，从重判处。秦朝末年还发生了一件大事，就是赵高和李斯合谋矫诏杀害扶苏和蒙恬,理由是"扶苏为人子不孝,其赐剑以自裁;将军与扶苏居外,不匡正,宜知其谋。为人臣不忠,其赐死"(《史记·李斯列传》)。所谓"不忠不孝",实际全是莫须有的罪名,伦理已经成为政治统治的工具了。

汉朝标榜"以孝治天下",治国的指导思想与有关政策都是围绕"孝"这一道德伦理做文章,可以说已经完全走向政治化和制度化了。首先,汉朝除开国皇帝刘邦、刘秀外,所有皇帝都加上"孝"的谥号。皇帝一般没有父亲还在世,而颜师古说"孝子善述父之志"(《汉书·惠帝纪》),大概是要求更好地继承父亲的遗志及其统治政策。

汉朝以"孝"治国的政策,一方面表现在用人和管制制度的创立上。武帝时"初令郡国举孝廉各一人"(《汉书·武帝纪》),以后成为制度,即以"孝"作为任用官吏的标准。在基层乡官则设立"孝悌""力田"。"孝悌"是管道德教化,"力田"管物质生产,两者互相配合管治好基层工作。另一方面,为落实孝治政策,国家还建立奖惩制度。据《汉书》《后汉书》记载,自西汉惠帝至东汉顺帝,全国性对孝悌褒奖、赐爵达到32次,而地方性的褒奖可能更多。至于地方官推行道德有显著成绩的,官民双方都受到奖励。如西汉黄霸治理颍川,朝廷下诏称他"宣布诏令,百姓乡化,孝子、悌弟、贞妇、顺孙日以众多,田者识畔,道不拾遗,养视鳏寡,赡助贫穷,狱式八年亡(无)重罪囚,吏民乡(向)于教化,兴于行谊"(《汉书·循吏传》)。由于治理成绩显著,黄霸被"赐爵关内侯,黄金百斤,秩中二千石"。同时"颍川孝悌,有行义民、三老、力田,皆以差赐爵及帛"(同上)。这里官民都得奖,可谓皆大欢喜。其实,家庭和谐、社会安定,对朝廷的统治也是有利的,应该说基本上是取得了正面的社会效应。

汉代朝廷除集体褒奖孝悌外,还重视奖励个人。如谏议大夫江革,母老,自挽车,乡里称之曰"江巨孝"。他以病告归后,"国家每惟志士,未尝不及革。县以见谷千斛赐'巨孝'常以八月长吏存问,致羊酒,以终厥身,如有不幸,祠以中牢"(《后汉书·江革传》)。汉廷对这位所谓"巨孝",称得上是生荣死哀,关怀备至。

至于"孝"的本义,即子女对父母的关系,到汉代对子女一辈更是不公平。先秦儒家对父子关系还有对等的思想,如说"为人子,止于孝;为人父,止于慈"(《礼记·大学》)。这是从亲情伦理的角度提出要求,父慈子孝，应该说还能体现出儒家道德人格平等的思想。到汉代将"君为臣纲，父为子纲"联系起来，将原属血缘亲情的父子与政治遇合的君臣关系等同，使君父与臣子处于明显不平等的地位。如父母告子女不孝，严重的要"斩首枭之"，即处以死刑；可是衡山王太子坐告父不孝，弃市（《汉书·衡山王传》）。至于在家族中，还可以有各种族规家法，对认为不孝的子孙处以各种刑罚。这种现象在20世纪30年代还存在，如有位孝女写的自述："妈妈的家规是'大人讲话伢子听'，'天下无不是的父母'，因之在她面前只许点头称是，从不许稍加违背。""妈妈经常的家法是棒打、跪香、饿饭，弄得我在她面前百依百顺。她那些严酷的家法我真有点受不了，她一打就是不顾死活。""我从懂事开始，没有与她亲过一回，她更不许我与旁人亲近，认为我一定会告她的状，马上拖出来又是一顿打。"在这种家庭中当孝女确是太苦了。

汉朝举孝廉、奖孝悌的政策有个副作用，就是免不了有人弄虚作假。如东汉时的赵宣，别人守墓服丧3年，他20多年还在守墓不除孝服，因此"乡邑称孝，州郡数礼请之"，并向陈蕃推荐，但当问到他妻子时，5个儿子都在服丧期间出生。这是违反礼制，骗神弄鬼，欺世盗名，陈蕃不但不推荐当官，反而将他治罪。像赵宣这样的假孝子，当时大概不是个别的，不过他的做法过于笨拙；有机巧可能骗过人走上仕途，所以有"举秀才，不知书；察孝廉，父别居"（《抱朴子·审举》）的民谣，表明汉代孝治用人的虚伪性。其实汉代提倡孝治，只是想人民不要犯上作乱，对"孝悌"也不真正重视。如贡禹谈到武帝时由于"用度不足"，"使犯法者赎罪，入谷者补吏，是以天下奢侈"。故社会上有俗谚说："何以孝悌为，财多而光荣。"（《汉书·贡禹传》）有钱买官就不用讲孝悌了。

汉代的孝治政策，是用以造就一批父慈子孝、兄友弟恭的孝悌家庭，进而安定社会，增强中华民族凝聚力，是有一定的正面作用的。有的假孝子沽名钓誉，祸害社会，他们迟早会被人揭露。但有一种真孝子，可以说尽孝过了头，走向孝道的反面，或者称之为愚孝，对社会危害极大。这就形成子女行孝的又一个两重性。

### 三

"孝"的本义是子女孝顺父母及其长辈，而父母则要爱护和教育子女，父慈子孝、尊老爱幼是彼此双方应负的义务，但在实行时也有个"度"的问题。如子女孝顺父母，需要精神上的承欢和生活上的供应，但也不能有求必应。如姜诗："母好饮江水，水去舍六七里，妻常溯流而汲。后值风，不时得还，母渴，诗责而遣之。"姜诗的母亲喜欢饮江水，由他妻子远赴六七里外的江中汲水，这本已相当危险，有一次因遇风没有汲到水，他就将妻休弃了。后来其子因"远汲溺死"（《后汉书·列女传》）。姜诗为要孝顺母亲饮江水的嗜好，结果弄到妻离子死，这个孝子也做得太过了。还有被称为孝女的曹娥，其"父盱于江中溺死，不得其尸骸。娥年十四，乃沿江号哭，昼夜不绝于声，旬有七日，遂投江而死"（《后汉书·列女传》）。

在家庭关系中，子孙对父祖长辈的侍奉和供养是必要的，但不能有求必应。如冬天吃鲜笋和冰河捕鱼，那是办不到的，而二十四孝中却有"孟宗哭笋""王祥卧冰"的故事，以孝感动天来满足其孝心。这种天人感应式的误导，长期在民间流存。其实解衣卧在冰上，哪会冰破得鱼，恐怕时间长了还会有性命之忧。至于更不合情理的孝道，还有"郭巨埋儿"，为要留点粮食赡养母亲却想把小儿子埋了。这不但违反人性，简直是犯罪了。

更为荒唐的是，自陈藏器《本草拾遗》说人肉能治病以后，民间就兴起了割股肉为父母治病之风，而民间这种愚昧的行为却受到了朝廷的鼓励。如宋朝"上以孝取人，则勇者割股，怯者庐墓"（《宋史·选举志》）。自太祖、太宗以来，"刲股割肝，咸见褒赏"（《宋史·孝义传序》）。元朝以游牧民族入主中原，没有汉人的孝道习惯，因而下令："诸为子行孝，辄以割肝、刲股、埋儿之属为孝者，并禁止之。"（《元史·刑法志》）

明朝建国，朱元璋仍提倡忠君孝亲，这是封建专制统治的命根子。不过他还比较清醒，了解到"卧冰、割股，上古未闻"。"皆由愚昧之徒，当诡异骇俗，希旌表，规避里徭。割股不已，至于杀子，违道伤生，莫此为甚。"由于这些愚昧的行为，弄到伤生害命，这就不利于封建统治了。因而在制谕中规定，对今后父母有疾"而卧冰、割股，听其所为，不在旌表之例"（《明史·孝义传》）。

朱元璋的诏谕，虽称卧冰、割股是愚昧行为，但认为这是想求旌表和避徭役，就说这种行为不应在旌表之例。其实在明清两代，都不断有这种所谓孝行而受到朝廷的旌表。中国古代孝文化的两重性，越到后来，负面的影响越大，故"五四"时期陈独秀、胡适、吴虞、鲁迅等人掀起了一场对孝道的批判。但称之为现代新儒家的梁漱溟、马一浮、冯友兰，到后来在港、台及国外活动的唐君毅、谢幼伟、杜维明、成中英等人，都对孝道作了不同程度的肯定，大体上是重视古代孝道两重性中的正面作用。

不过，像卧冰、割股、埋儿这些愚孝行为，不但今人不能接受，也是违反古代孔孟儒家的孝道的。《孝经》中明确说："身体发肤，受之父母，不敢毁伤，孝之始也。"而这种自残肢体以致丧失性命的尽孝，不是走向孝道的反面了吗？至于埋儿更加错误。因为孝道是双向的，父慈子孝，尊老爱幼，以伤残儿女的性命来对父母尽孝，当然是错误的。在古代所谓二十四孝中，有的其实是违反孝道的，今天如不加批判而予以宣扬，对社会会带来消极影响。

# 孔子的发展理念与现代化的路径选择
## ——从民本思想向民主理念的现代转化

社会由人组成，社会发展从本质说也就是人的发展，但社会上的人并不是孤立的，而是由不同等级的群体组成，在封建宗法社会中，君、臣（官）、民的地位是不平等的，士、农、工、商被称为四民，但士是知识阶层，学而优则仕，入仕也就是做官，称为君子，而工农大众也就是小人了。孔子和先秦儒家，大多属于士君子阶层，地位处于君、民之间，他们是忠君的，但要求的是尧舜之君，而反对桀纣一类独夫民贼。他们懂得"民为邦本，本固邦宁"的道理，因而也有爱怜人民的思想，这是孔子先秦儒家对社会发展理念的主旋律。今天社会走向现代化，民主政治已成为社会发展的主流，由重民、民本思想向民主转型，标志着儒家发展理念的创造性转化。

## 一

"仁"学是孔子伦理学说的核心，也是他的思想中重要组成部分。"仁"字在《论语》中出现最多，虽然含义不尽相同，但总离不开有关人的界说。《中庸》说："仁者，人也。"孔子往往把"仁"作为人的完全人格的代名词，有完全人格的人，他称为"仁人"。由于"仁"的字形结构，许慎《说文》解释为"从人，从二"，《礼记》郑玄注认为"仁"是"相人偶"之意，即用以协调人与人之间的相互关系，所以孔子的"仁"，社会含义可以说是一种人际关系学。

对孔子开创的儒家，由于孔子的"仁"所悬的标准很高，对道德人格的修养要求很严，对处理人际关系要做到"正己正人"，这都是很不容易的。《论语》中有这样的要求："夫仁者，己欲立而立人，己欲达而达人。"（《论语·雍也》）"己所不欲，勿施于人。"（《论语·卫灵公》）有人认为这两个命题，典型地表现出人与人平等的因素，反映出孔子对人与人平等的思想。另《论语》中记载有孔子对马厩失火时的态度。他只问

"伤人乎?"而"不问马"。(《论语·乡党》)有人认为当时马的价格高于奴隶的价格,而孔子却从人道角度提出问题,这是一个具有划时代意义的新观念,并据此论定孔子是我国古代史上主张把劳动者作为人看待的第一个思想家。也有学者说孔子讲"仁"是对人的反思,这种反思是人类精神的自觉,因而对孔子的人际关系思想给予高度评价。

孔子和先秦儒家也很强调人的尊严和独立人格。如孔子就说过:"三军可夺帅也,匹夫不可夺志也。"(《论语·子罕》)又说:"志士仁人,无求生以害仁,有杀身以成仁。"(《论语·卫灵公》)孟子对此更加以发挥说:"居天下之广居,立天下之正位,行天下之大道;得志,与民由之,不得志,独行其道;富贵不能淫,贫贱不能移,威武不能屈,此之谓大丈夫。"(《孟子·滕文公》下)又说:"生亦我所欲也,义亦我所欲也,二者不可得兼,舍生而取义可也。"(《孟子·告子》上)孔、孟鼓吹"匹夫不可夺志",要做"独行其道"的大丈夫,甚至不惜牺牲性命以成仁取义。这种强调独立人格的精神,可以说是相当强烈的。

孔子和先秦儒家,既认为人们在道德完善和人格尊严方面具有平等和独立的地位。故孟子在回答曹交时,肯定"人皆可以为尧舜"(《孟子·告子》下)。当滕文公为世子表示怀疑时,孟子曰:"世子疑吾言乎?夫道一而已矣。成覸谓齐景公曰:'彼,丈夫也,我,丈夫也,吾何畏彼哉?'颜渊曰:'舜,何人也?予,何人也?有为者亦若是。'公明仪曰:'文王,我师也,周公,岂欺我哉?'"(《孟子·滕文公》上)孟子还自称"说大人,则藐之,勿视其巍巍然","在彼者,皆我所不为也;在我者,皆古之制也,吾何畏彼哉?"(《孟子·尽心》下)

荀子是从另一个角度论证"涂之人可以为禹"(《荀子·性恶》)。他对人的本性问题,认为"凡人之性者,尧、舜之与桀、跖,其性一也;君子之与小人,其性一也。"(《荀子·性恶》)。这是说是好人还是坏人,不是天生本性决定的。所以"凡禹之所以为禹者,以其为仁义法正也。然则仁义法正有可知可能之理。然而涂之人也,皆有可以知仁义法正之质,皆有可以能仁义法正之具,然则其可以为禹明矣"(《荀子·性恶》)。荀子既认为人的本性是一样的,禹之所以成为圣君,就是因为他能实行"仁义法正"的缘故。但仁义法正也不是天生的,而是人为的,这里是后天的,是有人们如何去认识和实行的道理,那么路上的普通人也可以具有认识和实行仁义法正的本能和本领,所以普通人可以成为禹那样的圣君就很清楚了。

尧、舜、禹是儒家最尊崇的古圣先王,而孟、荀却认为人们在道德人格上是平等的,没有高低贵贱之分。孔子和儒家虽然也尊君,但还是坚持本人的政治理念和独立人格。如孔子主张"以道事君","天下有道则见,无道则隐"(《论语·泰伯》)。如认为是无道之君则拒绝出仕。孟子见梁惠王,惠王好利,而孟子主张以仁义治国,对话时说:"王何必曰利,亦有仁义而已矣。"由于政治理念不同只好离开。孔、孟周游列国想找寻有道明君,结果失望了。从想实现其治国抱负来说是失败,但道不同不相为谋,要坚持独立的政治理念与平等的人格尊严,就只有"独行其道",正如后来荀子说的要"从道不从君"(《荀子·臣道》)。这是先秦儒家主张要有独立平等尊严的"以人为本"的思想特点。

## 二

在中国古代家国同构的宗法社会中,孔子和先秦儒家,能不能真正有人民平等的思想呢?有的学者提出:《论语》中的"人"与"民"是两个不同的阶级概念,孔子讲"节用而爱人,使民以时"(《论语·学而》)对"人"讲"爱",对"民"讲"使",就表现出阶级差别。固然,"人"与"民"是否都具有这种区别,可以研究,但有一点可以肯定,孔子的时代无论是奴隶社会还是封建社会,等级差别总是存在的。司马谈在评述儒家思想要旨时说:"若夫列君臣父子之礼,序夫妇长幼之别,百家弗能易也。"(《论六家要旨》)在《论语》中,孔子讲君君、臣臣、父父、子子,主张维护社会等级秩序的言行也是很清楚的,很难说有人民平等的思想。

那么当时存在哪些等级呢?我认为大体上可分为君、臣、民三个层次。"君"本来只有天子周王,但春秋战国时天子权力下移,各诸侯掌握实权,成为国君,孔、孟周游列国,就是找不到同道的时君世主。"臣"主要指士、大夫阶层,先秦儒家多属士君子一类。至于"民"大概指庶人工商一类,亦可泛称小人。

孔子等儒家原则上是尊君的,如孔子见"君在,踧踖如也","入公门,鞠躬如也"(《论语·乡党》),显出一套诚惶诚恐的样子。儒家讲究君臣、父子那一套亲亲、尊尊的等级观念,却是牢不可破的。如孟子说:

"人莫大焉亡亲戚君臣上下。"（《孟子·尽心》上）认为人的过错没有比不要父子兄弟、君臣上下的关系更大的了。所以他又说："未有仁而遗其亲者也，未有义而后其君者也。"（《孟子·梁惠王》上）。只有做到"人人亲其亲、长其长而天下平"（《孟子·离娄》上）。荀子也说："若夫君臣之义，父子之亲，夫妇之别，则日切磋而不舍也。"（《荀子·天论》）这里讲的是要处理好君臣父子关系，荀子认为这是人们每日都不能回避的。这种等级观念应用到社会上，就像孟子说的，"有大人之事，有小人之事"。"劳心者治人，劳力者治于人，治于人者食人，治人者食于人：天下之通义也。"（《孟子·滕文公》上）对孟子这种观点，虽然有人认为讲的是社会分工；但也不能否认，从人际关系来说，是肯定统治与被统治、剥削与被剥削的社会等级关系。

但是，先秦儒家尊君并不是无条件的，他们敬戴的是尧、舜之君，对暴虐之君如齐宣王提出"汤放桀，武王伐纣"的故事，问道："臣弑其君可乎？"孟子回答说："贼仁者谓之贼，贼义者谓之残，残贼之人谓之一夫。闻诛一夫纣矣，未闻弑君也。"（《孟子·梁惠王》下）荀子也说："桀纣者，民之怨贼也"，"诛暴国之君若诛独夫"！（《荀子·正论》）据此，他还发挥说："夺然后义，杀然后仁，上下易位然后贞。功参天地，泽被生民，是之谓权险之平，汤武是也。"（《荀子·臣道》）孟、荀将暴君比之独夫民贼，称赞汤、武革命的上下易位。我们今天说的"革命"不是外来词，有人提出要告别革命，其实从古到今，革命是告别不了的。

先秦儒家对通常的君臣关系，臣对君既非绝对服从，也非完全平等，而是一种对等关系。如孔子讲要"君使臣以礼"，"臣事君以忠"（《论语·八佾》）。孟子更明确地说："君之视臣如手足；则臣视君如腹心；君之视臣如犬马，则臣视君如国人；君之视臣如土芥，则臣视君如寇仇。"（《孟子·离娄》下）这是以德报德，以牙还牙；这与后世臣对君的愚忠思想是有所区别。

至于与民众的关系，虽然不是处于平等的地位，即使是站在统治层的立场，对民也不是单纯役使。孔子对子产说过一段话："有君子之道四焉：其行己也恭，其事上也敬，其养民也惠，其使民也义。"（《论语·公冶长》）这是表明君子对己对人对上对下的态度。其中谈到对人民要给予一些好处，这样役使他们才合乎义理。孔子是比较重视照顾人民的利益，提出要"因民之所利而利之"（《论语·尧曰》）。当子贡提出"如有博施于民而能济众，何如？可谓仁乎？"对这个提问，孔子回答说："何事於仁？必也圣乎！尧、舜其犹病诸！"（《论语·雍也》）他把能给人民很多好处的人评价很高，岂止是仁人，简直是圣人了，尧、舜尚且难以做到。可见孔子对惠民的重视。孔子的志向是让"老者安之，朋友信之，少者怀之"（《论语·公冶长》）。孔子希望社会上的老少都得到安适和关怀，这种对人民的态度应该是可取的。

孔子的重民是比较关心人民物质利益与生活条件，孟子的救世主张是首先解决人民的衣食问题。他要求"明君制民之产，必使仰足以事父母，俯足以畜妻子，乐岁终身饱，凶年免于死亡"，"是使民养生丧死无憾也"。在诸侯国中，能做到"黎民不饥不寒，然而不王者，未之有也"（《孟子·梁惠王》上）。

孟子所以强调要解决人民的生活问题，目的还是为国君打算，这就是"保民而王"的思想。因为人民生活得到保障，才不会犯上作乱，这亦就是"民为邦本，本固邦宁"的道理。孟子说："民为贵，社稷次之，君为轻，是故得乎丘民而为天子。"（《孟子·尽心》下）"得天下有道，得其民斯得天下矣。"（《孟子·离娄》上）这是孟子重民和以民为本思想产生的原因。

## 三

孔子和先秦儒家的发展理念，承认社会是以人为本，因而社会发展主要是人的发展。封建宗法社会，上面说过约分为君、臣、民三个层次，孔子等儒家认为，人可以有独立的政治理念与平等的人格尊严，但也要维护不平等的社会等级关系。因此，儒家传统只是具有从上而下的重民惠民思想，不可能有充分的民主民权理念。所以当社会从古代向近现代转型时，孔子等儒家的发展理念，在走向现代化时选择什么路径，如何走出一条新路，就是值得思考的问题。

从秦汉建立中央集权统一的封建大帝国后，春秋战国时"诸侯异政，百家异说"的局面已经终结，经过汉初道、法、儒等各家思想的承传互补，到汉武帝时董仲舒提出"独尊儒术"，再结合汉家制度"以霸王道杂之"，经过汉唐到宋明，形成以维护封建伦理纲常为核心思想的新儒学——宋明理学。当时和春秋战国时不同，已经没有"良臣择主而事"的客观条件，因而也没有孔孟那种君臣对等的思想，变成"君要臣死，臣不得不死"的愚忠，这是观念的倒退。

随着社会的发展，到明中叶后出现资本主义生产关系的萌芽，也从而出现早期启蒙思想。如黄宗羲在《明夷待访录》中，把君臣关系看成是一个合作共事的班子。他说："缘夫天下之大，非一人之所能治而分治之以群工"，"治天下犹曳大木"，"君与臣"无非是"共曳木之人"，所以"臣之与君"是"名异而实同"。既然君主的职分是为天下，那么大臣出仕，自是"为天下，非为君也；为万民，非为一姓也"。据此，他严厉批评那些忠君死节之士，认为："为臣者轻视斯民之水火，即能辅君而兴，从君而亡，其于臣道固未尝不背也。"从黄氏看来，臣与君是共负"为天下"之责，所以说"吾无天下之责，则吾在君为路人"，"以天下为事，则君之师友"。黄氏发挥孟子君臣对等和合作共事的思想，他否认"臣为君而设"，是君主的"私物"，这就打破"君为臣纲"的封建传统，也消除了"臣要报君恩"之类的陈腐观念。他为要抑制绝对君权，还主张要建立有大臣参加的"每日便殿议政"制度。把原来属于清议场所的学校，变成监督朝政的舆论阵地，并要对各级地方的"政事缺失"有一定的督察权。他虽然不能明确看到社会变革的前途是走向民主政治，但多少有一点朦胧的感觉。如从职、权、责的角度来批判封建君权，并提出一些有关政治体制改革的意见，对近代君主立宪运动应当有所启迪。后来，康有为以"托古改制"为导向，发动变法维新，这是遵循孔孟儒家的发展理念，由对等的君臣关系，把君主立宪作为向近代转化的选择途径。

维新变法的失败，导致辛亥革命推翻清王朝，建立了号称"中华民国"，从理论上说"民国"应该是个民主国家。孙中山提出三民主义和五权宪法，但只停留在纸上而难以实现。后来蒋政权形式上承认，但实际上是个专制独裁的政权。

当前，我们正在走向现代化，先秦儒家提出"以人为本"的理念，也是我们当今走向现代化的路径选择。不过从近代以来，"人"与"民"已不像先秦时可能有所区别，"以人为本"和"以民为本"的含义应该是一样的，并且往往是"人民"连用。如新中国成立后我们说得和听得最多是"为人民服务"这口号。"三个代表"重要思想之一是"代表中国最广大人民的根本利益"，这是中华人民共和国的立国宗旨。

但这里要指出：传统儒家的民本思想，虽有"重民""爱民""亲民""利民""恤民"等丰富内涵，但本质上是统治者对人民施点恩惠，"为民"只是手段，巩固封建政权才是目的，因此"为民"也就是"治民"之术；而现代民主观念"为民"是目的，正如胡锦涛同志所说，我们是"立党为公，执政为民"。"权为民所用，利为民所谋，情为民所系"。这是真正具体落实为人民服务的宗旨，是适应现代化民主政治的需要，对传统儒家的重民、民本思想来说，是与时俱进的创造性发展。

传统民本思想不同于现代民主政治，前者是居上位的为下民做主；后者，人民是国家的主人，是"官为民役"，也就是为人民服务，是两者原则的区别。

# 传统儒学对公平正义治国理念的双重效应

2010年是庚寅年，有一篇在黄帝故里拜祖大典上宣读的"拜祖文"，讲中华文明与黄帝功德是"譬如积薪，后来居上"，还说道："天下为公，民本为上。民主科学，世代向往。民生民权，民富民强。公平正义，共建共享。"这里说的似是对当今公平正义社会的定位。事实上，传统儒学已经提出"天下为公，民本为上"，并力图实现这种治国理念，可以说它正是先秦儒家"务为治"的价值观。民主、民权在古代阶级社会自然难以显现，所以说是后来居上，要到近现代才能提上日程。传统儒学又随着历史的发展有所变化，中间也有起伏和回流，本文试就这个问题作初步的探索。

## 一

"天下为公"出自《礼记·礼运》。《礼记·礼运》有两段论述，前者称"大道之行也，天下为公"，后者说"今大道既隐，天下为家"，这是公天下与家天下的区别。小康之世以禹、汤、文、武、成王、周公为标志，那就是夏、商、周三代；在此之前的大同之世，则是儒家所推崇的尧、舜时代。从现代历史分期的观点看，大同之世处于原始社会阶段，还没有形成统治阶级与被统治阶级，还没有建立国家的各种制度，也没有私有财产，与小康社会的对比十分明显。

在大同社会里，作为管理社会的领导班子"选贤任能，讲信修睦，故人不独亲其亲，不独子其子"。尧、舜就是公选出来的仁德之君，传贤不传子。家天下始于禹传子不传贤，三代之君"各亲其亲，各子其子"，并且"大人世及以为礼"，建立起父传子继或兄终弟及的政治世袭制度。大同社会没有私有财产，所以"货，恶其弃于地也，不必藏于己；力，恶其不出于身也，不必为己"，大家劳动生产，各尽所能，所得产品不是归个人，而是根据公众的需要进行分配，"使老有所终，壮有所用，幼有所长，矜寡孤独废疾者皆有所养"。由于生活上得到满足，人人各得其所，就不会有抢劫、盗窃的事情发生，"是故谋闭而不兴，盗窃乱贼而不作，故外户而不闭"，没有任何治安问题。《礼记·礼运》的这种描述，就是实现了公平正义的大同世界。

进入家天下的三代以后，先秦儒家对大同社会这种符合公平正义价值观的治国理念充满着向往。用《礼记·礼运》中孔子的话说："大道之行也，与三代之英，丘未之逮也，而有志焉。"历史不能逆转，时代不能再回复到尧、舜的公天下。家天下的三代则推行礼治，"礼义以为纪，以正君臣，以笃父子，以睦兄弟，以和夫妇，以设制度，以立田里"，"以著其义，以考其信，著有过，刑仁讲义，示民有常"。这种重信义的社会，对于公平正义价值理念的推广，并非一无是处。所以，大道之行与三代之英相结合，是孔、孟、荀实现公平正义价值理念的治国方术，也是先秦儒家推行贤人政治的不二途径。问题在于，实现公平正义价值理念的成效又如何呢？

## 二

要管理好一个社会，让公平正义的价值观落到实处，本应有个前提，即社会群体各成员之间的地位相对平等，就是今天说的民主和民权。古代进入家天下以后，君臣父子、贵贱尊卑、等级分明、公平正义的价值理念难以落到实处。儒家为解决这个难题，在《大学》中推出从内圣到外王的治国途径。其作用正如朱熹所说："臣闻《大学》之道，自天子以至庶人，壹是皆以修身为本，而家之所以齐，国之所以治，天下之所以平，莫不由是出焉。"为强调修身的重要，他在回答学生李从之提问时还说："修身是对天下国家说。修身是本，天下国家是末。"（《朱子语类》卷15《大学二·经》下）这更是从本末关系的角度把修身提高到了最根本的地位。

儒家重视修身，因为修身就是立人，经过自己的道德修养，可以成为一个急公好义、正直诚信的人。这种人去办事，就能够做到公正无私。同时，道德修养面前人人平等，上至皇帝，下至老百姓，没有尊卑贵贱之分，这对社会等级矛盾也会起到一定的平衡缓解作用。修身本是人治，所以执政者要以身作则。季康子问政于孔子，孔子对曰："政者，正也，子帅以正，孰敢不正？"（《论语·颜渊》）孔子还说过："其身正，不令而行；其身不正，虽令不从。""苟正其身矣，于从政乎何有？不能正其身，如正人何？"(《论语·子路》)以上三段语录说的是同一个意思。

由于推行的是人治，执政者需要的是贤德正直之人。孔子提出"举贤才"(《论语·子路》)，认为"举直错诸枉，则民服；举枉错诸直，则民不服"(《论语·为政》)。用贤良正直的人办事，才能符合公平正义的价值取向，才会得到人民的认可；相反，用搞歪门邪道的人办事，当然会受到人民群众的反对。

儒家的人治追求以德服人，所以孔子认为，办理政务，君子一旦作出榜样，平民百姓就会跟随，所谓"君子之德风，小人之德草，草上之风必偃"(《论语·颜渊》)。孔子又说："道之以政，齐之以刑，民免而无耻；道之以德，齐之以礼，有耻且格。"(《论语·为政》)用行政命令和刑法来治理，老百姓虽然不敢做坏事，但不懂得做坏事是可耻的；用道德教化和礼义来约束，老百姓就会有羞耻之心，有望恢复到"盗窃乱贼而不作"的大同社会。

话说回来，在有尊卑贵贱的等级社会中，如果人民的生活得不到保障，只靠空洞的道德说教，要想真正实现"盗窃乱贼而不作，故外户而不闭"的大同社会是不可能的，因此，还要解决人民的物质生活问题。孔子曾说："因民之所利而利之。"(《论语·尧曰》)"其养民也惠。"(《论语·公冶长》)子贡问道："如有博施于民而能济众，如何？可谓仁乎？"孔子答曰："何事于仁？必也圣乎！尧舜其犹病诸。"(《论语·雍也》)原始社会生产力水平低下，物质生活资料贫乏，要想博施济众，像尧舜那样的首领也难办到。可是，孔子又认为"有国有家者，不患寡而患不均，不患贫而患不安。盖均无贫，和无寡，安无倾"(《论语·季氏》)。当政者应该担心的不是社会财富少，而是分配不均匀，不是人民贫穷，而是社会秩序不安定。财富公平分配，人民就不会感到贫穷；社会和谐安定，统治者就不会有危险。

要管理好国家，争取民心，安定社会，就要公平公正地分配社会财富，使人民生活得到保障，这也是先秦儒家用公平正义价值理念来治国的突出体现。孔子之后，孟子更是发挥了有"恒产"才有"恒心"的观点，统治者要想取得持久稳定的民心，就要有固定的产业来保障人民群众的生活。孟子提出的"制民之产"，就是要"五亩之宅，树之以桑，五十者可以衣帛矣；鸡豚狗彘之畜，无失其时，七十者可以食肉矣；百亩之田，勿夺其时,数口之家可以无饥矣";"黎民不饥不寒",老百姓"养生丧死无憾",是实现"王道"政治的物质基础(《孟子·梁惠王》上)。"制民之产"的价值理念,与《礼记·礼运》说的"老有所终,壮有所用,幼有所长,矜寡孤独废疾者皆有所养",可以产生出相同的社会效应。在"家天下"的历史条件下,孔孟用公平正义的价值理念来关注民生,要求统治者行天下之大公,公平公正地解决各类人群的生活保障,这种美好愿望是值得肯定的。可是,博施济众,制民之产,以求公平正义的价值理念得到具体实施,在先秦之世根本无法落实。

## 三

儒家推行人治,要落实天下为公、民为邦本的治国理念,就要有个尧舜之君。孔子称赞尧曰:"大哉!尧之为君也。巍巍乎!唯天为大,唯尧则之。荡荡乎!民无能名焉。"(《论语·泰伯》)上天是最广大公平的,而尧当上君主后能法天道,对人民广施德泽,受到的敬仰无法形容。但是,像尧那样的圣君,现实社会中是难以找到的。

孔子周游列国,各路诸侯没有一个是有道明君。孟子见梁惠王,梁惠王只关心"有以利吾国",就是寻求统治者的利益。孟子对齐宣王说:"黎民不饥不寒,然而不王者,未之有也。"当时的实际情况却是"庖有肥肉,厩有肥马,民有饥色,野有饿莩","此率兽而食人也"(《孟子·梁惠王》上)。这种状况,后来似也难以改变。

儒家有个观点,即仁德之君不是天生的,但经过修身即自身的道德修养是可以做到的。因此,"致君为尧舜"成为儒者的使命。杜甫诗中说过"致君尧舜上",但没有机会来行事,朱熹则有亲身经历。事缘当时宋宁宗赵扩新君初政,欲"取天下之人望以收人心",而朱熹是当代大儒,被召焕章阁侍制兼侍讲,为皇帝讲授经书。朱熹觉得"帝王师"就是要用正心诚意之学以正君心,于是要求赵扩"常存在心,不使忘失",以至于"出入起居,造次食息,无时不返而思之"(《朱文公文集·经筵讲义》)。

赵扩初时的反应还不错,并褒扬朱熹"讲明大学之道,庶几于治,深慰于怀"。朱熹误认为匡正君心已见成效,因而说道:"愿推之以见于实行,不患不为尧舜之君也。"(《两朝纲目备要》)可是赵扩这个人表里不一,表面上认同朱熹讲明大学之道,实际上不经"公议"而"独断",

任用近习小人。朱熹批之以"非为治之本",即不符合公平正义的治国体制。赵扩对这种批评不但不接受,反而以朱熹年老、天气寒冷为借口,将这个任职才 46 日的"帝王师"打发回家了。

儒家重人治,讲立德为先、利民为本,期望统治者通过正心、诚意、修身成为尧舜之君,走向齐家、治国、平天下的成功之路。建国初年,我在故宫大殿见过一副对联:"表正万邦,慎厥身修思永;宏敷五典,无轻民事惟艰。"儒家主张用公平正义的价值理念治国,修身、利民是对统治者的基本要求。这副对联作为皇帝行事的座右铭,从中可见儒家治国理念似是在封建王朝产生了积极的效应。

可是,中国历史上出了那么多时君世主,又有多少按照儒家这一套来立身行事呢?汲黯批评汉武帝"内多欲而外施仁义,奈何欲效唐、虞之治乎!"(《汉书·汲黯传》)这样表里不一,当然难以成为尧舜之君。赵扩赞扬朱熹讲明的大学治国之道,无非想表明自己是个尊师重道的有道明君,但他根本无意实行,不过借以骗取民心罢了!故宫大殿的对联恐怕也只是作为装饰品,骗人的成分居多。儒家公平正义的治国之道,是实是虚,是真是假,又让人难以捉摸了。

## 四

儒家重人治,修身为本,以求"致君尧舜上"来实现公平正义的治国之道,但历史事实证明,从双重效应的角度看,这种治国之道还是虚假多、真实少。要想实现儒家公平正义的治国之道,寄希望于统治者的道德自律,其实是达不到期望的。

政治体制从公天下转变到家天下,人君的权力地位发生了巨大的变化。黄宗羲看得比较清楚,他认为公天下的时代,"以天下为主,君为客,凡君之所毕世而经营者,为天下也";家天下之后,为人君者"以为天下利害之权皆出于我,我以天下之利皆归于己","视天下为莫大之产业,传之子孙,受享无穷,汉高帝所谓'某业所就,孰与仲多'者,其逐利之情不觉溢之于辞矣"(《明夷待访录·原君》)。自是天下尽是"逐利"之君,儒家立德为先、利民为本的治国之道难以实现。

中国封建专制社会的发展,汉唐是上升时期,到宋明由成熟而逐渐走向下坡路。明清之际开始出现资本主义生产关系的萌芽,黄宗羲正是在这样的社会背景下萌生出初步的民主启蒙思想。他一方面批判专制君权，公然宣称"为天下之大害者，君而已矣"，并谴责那些"小儒规规焉以君臣之义无所逃于天地之间"；另一方面直截了当地指出："盖天下之治乱，不在一姓之兴亡，而在万民之忧乐。""故我之出仕也，为天下，而非为君也；为万民，而非为一姓也。"在黄宗羲看来，君臣共负"为天下"之责，所以"吾无天下之责，则吾在君为路人"，"以天下为事，则君之师友也"（《明夷待访录·原君》）。这是对先秦孔孟君臣对等思想的继承和发挥，如以"师友"自居，更是基于平等的地位。

为抑制绝对君权，黄宗羲主张提高宰相的地位，建立"每日偏殿议政制度"：对进呈奏章，天子要与各大臣"同议可否"，然后"天子批红"，批不完的"则宰相批之，下六部施行"，再不用呈给皇帝（《明夷待访录·置相》）。他还主张把培育人才的学校变成监察朝政的舆论阵地，做到"天子之所是未必是，天子之所非未必非，天子遂不敢自为非是，而公其非是于学校"（《明夷待访录·学校》）。这是要把学校变成类似近世的代议机关了。至于国家法制，黄宗羲认为三代以上行的是"天下之法"，是为天下人兴利去害；后来人君行的是"一家之法"，为的是保其一家"利欲之私"。因此，他主张恢复为天下的"先王之法"，即使后世的君主"其人非也，亦不至深刻罗网，反害天下。故曰有治法而后有治人"（《明夷待访录·原法》）。这是对原来儒家纯任人治的修正，也可以说是君主立宪制思想的萌芽。

基于先秦儒家重人治带来的双重效应，后世人君能以公平正义的价值理念治国，做到立德为先、利民为本者少；而以修身、利民为装饰，实际行事却专权夺利、骄奢逸乐而为害天下者多。后世儒者看君主与臣民的关系，没有发扬孔孟讲君臣对等和民重君轻的思想，相反更加维护封建纲常名分而淆乱是非。如朱熹在奏书中公然主张，审理狱讼要先讲尊卑上下名分，然后管是非曲直，"凡以下犯上，以卑凌尊者，虽直不右；其不直者，罪加凡人之坐"（《朱文公文集·戊申延和奏札一》）。试问以此治国，有何公平正义可言？这是一股思想回流。黄宗羲反其道而行之，直接批判专制君权并提议加以限制，初步渗入了民主、民权的思想因素，承传并发展了孔孟儒家公平正义的价值理念，成为清末谭、康、梁等人推行维新变法的思想先导。

## 五

最后谈一下孙中山。中山先生"天下为公"的题词为人所熟知，表现出他对中国古代天下为公、大同世界的向往①，但并非思想倒退，而是要实现更高的目标。儒家重人治带来的双重效应是负面多于正面，专制君主不可能成为尧舜之君，用公平正义的价值理念来治理国家也难以实现。黄宗羲提出"有治法然后有治人"，主张立公法以抑制君权，具有近代民主、民权思想的萌芽。孙中山沿着这个思路，以实际行动参与推翻了两千多年的封建专制统治，建立了"中华民国"这个民主共和国家。作为"民主革命的先行者"，孙中山缔造的"三民主义"，民权、民生并重。国民党党歌的歌词开头几句说："三民主义，吾党所宗，以建民国，以进大同。"孙中山想用三民主义作思想指导，从建立民国进而达到天下为公的大同世界，可是后来国民党党徒只会争权夺利，谁还关心什么公平正义？天下为公只能成为中山先生的遗愿了。

综上所述，从孔夫子到孙中山，对天下为公、大同世界的期望，是其共识。但是，由于时代和阶级的局限，特别是由于儒家重人治的双重效应，这种理想愿景过去从未变成现实。今天，我们继承这一优秀思想文化遗产，目的就在于进一步促进公平正义社会的实现。"譬如积薪，后来居上"，我们在"天下为公，民本为上。民主科学，世代向往。民生民权，民富民强。公平正义，共建共享"的道路上，将会比古人做得更好！

---

① 有学者认为孙中山有着深厚的儒学情结。参见黄明同等著：《孙中山的儒学情结——中华文化的承传与超越》，北京：社会科学文献出版社2010年版。

# 全球化与老子思想的当今价值

进入 21 世纪，世界又进入了一个新纪元，这个新千年是经济走向全球化、信息化的时代。地球村变小了，各国各地区之间的经济文化交往已成为不可阻挡的趋势。但是，中国是个发展中国家，与发达国家相比仍处于弱势地位；特别是超级大国挟着经济、军事上的优势，推行单边政策和霸权主义，我们又必须增强综合国力以应付挑战。正确运用传统思想文化中的积极因素，将有助于增强应付挑战的精神动力。本文拟立足于传统文化与现代化在全球化时代的复杂矛盾，探讨老子思想进入 21 世纪的当今价值。

## 一

关于老子思想如何面对 21 世纪，能否与 21 世纪的新情况新形势相适应，我们首先就要了解这个新千年的世界大势。它关系到我们民族文化今后的走向和定位，也是我们所遇到的客观条件。

江泽民 2002 年 1 月 1 日在《全国政协新年茶话会上的讲话》中说："进入新世纪，国际局势发生着'冷战'结束以来最为深刻的变化，不稳定因素增多，世界和平与发展的事业面临新的挑战。总的来看，世界和平仍可以维持，总体和平、局部战争，总体缓和、局部紧张，总体稳定、局部动荡，将是今后一个时期国际局势的基本态势。我们要正确把握复杂多变的国际政治经济形势，坚定不移地坚持以经济建设为中心，集中精力把我们自己的事情办好，把我们的综合国力搞上去。"（《光明日报》转载新华社北京 1 月 1 日电）江泽民的讲话认为和平与发展仍然是时代的主题，但又承认面临新的挑战。我们只有把综合国力搞上去，才能对付挑战而立于不败之地。提高综合国力固然要以经济建设为中心，政治、文化也要加强力量，而我们现在还处于弱势的地位。

进入新千年，经济全球化已经成为不可逆转的趋势，同时也带来发达国家与发展中国家的矛盾。江泽民 2001 年在"博鳌亚洲论坛"成立大会上说道：在旧的经济秩序没有根本改变的情况下，发展中国家在经济全球化进程中处于非常不利的地位，从而出现贫富加速分化的现象。（《光明日报》2011年2月28日报道）据一份统计资料：1965年世界上最发达国家人均收入是7个最不发达国家的19倍，而1995年为38倍。全世界的1/5人口与最贫穷的1/5人口之间的收入差距，从1960年的30：1扩大到1997年的74：1（《羊城晚报》2001年1月14日报道）。2002年1月3日，日本《读卖新闻》的文章题为《"非对称"世界掩盖不住的差距》，文中说到世界依然面临着既新又旧的现实问题，这就是"北"富"南"贫问题，世界上每5人中就有1人如今仍然过着每天不足1美元的贫困生活。发达国家与发展中国家之间收入水平差距不断扩大。世界上1%最富裕人群的收入相当于57%最贫穷人群的收入总和。世界上有8亿人处于忍饥挨饿之中。目前地球环境状况不断恶化，贫困问题日益严重。《京都议定书》首先要求发达国家消减二氧化碳的排放量，而排放量最大的美国却拒绝执行。

世界贫富差距矛盾的激化，引起了社会的动乱。近几年来，世界高层经济会议开到哪儿，反对全球化的抗议示威就跟到哪儿。据一份反全球化运动大事记的说明，这些地方有西雅图、达沃斯、华盛顿、日内瓦、布拉格、尼斯、苏黎世、魁北克、歌德堡、巴塞罗那、萨尔茨堡、热那亚（《反全球运动大事记》，《参考消息》2001年7月30日）。反对全球化的群众示威浪潮一浪高过一浪，在每次示威中，为保证与会各国领导人的安全，东道国组织者都如临大敌，动用军警戒备，甚至让警察以暴力镇压示威人群，从而演变成严重冲突，加剧了反全球化人士与各国政治家之间的对立，由经济问题演变成政治矛盾。

但是，作为目前唯一超级大国的美国并不想缓和这个矛盾，相反在苏联解体后乘机独霸世界。特别是布什上台以后奉行的政策，为和平与发展的时代主题给以更大的冲击。2001年6月4日，美国《旗帜周刊》发表题为《布什主义》文章说：今天，美国仍然是杰出的经济、军事、外交和文化强国，在21世纪伊始，新政府的任务是制定一项与我所处的压倒之势的统治地位相称的军事和外交政策，通过断然拒绝《京都议定书》，绝多边束缚，并明确阐明新的美国单边主义。这是一种适合21世纪世界的单极状态的态势，它的目的是要恢复美国的行为自由，"全球化"流派赞成积极有力的干预和动用武力来促成我们价值观的传播。它的政策已经反映出对今天世界的单极化感到自在，同时愿意单方面行动来这样做（《参考消息》2001年6月21－25日连载）。这里对所谓"布什主义"的阐释十分清楚，就是要依靠美国"超强国"的新地位，用压倒之势的力量推行新的单极化和保持单边主义的政策。

"9·11"事件以后，美国的政策有无改变呢？美国《波士顿环球报》2001年12月15日文章，标题是《美国的目的：单边霸权》文中说，有人认为布什政府对纽约和华盛顿遭受恐怖袭击做出的反应是政策方向发生了根本变化，这是错误的。政府和国会匆匆忙忙支付了美国拖欠的联合国会费，为了建立反恐怖联盟向巴基斯坦、俄罗斯和中亚地区的苏联共和国做出了重大让步。美国需要中亚的作战基地和其他地方的军事让步。北约及安理会的支持赋予了美国军事行动的合法性（《参考消息》2001年12月19日转载）。这里美国所谓的"让步"其实是占了便宜，因为它对付阿富汗塔利班政权发动的反恐怖战争，使得美国的军事力量首次名正言顺地进入其梦寐以求的中亚地区，这正是符合美国霸权主义军事战略的需要。

对美国单方面退出《反弹道导弹条约》，美报认为：这是本届政府对外政策的重要举措。布什政府的对外政策出发点是咄咄逼人的单边主义。单边主义好处多多，效率高、省时间，通常也比较见效。此次危机被所谓的华盛顿主战派看作是对其雄心壮志的有利推动；彻底改变世界力量对比，由美国担当领导；"流氓国家"敌人被击败并解除武装；俄罗斯人和中国人（以及欧洲人）却永久退居次要地位。布什废止《反弹道导弹条约》可以看作是一种自大行为，是对俄罗斯及国际社会其他成员的蔑视。阿富汗军事行动的胜利与塔利班政权的垮台大大助长了华盛顿的自满情绪。这种自满是确实存在的，它所依据的基础是军事力量（《参考消息》2001年12月19日转载）。

从美报的这份报道，可见布什政府推行的"单边霸权"确是咄咄逼人，而它所依赖的基础则是强大的军事力量。记者陈如为在一篇报道中指出，美国不顾全世界反对，退出30年来作为美苏、美俄核均势基础的《反弹道导弹条约》，国际军事和政治问题专家几乎都认为，美国实验和部署NMD和TMD，旨在巩固和扩大其拥有的绝对军事优势，使自己永远处于世界霸主的地位。还指出，布什政府上台以来，在国际政治和外交活动中采取的咄咄逼人的举措，绝大多数是针对亚太地区的。历史经验表明,美国的主要注意力集中到哪里,哪里就遭殃。从朝鲜战争、越南战争,到海湾战争、科索沃战争、阿富汗战争,无不如此。美国将战略重点东移至亚太地区,有可能激起该地区潜在的双边或多边冲突;由于美国在中东地区长期奉行过于偏袒以色列的政策,故对中东和平进程、印巴冲击的立场,将直接影响该地区的和平与稳定(《参考消息》2002年1月3日报道)。

2002年1月17日,世界上同时有多家报刊报道美国急速扩张全球军力。美国《波士顿环球报》引用国防官员的话说,他们将继续推进在中亚建立额外行动基地的计划。《德国之声网站》文章指出:从日本、印度尼西亚、海湾地区、非洲直至欧洲,美国士兵无处不在。在今后的若干年中,美国海外军事力量还将进一步增长,目前美国防部将美国重要的安全利益扩张到差不多世界的每一个角落。俄罗斯《论据与事实》周报文章标题:《中亚·美国新军事基地·对准中国吗?》。文中说苏联版图内的中亚国家几乎完全陷入,或准备陷入美国的政治和军事势力范围。在中亚的空军基地是对中国施加压力的强大杠杆(《参考消息》2002年1月19日转载)。

另据台湾《中国时报》2002年1月5日报道:台湾记者探访夏威夷檀岛美军基地后意外发现,自"9·11"事件以来,美军太平洋总部紧盯中国。另外,日本《产经新闻》1月26日报道:美国一研究报告主张美日携手对付中国(《参考消息》2002年1月28日报道)。还有台湾问题。香港《广角镜》月刊1月号文章标题:《咄咄逼人的"台独"军事战略》。是从"固守防卫"到"先制攻击",陈水扁紧锣密鼓以武拒统。台湾当局所以有恃无恐,该刊指出:"台独"成为美全球战略一环,目前台美军事合作继续升温,这在中国大陆与美国关系中,打下了新的非常麻烦的"契子"(《参考消息》2002年1月22日转载)。

《日本经济新闻》2002年1月29日报道:对于中国副总理钱其琛呼吁与民进党进行对话的谈话,28日陈水扁表示欢迎。不过,对于中国提出的恢复对话的条件即坚持"一个中国"的原则,陈水扁予以否定。此事无独有偶,据台湾《中国时报》1月29日文章:美国在台协会理事主席卜睿哲昨日在政大国关中心的演说,罕见地表达反对中国大陆坚持的以"一中"作为两岸复谈前提等立场。该文作者认为:卜睿哲不但批评中共一向坚持的前提,也间接为台湾当局不愿接受中共的条件背书,其中的政治意义，颇值得玩味。同时，卜睿哲还强调，美国政府关切台湾的安全，一旦台湾遭受大陆的威胁，美国有能力也有意愿协助台湾自卫（《参考消息》2002年1月31日转载）。

由此看来，陈水扁所以敢于拿"台独"赌明天，这与当前美国政府对中国的遏制政策分不开。正如江泽民指出的：世界和平与发展事业正面临新的挑战，中国人民热爱和平，不但对友好邦交和睦相处；就算是霸权主义者，借口什么人权、宗教问题挑起争端，我们也尽量避免对抗，寻求对话。台湾本是内政问题，我们也尽量避免外来干涉，寻求和平解决的途径。但是，我们绝不惧怕战争，只要自强不息，把综合国力搞上去，加强战备，就能立于不败之地。

增强综合国力，物质装备当然重要，但精神动力亦不能忽视，我们具有悠长的传统文化，对此如何吸取其思想精华，使能体现出能适应时势的当今价值，做到古为今用，传统文化与现代化，这是一个值得探索的课题。

## 二

我们既然面临世界性的挑战，那么，应当如何应付呢？关于斗争策略，有的说法是"人不犯我，我不犯人；人若犯我，我必犯人；针锋相对，以牙还牙"；也有主张对外斗争要有理、有利、有节，在战略上与超级大国对抗，在战术上则与之寻求对话，或说是可以固守反击，后发制人；亦有说要坚持按和平共处五项基本原则办事，求同存异，做到和而不同。

在新千年面临世界性挑战的情况下，我们如何体现出先秦道家的代表人物老子及其思想的当今价值呢？对他的思想又如何评估呢？《天下篇》的作者说他所守的是"雌"（柔弱之意）、是"辱"（受垢之意），而所取的是"后"、是"曲"，是"人皆取实，己独取虚"。《荀子·天论》篇也说："老子有见与诎，无见于信。"这"诎"就是屈曲的"屈"字，而"信"即是"伸"字，就是说老子只见到"屈"的一面，而没有见到"伸"的一面《吕氏春秋·不二》篇只用一个字概括老子的思想，说是老聃贵"柔"。从这些先秦时人对老子思想的看法，似多看到他消极退让的一面。

其实，老子是在用辩证法思想看问题。由于当时人们已认识到自然界现象是"深岸为谷，深谷为陵"，社会政治上则是"社稷无常奉，君臣无常位"（《左传》昭公三十二年），即事物都会向相反的方向变化，所以，老子概括出"反者，道之动；弱者，道之用"（《老子·四十章》），作为事物辩证发展的模式"祸兮福之所倚，福兮祸之所伏"，"正复为奇，善复为妖"，他看到了事物无不向反方向转化这一基本规律。

老子根据"反者道之动"的辩证原理，提出"柔弱胜刚强"（三十六章）的反命题。他说："见小曰明，守柔曰强"（五十二章），"人之生也柔弱，其死也坚强。草木之生也柔脆，其死也枯槁。故坚强者死之徒，柔弱者生之徒。是以兵强则灭，木强则折。强大处下，柔弱处上"（七十六章）。从事物的内在发展情况来说，新生的东西是柔弱的，但充满生机；到最强大时发展到顶点，会走向反面衰老而灭亡。这也是事物发展的辩证法。

老子还以"水"来比喻说明柔克刚、弱胜强的道理。他说："天下莫柔弱于水，而坚强者莫之能胜，以其无以易之。弱之胜强，柔之胜刚，天下莫不知，莫能行。是以圣人云：受国之垢，是为社稷主；受国不祥，是为天下王，正言若反。"（七十八章）世间没有比水更柔弱的东西，但能把山体冲刷成江河，滴水穿石，水能克火，都可说明弱之胜强。同样，"受国之垢"，接受国家的屈辱，反而能奋发图强，中国近现代革命史也说明了这个道理。与推行霸权主义的发达国家相比，今天我们虽是发展中国家，经济文化都处于弱势，但我们居于"柔弱处上"的地位，发展的前途就是能克服强敌。这一点可以说正是老子思想给予我们的启示。

根据"正言若反"的原则，老子提出"不争""无为"。这些看似消极退让的话，其实在斗争策略上是后发制人。"将欲歙之，必固张之；将欲弱之，必固强之；将欲废之，必固兴之；将欲取之，必固予之，是谓微明。"（三十六章）这在策略上就是以退为进，欲取先予，后发制人，而取胜的先机已在见微知著了，此乃"是谓微明"。

由于老子认为事物的矛盾总是向对立面转化，因而提出"不争"的观点。他说："曲则全，枉则直，洼则盈，敝则新，少则得，多则惑，是以圣人抱一为天下式。不自见，故明；不自是，故彰；不自伐，故有功；不自矜，故长。夫唯不争，故天下莫能与之争。故之所谓'曲则全'者，岂虚言哉？诚全而归之。"（二十二章）这里所谓"不争"，只是潜藏策略，自己不显山露水，不主动出击。虽有点委曲求全，但最终令到对方"莫之能争"。据此，他又说："善为士者，不武；善战者，不怒；善胜敌者，不与；善用人者，为之下。是为不争之德，是谓用人之力，是谓配天古之极。"（六十八章）这是以不争达到争胜的目的，并认为是符合天道准则的。"天之道，不争而善胜，不言而善应，不召而自来，嘭然而善谋"，进一步论证了"不争而善胜"是相辅而相成的。

老子"以退为进"的思想，还直接地体现在战争观上。"用兵有言，吾不敢为主而为客，不敢进寸而退尺。是谓行无行，攘无臂，扔无敌，执无兵。祸莫大于轻敌，轻敌几丧吾宝。故抗兵相若，哀者胜矣。"（六十九章）这是一种固守反击的策略，不贪功冒进，但也告诫不能轻敌，认为哀兵必胜，仍然显示出他在战术上对于敌人的重视。

进入21世纪，中国和一些发展中的国家无论在经济、军事、文化都处于弱势地位。因而，老子以静制动、以退为进和后发制人的思想策略，对于我们今天在挑战与机遇并存的情况下，如何迎接挑战，求得机遇，走向世界，应当有所借鉴和启示。

## 三

以上表明，老子的思想表面上是贵柔、消极退让，其实有着丰富的军事辩证法思想。过去有人说《老子》是部兵书，大概亦多少有些根据。不过，老子的政治态度，当时可以说是属于"反战派"。如说："以道佐人主者，不以兵强天下，其事好还；师之所处、荆棘生焉，大军之后，必有凶年。"（三十章）又说："夫兵者，不祥之器，物或恶之，故有道者不处。君子居则贵左，用兵则贵右。兵者不祥之器，非君子之器，不得已而用之，恬淡为上。胜而不美，而美之者，是乐杀人。夫乐杀人者，则不可得志于天下矣。吉事尚左，凶事尚右。偏将军居左，上将军居右。言以丧礼处之。杀人之众，以悲哀泣之，战胜以丧礼处之。"（三十一章）老子的反战思想，认为用兵是不得已，即使战胜也不值得庆贺，只能用丧礼的仪式去处理。老子与孟子一样反对战争，孟子只想说服国君行仁义，而老子虽反战却不怕作战，并且能以柔克刚，制胜强敌。当今的国际形势，我们主张世界和平，但也不怕霸权主义的战争威胁。这也可以说是老子思想对我们的启示。

进入21世纪，霸权主义除威胁社会和平外，还破坏自然生态环境。我们认为，和平与发展应该是时代的主题，老子讲"道法自然"就是主张和追求人与自然的和谐相处，这与儒家讲"天人合一"有相同之处，但与荀子讲"制天命而用之"则有所区别。"道法自然"，重点是个"法"字；"制天命而用之"，重点是个"制"字。从自然观来说，前者是效法，即顺应自然之意，后者是驾驭，带有征服的意思。当今科技开发多属于后者，如不超过自然界可以接受的程度，可以增加物质财富，造福人类，正面效应是主流。但是，不恰当地过度开发，就会走向反面，变成污染环境，破坏生态平衡，最终必然受到大自然的惩罚。如现在地球上污染空气水源，破坏森林植被，弄得水土流失，沙漠化伸延；还由于地球变暖，气候反常，弄得时令失序，水旱风灾多变，给人类带来很大的伤害。

值得注意的是，消耗地球能源最多、污染贻害最大的是以美国为首的发达国家，但布什政府偏偏又拒绝《京都议定书》。可见，霸权主义既威胁世界和平，又拒绝环境保护，实为人类的大敌。老子思想既能应付挑战，保卫和平，又注意保持环境生态。因此，我认为中国传统文化走向21世纪，对付"全球化"的挑战，老子思想应该有其不容忽视的当今价值。

"道法自然"是老子的核心思想。他认为，风霜雨露等自然现象是无需人力的，"天地相合，以降甘露，民莫之令而自均"（三十二章）。万物为道所生，为德所养，所以，"道之尊，德之贵，夫莫之命而常自然"（五十一章）。即使是圣人，也只能"以辅万物之自然而不敢为"（六十四章）。老子强调要顺万物之自然，只发挥人的主观能动性是不够的，但这种思想用于自然界，对保护人类生存环境的生态平衡，仍然有它的积极作用，对当今的环保工作，亦会有所启示。

# 全球化与中国传统文化的世界走向

21世纪进入新千年,由于经济全球化的扩大发展,全球信息革命成为不可阻挡的趋势。如中国申请加入"世贸",经济活动按"国际惯例"办事,都已为人们所理解。但在政治思想文化领域,是否存在决定意识,随着世界市场的形成和发展,可以形成共同的时代精神?看来这不能用简单的逻辑推理。由于世界上各民主国家都要走向现代化,这是精神文化的时代性;但是人们深层的思想意识,如人生观、价值观以至伦理道德习俗、思维方式等等,是受到各自传统文化的影响而各有特点,这是精神文化的民族性。这即是说,进入21世纪,即使随着经济全球化的发展,会出现共同的时代精神,但思想文化方面,仍然会表现出不同民族的特点。因此,世纪之交中国哲学如何走向世界,既能体现文明走向的时代精神,又能保留自身传统文化的持续发展,仍然是一个有待探索的问题。

## 一

进入新千年,经济全球化既然具有不可阻挡的趋势,而主导的却是以美国为首的发达国家,在这一背景下,经济全球化对国际政治关系究竟会产生怎样的影响?有学者认为,"冷战"终结后的国际政治关系变得更加微妙、错综复杂并潜藏着深层次的危机。当今世界存在一系列矛盾与纷争,从民族矛盾、宗教矛盾到领土纠纷、制度与理念的抗争,殖民遗患、"冷战"旧伤则是这一系列矛盾与纷争的温床,而一些大国或大国集团试图藉全球化之势将自己的价值观念、社会制度强加于人,则是旧矛盾升温、新矛盾产生的重要原因。全球化必须是一个开放融合、自主融合和差异融合的过程,否则,文化传统、制度以及经济发展水平的差异,有可能以新的矛盾形式表现出来。(许坚:《从全球化背景看国际政治》,《光明日报》2001年5月6日)

"冷战"时期和"冷战"终结后矛盾形式的不同,我认为前者主要表现为两个超级大国的两极对立,而后者则由于苏联解体而美国独霸,从而逐渐形成单极霸权与多极对抗的矛盾,这是当前国际政治矛盾的焦点。特别是布什上台以后奉行的政策,为和平与发展的时代主题给以更大的冲击。

今年(2001年)6月4日,美国《旗帜周刊》发表了题为《布什主义》的文章说:今天,美国仍然是杰出的经济、军事、外交和文化强国,从规模上讲是自罗马帝国垮台以来未曾见过的。法国人已经发明了"超强国"(hyperpower)这个词来称美国的新地位。在21世纪伊始,新政府的任务是制定一项与我们所处的压倒之势的统治地位相称的军事和外资政策,在上任后的头4个月,布什政府已经开始了这项任务:改变了克林顿外交政策的假设前提,采取了承认新的单极化和保持这种单极化所必需的单边主义政策。通过断然拒绝《京都议定书》,布什政府从根本上重新阐明了美国外交政策的方向:拒绝多边束缚;把美国从认为它将能够从得到国际上支持的条约中获得真正的安全或利益的概念中解放出来,并明确阐明新的美国单边主义。这是一种适合21世纪世界的单极状态的态势,它的目的是要恢复美国的行为自由。"全球化"流派赞成进行积极有力的干预和动用武力来促进我们的价值观的传播。美国压倒之势的力量不仅有利于美国,而且有利于世界。布什政府是"冷战"后时代赞成这个前提并且照着做的第一届政府,他对美国的"超强国"的作用表示欢迎。在布什上任后的头几个月中,他的政策已经反映出对今天世界的单极化感到自在,希望保持并加强它,同时愿意单方面行动来这么做。

不过,美国想实现单极霸权也可能是一厢情愿,就是讲"布什主义"的文章也承认:"俄罗斯和中国在他们的首脑会议上从未断过毫不含糊地谴责目前世界结构的'单极化',并且保证要尽一切努力来彻底改变它。"(《参考消息》2001年6月21—25日连载)

中、俄等国抵抗美国的单极霸权也是说到做到的,日本《产经新闻》(2001年)5月21日文章题:《中国以多极化外交对抗美国》。说在以联合国为中心的国际舞台上,中国的多极外交是争取得到多数国家的支持,如美国提出的谴责中国人权状况的议案被否决,美国遭到了惨败,中国的"多极化外交取得了胜利"。但是,如今多极化的特点是,在战略上与超级大国对立,而在战术上则与之合作。因此对美国关系可能在对立与协调这两个方面摇摆。文章后面还列举中国领导人今年展开多极化外交的活动情况。(《参考消息》2001年5月22日转载)

今年（2001年）6月14、15日，俄通社、路透社、德新社相继报道中、俄等"六个友好邻邦"参加上海峰会的情况。新加坡《联合早报》6月15日的文章，指出："上海峰会之所以深受瞩目，多半还有一个外在因素，就是在目前世界面对美国超强独霸的时刻，峰会所体现的是多极的发展方向，特别是因为这个组织中包括了美国仍然在战略上模糊定位的中俄两国，加上其他独联体国家。"因此，"对美国来说，上海峰会是一个异类，因为美国政府以分化的手段对待中俄两国，可是峰会却导致中俄走在一起，并把周围一些国家团结起来"。"这说明该组织如果不是'反美'的话，至少也是'非美'的。"（《参考消息》2001年1月16日转载）

日本《产经新闻》6月15日也报道了上海峰会，认为俄罗斯的战略意图是，希望从俄罗斯的欧洲部分经过中，一直到与中国接壤的南部边境一带，建立一个"反国际恐怖主义"为杠杆的大安全地带，进而打破"冷战"后美国单极霸权。（《参考消息》2001年1月16日转载）

不过，美国自恃有强大的经济、政治、军事力量，推行单极霸权是不会轻易罢手的，特别是布什政府上台后，更显得咄咄逼人；多极一方，当然也不轻易屈服，进入新千年后的相当一段时期，这场国际政治上的复杂斗争，看来还得继续下去。

## 二

进入新千年，由于经济全球化、国际环境和国际政治斗争的复杂多变，相应地带动了思想文化和精神领域的变化。各国经济实力的不同，在一定程度上造成了不同类型文明生存的基础和传播力量的差异。因而世界上会出现有所谓强势文化与弱势文化的矛盾。

关于文明的起源，这是人类漫长的历史过程中逐步创造的。由于各民族国家形成的时间不同，如中国就是一个有悠久文明延续的国家，是文明礼仪之邦。中国是个多民族国家，各民族都有自己的文化习俗，以至思维方式，但不妨碍彼此求同存异，融会成以汉族为主体的中华传统文化。即使是古代的佛教和近代的马克思主义，传入中国后也与中国实际情况相结合，成为中国文化的佛教和指导中国革命实践的马克思主义。

因此，可以说世界上各民族国家，由于自然环境、经济条件、政治制度以至生活方式的不同或差异，如现在就有称为发达国家和发展中国家，有强势文化和弱势文化。但应该承认它们在不同时期对人类的共同文明都作出过贡献。我们主张建立国际政治经济新秩序，坚持和平共处五项基本原则，尊重世界文明的多样性，求同存异，共同发展，取长补短，相互提高。但是，以美国为首的西方国家却用西方标准衡量一切，把全面推行西方价值观作为战略目标之一，以西方价值观作为整合世界秩序的基础。西方敌对势力多少年来一直对社会主义国家进行意识形态的渗透，以各种方式施行西化、分化的政策策略，近年来还不断利用所谓人权、民主、自由、民族、宗教等问题向我们发难，这些不同的主张和矛盾斗争，已经不仅仅限于政治经济问题，而是深入到精神文化和人类文明的层面。西方某些人抱有根深蒂固的"西方文明优越论"，企图以自己的所谓"优秀文明"取代其他民族国家所谓"落后文明"，实质上是从单极政治霸权向意识形态领域伸延，为推行文化霸权主义找寻借口和依据。

我们认为，各民族国家由于政治经济发展不平衡，综合国力强弱不同，发达国家与发展中国家，如对人权、自由等问题的价值观念就有差别。关于人权如何理解，给以什么定位，当前就有分歧意见。2001年2月17日，中国国务院新闻办公室通过新华社发表《中国人权发展50年》。同日，法新社介绍说：这份报告重申了中国一贯坚持的观点，即必须把13亿人民的温饱和生活改善放在西方所说的人权更重要的地位；"中国不能照搬西方发达国家的人权发展模式"，"生存权和发展权"必须放在首位，将不断改善人权状况，但不能以社会稳定和经济发展为代价；此外，还承诺将努力推进法制建设，"要从法律和制度上保障人权"。（参见《参考消息》2000年2月19日报道）

这在人权定位上的分歧，我认为，西方发达国家较为重视个人思想和政治上的自由，可以发表反政府的言论和发动示威的活动，然而不能过激，否则防暴警察就会不客气；在中国发表颠覆政府的言论是不允许的，这会引起社会动乱和妨碍经济建设，所以主张提高人民的物质水平，实现共同富裕，以此来维护个人权益。这对人权的不同价值取向，我认为还是由不同国情决定的。

两种人权定位的不同价值取向，我认为中国式的对穷人比较实惠，因为生存和发展毕竟是人生的基本权利，否则让你天天示威游行也对解决世界贫富分化对立的问题无补。本文前面引述反对全球化的大规模群众暴动，虽是搞到"天翻地覆"，结果还是与防暴警察两败俱伤，何曾能为穷国穷人求得更好的生存条件。可见所谓提供民主自由的人权价值观，无非给人民一张空头支票罢了，对生存和发展有什么实惠呢？

中国传统哲学是很重视人生价值观的，立德、立功、立言是人生三不朽，先天下之忧而忧，后天下之乐而乐，因民之所利而利之，这也是对人民生存权和发展权的重视。

但是，西方的某些人却坚持他们的人权价值观，如美国国务院每年发表"国别人权报告"，主要批评一些发展中国家的所谓人权问题。由于它有意歪曲甚至无中生有地进行批评，因而引起有关国家的强烈反应。今年（2001年）美国在联合国人权会议上，又抛出谴责北京人权状况的提案。其结果美联社日内瓦4月18日电中无奈地说："今天，联合国人权监察机构通过了中国提出的一项不考虑美国提案的动议，美国促使国际社会谴责中国人权记录的企图再次遭到失败。"接着还哀叹："在一年一度的人权会议上，这已经是一个西方国家的政策第10次试图谴责中国的提案而遭到失败了。"原因是发展中国家对"发达国家把自己的人权观强加于人表示强烈不满"，（《参考消息》2001年4月20日报道）当然不会支持美国侵犯别国主权的提案了。

美国所以屡次谴责发展中国家的人权问题，这是别有用心的，无非想通过干涉别国的主权来推行自己的霸权而已。关于人权与主权的关系，2000年9月6日，江泽民在联合国千年首脑会议的讲话中说："人权领域内的对话与合作，必须在尊重国家主权的基础上开展，这是保护和促进人权事业最根本最有效的途径，只要世界上还存在国界，人们分别在各自的国家中生活，维护国家的独立和主权就是每个国家政府与人民的最高利益。没有主权，也就谈不上人权。"（《光明日报》2000年9月7日报道）

对新千年世界文明的走向，江泽民也谈了原则性意见："世界是丰富多彩的，如同宇宙间不能只有一种色彩一样，世界上也不能只有一种文明、一种社会制度、一种发展模式、一种价值观念，各个国家、各个民族都为人类文明的发展作出了贡献。应充分尊重不同民族、不同宗教和不同文明的多样性。世界发展的活力恰恰在于这种多样性共存，应本着平等、民主的精神，推动各种文明的相互交流，相互借鉴，以求共同进步。"（《光明日报》2000年9月7日报道）

各个国家、各个民族的文明的多样性，能够本着平等、民主精神相互交流，共同进步，那当然是好事。我国学者也大都持这种观点。由于中国儒家提倡"致中和"精神，因而看重这个"和"字，认为进入新千年，中国哲学、中国传统文化将以和谐、和合的精神走向世界。提倡"和合学"的知名学者张立文，就主张要"使各民族、各国家在'和而不同'和'求同存异'的规则下走向文化融突的和合"。还说"在融突中应根据和生、和处、和立、和达、和爱五大中心价值或文化原理，处理各方面及各类型的冲突，以便由融突而形成新的和合体。人类文化在多元民族文化的全球化与全球文化的多元民族化中，达到和合"。（《民族文化的存在何以可能》，《亚文》第二辑，中国社会科学出版社1997年版）

中国哲学、中国传统文化进入世界，能通过融突在多元民族文化中达到"和合"，当然是好事，这是符合和平与发展的时代主题。但目前世界上有那么多矛盾冲突，政治、经济以至文化领域，霸权主义的幽灵还在游荡。如中国加入"世贸"，还是挑战与机遇并存，应付挑战就得自身有经济实力，还要有正确的斗争策略，才能获得胜利的机遇；政治上对付单极霸权，就要联合多级力量进行遏制；同样，在思想领域内如人权价值观的争议，美国以人权压主权的霸道行为所以不能得逞，一方面在国际上我们是得道多助，但更重要的是我们有了比较强大的综合国力，他们才不敢轻举妄动，侵犯中国主权。

因此，我认为中国哲学走向世界，要求达到和合的效果，这个文明方向是对的，但如果我们是弱势文化而与西方强势文化有较大的差距，要求平等对话是困难的，这就要有综合国力作后盾。

对中国传统哲学，我认为并非只有一个"和"字。如先秦有儒、道、墨、法各家，一般认为有激进和保守两种趋向。儒家多被视为保守，但"自强不息"和"厚德载物"还是相辅而行。墨家虽讲兼爱、非攻，但也主张非命、尚力。道家讲柔弱生刚强，实质上是后发制人。至于战国末年，代表先进思想文化的荀子，提出"制天命而用之"；持历史进化论的法家集大成者韩非，主张"当今争于气力"。这就说明中国传统哲学所具有的进取性和斗争性，并重视发挥主观能动精神。只是在宋、明以后，特别是走向近代，综合国力下降，在国际上也就成为弱势文化。我们今天仍然是个发展中国家。而如前所述，当前世界的各种矛盾冲突却普遍存在，我们必须增强综合国力和民族凝聚力，要有自强不息的主观能动精神，迎接挑战，才能使中国哲学在世界文化发展的长河中顺流前进。

不过，中国哲学走向世界，不可能是保持不变的原生形态。随着经济全球化的趋势和信息时代的到来,封闭是不可能的,总得对外进行思想文化交流。有人认为传统的和谐哲学、和合学可以派上用场,也就是"厚德载物"。我认为中国哲学走向世界,开放与包容是必要的,但应该以我为主,是冲突与包容互动,矛盾与互补并存。发达国家不能以强势文化推行文化霸权主义、文化殖民主义,要双方平等对话,取长补短,即经过相互吸收、扬弃、输进外来血液,使自身文化发展进入良性循环。中国哲学走向世界,既要保持自身的民族性,同时又要吸收人类的共同智慧,从承传中创新,从而体现新的时代精神,是民族性与时代性的矛盾统一,最终使中外文化进入和谐、和合的精神境界。

　　自强不息与厚德载物相辅而行,是中国哲学的优良传统,没有前者,中国传统文化就不能随着时代的步伐走向现代化,没有力量与强势文化平等对话,对后者的开放与包容则会丧失主导而被消融过去。但是,只有前者没有后者也不行,在全球化大趋势之下,一个民族国家的文化不能孤立地发展,不能孤芳自赏与夜郎自大,不能与世界现代化的发展潮流相适应,就难以独立于世界民族之林。只有自强不息与厚德载物相辅而行,才有助于中国哲学循文明途径走向世界。

# 附录

## 李锦全主要著述目录

[1]《简明中国思想史》(合著),中国青年出版社1962年版。
[2]《简明中国哲学史》(合著),人民出版社1973年版。
[3]《岭南历代思想家评传》(合著),广东人民出版社1983年版。
[4]《岭南思想史》(合著),广东人民出版社1993年版。
[5]《中国思想家评传丛书——海瑞评传》,南京大学出版社1994年版。
[6]《人文精神的承传与重建》,广东人民出版社1995年版。
[7]《中国哲学初步》(合著),广东人民出版社1996年版。
[8]《〈华严宗人论〉释译》,台湾佛光出版社1996年版。
[9]《中国思想家评传丛书——陶潜评传》,南京大学出版社1998年版。
[10]《岭南文化志》(合著),上海人民出版社1998年版。
[11]《思空斋诗草——忧患意识、旷达人生的剪影》,花城出版社1999年版。
[12]《李锦全自选集》,中国文联出版社2000年版。
[13]《李锦全自选二集》,中国文联出版社2000年版。
[14]《李锦全自选三集》,中国文联出版社2001年版。
[15]《李锦全自选四集》,延边大学出版社2001年版。
[16]《庄子与中国文化》(合著),贵州人民出版社2001年版。
[17]《岭海千年第一相——张九龄》,广东人民出版社2005年版。
[18]《岭南社科名家文丛——李锦全自选集》,广东人民出版社2007年版。
[19]《现代思想史家杨荣国》,中山大学出版社2009年版。
[20]《东莞学人文丛——李锦全集》,花城出版社2013年版。